Buddhistisch philosophieren

„Denn ein Arzt hat nicht nur die Heilmittel zu verschreiben, sondern zuerst und zuletzt die Krankheit zu erkennen, und also wiederum zuerst und zuletzt zu erkennen, ob der vermeintliche Kranke wirklich krank oder ob der vermeintliche Gesunde vielleicht wirklich krank ist.“

Sören Kierkegaard, Die Krankheit zum Tod

Inhalt

I Einleitung

Eine Einführung in buddhistisches Philosophieren ist ein schwieriges Unterfangen und eine akademische Arroganz gleichermaßen. Dieses Bekenntnis vorauszuschicken ist keine dem Scheitern vorbeugende Entschuldigung und auch keine falsche asiatische Bescheidenheit. Die Gründe dafür liegen auf der Hand, nur folgende seien hier genannt:

1) *Die Texte.* Wissenschaftliche Forschungen leben von Texten, die zahlenmäßig begrenzt und inhaltlich möglichst überschaubar sein sollen. Was den Buddhismus anbelangt, ist dies leider nicht der Fall. Die *sūtras*, buddhistische Bezeichnung für die Kanontexte, sind unzählbar, dazu kommen noch die Kommentare, Exegesen, Geschichtsdarstellungen, Kataloge, Wörterbücher und Biographien. Der *Pāli-Kanon* besteht aus drei Abteilungen – Lehrreden, Mönchsdisziplin und Abhandlungen.[1] In der chinesischen *Kai-Bao-Ausgabe*, zusammengestellt im 15. Jahrhundert, sind mehr als 6 000 Juan, sprich Kapitel enthalten. Die bekannte japanische Ausgabe, der *Taischo Issaikyo*, verzeichnet sagenhafte 2 184 Werke in 55 Bänden von je 1 000 Seiten. Hinzu kommt, daß wir nicht einmal wissen, welche Teile des alten Materials tatsächlich den Stifter des Buddhismus, den historischen Buddha, zum Urheber haben und welche Dokumente wann und wo entstanden sind. Man würde verzweifeln, wollte man eine Geschichte des Buddhismus schreiben oder gar textkritische Editionen wissenschaftlichen Standards betreiben.

2) *Die Denkungsart.* Die buddhistische Denkweise und das Denkschema sind ungewöhnlich und widersprechen geradezu unseren alltäglichen, d.h. gewöhnlichen Erfahrungen. Einigermaßen problemlos können wir davon ausgehen, daß jeder von uns das Wahre sucht, das Gute liebt und das Schöne bewundert. Von dem Wahren nun abgesehen – darüber läßt sich streiten, und Streit suchen echte Buddhisten nicht – sind die anderen zwei gar nicht so selbstverständlich, wie wir meinen. Das Gute zu lieben ist sicherlich gut. Aber was ist das Gute? Was bedeutet etwas zu lieben? Das Gute kann nur im Gegensatz zum Nicht-Guten existieren und gedacht werden. Das Gute ist also etwas Relatives. Gerade weil es relativ ist, ist es bedingt, von seinem Gegenteil abhängig und insofern, buddhistisch gesagt, *leer*, denn gäbe es das Nicht-Gute nicht mehr, würde es auch das Gute nicht mehr geben. Eine gute Welt ohne Übel ist genauso undenkbar wie eine üble Welt ohne das geringste Gute, denn selbst wenn es eine solche Welt, gute oder üble, gäbe, würden wir sie nicht als solche empfinden und erkennen können. Der Grund ist einfach: Weiß ich nicht, was Krankheit bedeutet, weiß ich auch nichts von der Gesundheit, jedenfalls würde ich die

1 Sanskrit: *tripiṭaka*. Korb der Lehrreden – *sūtra-piṭaka*; Korb der Mönchs- und Ordensdisziplin – *vinaya-piṭaka*; Korb der Abhandlungen – *abhidharma-piṭaka*. Siehe Ed. Conze: *Der Buddhismus. Wesen und Entwicklung*, Stuttgart ^{3}1962, S. 26-27, 99ff.

Gesundheit nicht als eine solche empfinden und schätzen. Was bedeutet nun etwas zu lieben? Zu "lieben" bedeutet, innige Zuneigung zu etwas zu empfinden, an ihm zu hängen, es zu begehren oder, auf deutsch gesagt, gernzu*haben*. Begehren ist ein starkes Verlangen und hat seine etymologische Wurzel in *gern* und *Gier*. Gier – man spricht auch vom *Durst* – wird im buddhistischen Denken als der Anfang vom Leiden angesehen. "Neid und Eigensucht [...] wurzeln in Liebem und Unliebem, entwickeln sich aus Liebem und Unliebem, entstehen aus Liebem und Unliebem, erwachsen aus Liebem und Unliebem: Liebes und Unliebes muß sein, damit Neid und Eigensucht erscheint, Liebes und Unliebes muß nicht sein, damit Neid und Eigensucht nicht erscheint."[1]

Soviel zum "Guten". Noch problematischer ist es mit dem Schönen. Ein Beispiel: Der Mensch ist im griechischen Denken und vor allem in der Kunst das schönste Bild schlechthin, weil der menschliche Körper gut proportioniert ist. Der Buddhismus fordert uns aber auf, gedanklich unseren Körper in einzelne Bestandteile zu reduzieren und ihn unter 9 Aspekten des Verfalls und der Verwesung zu betrachten, damit wir uns von ihm befreien können. Darauf werden wir noch zurückkommen.[2]

3) *Theorie und Praxis*. In keiner anderen Religion, soweit ich es beurteilen kann, wird mehr Wert auf analytisches Wissen gelegt als im Buddhismus. Theorien, die ihrerseits aus Erfahrungen entstanden sind, über die wir nicht verfügen, sind hier als Gebrauchsanweisungen gedacht und nicht als erlernbare Dogmen. Buddhistisches Theorem möchte erfahren werden, Erfahrungen aber muß jeder Mensch selber machen, an sich selbst und für sich selbst. Die Verifizierbarkeit der buddhistischen Theorien liegt nicht in ihrer logischen Schlüssigkeit, sondern in ihrer Erfahrbarkeit. Durch Erfahrungen lassen sich die Theorien aber nie beweisen, sondern nur exemplarisch von Fall zu Fall bestätigen oder aber auch widerlegen.

Abgesehen davon, schon allein um diese für die Praxis gedachten Theorien und Anweisungen nachzuvollziehen und zu begreifen, muß man mindestens eines erbringen: die Geduld.[3] Ein alltägliches Beispiel: Das Schlafen ist für uns ein notwendiger, selbstverständlicher biologischer Vorgang. Die Psychologen und Traumdeuter ausgenommen, würde jeder von uns das Wort so benutzen, daß es keinerlei Frage aufwirft. Anders sind die Buddhisten. Sie behaupten einerseits, daß das Wahre unaussprechbar sei, wenn es das Wahre überhaupt gibt, andererseits haben sie eine starke Neigung, alles sprachlich zu zerlegen, begrifflich

1 Karl E. Neumann: *Die Reden des Buddha. Längere Sammlung*, aus dem Pāli-Kanon übersetzt von Karl E. Neumann, Herrnschrot 1996, S. 373-374.

2 Siehe unten, S. 33-34.

3 Geduld (Ausdauer) ist eine der fünf Kardinaltugenden. Die anderen vier sind: Glaube, Wachsamkeit, Versenkung und Weisheit. Daß wir diese Geduld nicht haben, zeigen viele Übersetzungen, die u. a. durch Auslassungen der Wiederholungen im Originaltext auffallen.

zu definieren und zuzuordnen. Sie reden nicht generell vom Schlafen, sondern, je nach der Tiefe, vom tiefen Schlaf und vom leichten Schlummer. Tiefer Schlaf bedeutet, daß das Bewußtsein ausgeschaltet ist, während das leichte Schlummern meint, daß die fünf Sinnesorgane ihre Tätigkeit vorübergehend eingestellt haben und sich in Ruhe halten, wie wenn man seine Augen leicht schließt. Noch weiter: Schlafen überhaupt gehört zu den fünf Arten von Verblendungen[1] und wird als eine der fünf Begierden angesehen.[2]

4) *Das Verfahren.* Die Neigung zu Zahlen und Teilen ist symptomatisch für den Buddhismus:[3] Es gibt 62 falsche Ansichten,[4] 14 Fragen, die man besser nicht zu beantworten versuchen sollte,[5] hundert Grundgegebenheiten, die zusammen unsere menschliche Wirklichkeit bilden,[6] 4 Arten von Geburt,[7] 10 Todesarten,[8] 18 Arten von Leere.[9]

1 Gier, Haßgefühl, Schlafsucht, Oberflächlichkeit, Unentschlossenheit.

2 Die anderen vier sind: Ruhmsucht, Freßsucht, Begierde nach Reichtum und Sinneslust.

3 Nach Conze, *Der Buddhismus*, S. 27, deutet dies auf eine ursprünglich mündliche Überlieferung hin.

4 Siehe unten, Kap. VIII *Die hundert Dharmas*, Anm.

5 Siehe unten, Kap. X *Weder–Noch.*

6 Siehe unten, Kap. VIII *Die hundert Dharmas.*

7 *Caturyoni: jarayu-ja*, Geburt durch Embryo, wie etwa von Menschen und einem Teil der Tiere; Geburt durch Ei, wie etwa von Vögeln wie Hühnern, Raben, Pfauen; Geburt durch Feuchtigkeit, wie etwa die Entstehung von Maden und Würmern, und Geburt durch Verwandlung, wie etwa die Entstehung von Höllenwesen, Gottheiten und Hungergeistern. Hungergeister sind Wesen, die ständig unter Hunger und Durst leiden müssen. Vasubandhu (4.–5. Jahrhundert): *Apidamojushelun* (= *Abhidharmakośaśāstra*), ins Chinesische übersetzt von Xuan Zang (602–664), Kap. 8, in: Su Yuanlei, Gao Zhennong (Hrsg.): *Fozang yaoji xuankan* (*Anthologie der buddhistischen Klassiker*), Shanghai 1994, Bd. 8. Französische Übersetzung: Louis de La Valée Poussin: *L'Abhidharmakosá de Vasubandhu*, Paris, Louvain 1923–1931, 6 Bde.; siehe S. Chaudhury: *Analytical Study of the Abhidharmakosá*, Calcutta ²1983.

8 Nur als Beispiele seien genannt: mangelnde ärztliche Versorgung im Krankheitsfall, zum Tode verurteilt infolge gesetzwidriger Taten, Tod infolge Ausschweifung, Verbrennung, Ertrinken, tödliche Verletzung durch Raubtiere, Sturz vom Fels, Lebensmittelvergiftung, Verhungern und Verdursten.

9 Sofern etwas durch anderes bedingt ist, wird es als leer verstanden: 1) Leerheit der Sinnesorgane; 2) Leerheit der äußeren Gegenstände; 3) Leerheit von dem, was aus der Berührung zwischen Sinnesorganen und äußeren Gegenständen hervorgeht. Dies sind Wahrnehmung, Empfindung und Denken etc.; 4) Leerheit der Leerheit. Sowohl das Ich als auch die äußere Welt werden als leer erkannt, und selbst diese erkannte Leerheit ist leer. Also bitte nicht an der Leerheit festhalten, als ob sie etwas wäre; 5) große Leerheit bzw. Leerheit des Raumes wie Ost und West, sie alle sind weder begrenzt noch unbegrenzt; 6) Leerheit des *nirvāṇa*, also ist auch das, was man als höchstes Ziel erreichen möchte, leer; 7) Leerheit des Geschaffenen, alles Geschaffene ist leer; 8) Leerheit des Ungeschaffenen, also auch das Absolute und das Unbedingte ist leer; 9) Leerheit des Geschaffenen und des Ungeschaffenen; 10) Leerheit der Zeit – Man kann eben nicht sagen, alles habe einen Anfang oder nichts habe einen Anfang; 11) alles ist infolge von Ursachen und Bedingungen

Noch “schlimmer” sind jene, insbesondere chinesische Kommentatoren und Exegeten, die aus jedem Wort in den Kanontexten mindestens einen kleinen Traktat werden ließen. Auch dafür ein Beispiel. “So habe ich gehört: einst …”,[1] diesem Satz begegnen wir jedes Mal, wenn wir ein *sūtra*, vor allem aus dem Pāli-Kanon, zu lesen beginnen. Man gewinnt fast den Eindruck, daß es sich hier um eine Floskel handelt, wie wir einen Brief mit *freundlichen Grüßen* beenden. Es ist aber nicht so. Die Kommentatoren nehmen solche Kleinigkeiten sehr ernst, sie stellen Fragen über Fragen, und die Fragen werden Punkt für Punkt beantwortet. Zu dem oben genannten bekannten Satz “So habe ich gehört: einst …” werden z.B. folgende Fragen gestellt: Warum heißt es “so”? Warum wird behauptet, daß ein “Ich” etwas gehört habe, denn es sei doch allgemein bekannt, daß es ein Ich gar nicht gibt? Warum wird vom “Einst” geredet? Und was bedeutet “hören”? War dabei das Ohr des Zuhörers zur Stimme des Buddhas gegangen oder war die Stimme zum Ohr gedrungen?[2] Damit ist die Fragerei bei weitem nicht zu Ende.

entstanden, sind diese nicht mehr vorhanden, dann ist nichts mehr vorhanden. Alle Bezeichnungen, mit denen wir etwas bezeichnen, sind leer; 12) Leerheit der Selbstnatur. Nichts besitzt eine Selbstnatur, die unveränderbar wäre; 13) Leerheit der Eigenschaften. Metall ist fest, wird aber durch Feuer flüssig; 14) Leerheit aller geistigen Tätigkeiten infolge ihrer Bedingtheit; 15) Dinge existieren für uns nur als Namen, sind also leer; 16) Leerheit der nicht-existierenden *dharmas*, dazu gehören z.B. Dinge(?) wie Pegasus oder Hasenhörner; 17) Leerheit der bedingt-existierenden *dharmas*; 18) Leerheit der Dinge der Vergangenheit, der Zukunft und der Gegenwart. *Dazhidu lun* (= *Mahāprajñāpāramitāsūtra*, Sūtra der unbegrenzten großen Weisheit) verfaßt von Nāgārjuna, ins Chinesische übersetzt von Kumārajiva (344–413) angeblich unter Mitwirkung von 500 (!) Mitarbeitern, Shanghai (repr.) 1991, Kap. 31.

1 Nach dem *Lengjia jing* (= *Laṅkāvatārasūtra*, d.h. Lehrgespräch nach dem Eintritt in den Lanka-Burg), Shanghai (repr.) 1993, Kap. 1, soll Ananda den Buddha kurz vor dessen Eingang ins *nirvāṇa* gefragt haben: “Bis jetzt hat der Erhabene höchst persönlich seine Lehre verkündet und alle glauben daran. Was sollen wir tun, wenn später wir die *sūtras* verkünden?” Buddha antwortete: “Jedes *sūtra* soll beginnen mit dem Satz: So habe ich [Ananda] einst [vom Erhabenen] gehört.” Karl E. Neumann übersetzt: “DAS HAB’ ICH GEHÖRT: Zu einer Zeit ...”; Paul Dahlke: “SO HABE ICH GEHÖRT: Einstmals ...”; Klaus Mylius: “So habe ich es gehört. Zu einer Zeit ...”. Glaubhafter ist allerdings die folgende Überlieferung: “Was ich [der Buddha] euch […] als Lehre und Zucht aufgewiesen und angegeben habe, das ist nach meinem Verscheiden euer Meister.” K. E. Neumann, *Längere Sammlung*, S. 291–292. Zu *Laṅkāvatārasūtra* siehe D. T. Suzuki: *The Laṅkāvatārasūtra. A Mahāyāna Text*, translated for the first time from the original Sanskrit, London 1932, Neudruck Taipei 1991; ders.: *Studies in the Laṅkāvatārasūtra*, London 1930, repr. 1972; E. Wolff: *Zur Lehre vom Bewußtsein (vijñānavāda) bei den späteren Buddhisten. Unter besonderer Berücksichtigung des Laṅkāvatārasūtra*, Heidelberg 1930.

2 Ähnlich wie in der Theorie des Sehens: Beruht das Sehen auf Lichtstrahlen oder auf Sichtstrahlen?

Jede Frage wird daraufhin ausführlich beantwortet: “So” bedeute zum einen “nicht anders”, also Autorität und Authentizität, und zum anderen eine Abgabe der Verantwortung: ich gebe nur das wieder, was ich gehört habe. Es gebe das Ich nicht, aber wenn man nun spreche, müsse man sich dem allgemeinen Sprachgebrauch anpassen. Ob es nun das Ich gibt oder nicht, ist also nicht eine Frage der Wahrheit, sondern ein sprachliches Problem und womöglich ein Scheinproblem. “Einst“ bedeutet, daß ich nicht jetzt gehört habe, sondern früher, es handelt sich um etwas Vergangenes, d.h. etwas Geschichtliches und Zeitliches. Durch das “Hören“ am Ende wird die anfängliche Abgabe der Verantwortung doch irgendwie zurückgenommen und relativiert: was ich gehört habe, muß ja nicht unbedingt auch “wahr” sein. *Errare humanum est*. “So habe ich gehört: einst ...”. Wollten wir diesen Satz ernst- und auseinandernehmen, wie die Kommentatoren dies getan haben, könnten wir gleich beginnen, buddhistisch zu philosophieren.

5) *Die Problematik der Wahrheit.* Der Buddhismus erhebt keinen alleinigen Wahrheitsanspruch. Vielmehr wird immer wieder betont, daß die jeweilige Lehre nur in bezug auf eine bestimmte Hörerschaft verkündet worden sei. Das Verhältnis zwischen dem Buddha und seinen Zuhörern wäre dann wie das zwischen einem Arzt und seinen vielen Patienten. Wie es bekanntlich kein Heilmittel gibt, das jeden Menschen von allen möglichen Krankheiten heilt, gibt es auch die eine Wahrheit nicht. Im Gegenteil, gäbe es keine Krankheiten (mehr), würde es Heilmittel nicht einmal geben.
Es mag sein, daß der Buddhismus damit recht hat, wofür wir im folgenden weitere Anhaltspunkte finden werden. Aber das Problem ist, daß wir damit nicht viel anfangen können. Es wäre dann so, als würden wir mit einem Menschen diskutieren, der zwar als gelehrsam und weise gilt, uns aber kaum sagen kann, was eigentlich richtig und wahr sei. Und wir sind nun mal daran gewöhnt, immer Wahrheit hören zu wollen oder zumindest eine gesicherte, nach Möglichkeit oder auch Wahrscheinlichkeit richtigere Meinung zu haben. “Denn was man schwarz auf weiß besitzt, kann man getrost nach Hause tragen.” Eine Schwarz-weiß-Malerei bietet uns der Buddhismus leider nicht.

6) Der Buddhismus ist schließlich eine komplizierte Kultur- und Geisteserscheinung. Er ist bekanntlich eine Religion und er ist auch eine Philosophie, er ist eine Glaubenslehre und man muß nichts an ihm glauben, er legt viel Wert auf das analytische Wissen und das Wissen an sich ist nicht sein Zweck, er hat viele Kanonwerke und nichts an ihm ist dogmatisch festgelegt.

Schwierigkeiten soll man aus dem Weg räumen, Probleme sind da, um gelöst zu werden, sagen manche Wahrheitsfinder. Schwierigkeiten kann man aber bekanntlich auch aus dem Weg gehen. Im Falle des Buddhismus ziehe ich diesmal die zweite Möglichkeit vor. Für das folgende Unternehmen bedeutet dies konkret:

- Dieses Buch liefert keine umfassende Darstellung des Buddhismus als solchem. Der Buddhismus als Religion wird z.B. nicht einmal zur Sprache kommen, von der buddhistischen Gemeinde, Kulthandlungen und der Gemeinschaft wird auch nicht die Rede sein.
- Es wird kein System angestrebt. Behandelt werden nur einige Thesen, Denkschemata und Grundzüge, die mir wichtig und eben typisch buddhistisch erscheinen.
- Historische Zusammenhänge und geschichtliche Entwicklung werden ebenfalls in den Hintergrund gestellt. Ideen und Denkanstöße habe ich dabei für interessanter erachtet als einzelne Fakten.

Nachdem wir nun die sachlichen Schwierigkeiten und daraufhin unsere Herangehensweise erläutert haben, müssen wir uns einer Frage stellen: Gibt es überhaupt so etwas wie eine buddhistische Philosophie?
Die Frage ist ebenso berechtigt wie nur schwer eindeutig zu beantworten. Nach dem Prinzip "aus dem Weg gehen" weisen wir auf zwei Punkte hin:
Erstens, neu ist die Frage nicht, sie gilt auch in anderen Zusammenhängen und läßt sich, je nachdem, anders formulieren. Gibt es z.B. auch eine chinesische Philosophie? Darf man von einer afrikanischen Philosophie sprechen? Eine eindeutige Antwort ist nicht möglich, wollen wir auch nicht geben. Festhalten wollen wir hingegen an der Tatsache, daß wir, zumindest in der deutschen Sprache, gemeinhin einen fast willkürlichen, großzügigen und verschwenderischen Umgang mit dem Begriff der Philosophie pflegen: Man kann ohne weiteres von einer Unternehmensphilosophie, von seiner eigenen Philosophie und gar von einer Philosophie der Kosmetik sprechen. Man möchte es nur nicht, daß einer anderen Nation, einem anderen Kulturkreis ihre bzw. seine Philosophie zugesprochen wird. Das scheint inkonsequent und gibt zu denken.
Die Frage impliziert zweitens, daß man nicht nur weiß, was Philosophie, sondern auch, und das ist das Interessante, was in unserem Fall das Buddhistische sei. Wir wissen es noch nicht, deshalb können wir die Frage noch nicht beantworten. Wir gehen ihr aus dem Weg.

Gibt es nun eine buddhistische Philosophie? Es wird darauf ankommen, ob dort philosophische Fragen gestellt und Lösungsansätze angeboten worden sind. Philosophische Fragen sind zum einem allgemeine und zum anderen grundsätzliche Fragen: Wie weit reicht unsere Erkenntnis? Was ist der Sinn des Lebens? Was ist die Stellung des Menschen im Ganzen der Welt? Was sind Wahrheit, Wirklichkeit und Realität? Woher kommen moralische Forderungen? Philosophische Fragen haben zwei Kennzeichen: Sie sind von grundsätzlicher Art und daher schwer einheitlich zu beantworten; sie können nicht von den Einzelwissenschaften beantwortet werden. Wären sie von den Einzelwissenschaften beantwortet worden, hätten wir uns mit ihren Antworten nicht zufriedengeben können. Philosophische Fragen sind (ewige) Sinnfragen, Philosophie ist eine

sinnsuchende, sich aus den Grunderfahrungen des Menschen speisende deutende Kunst.
Vorläufig gehen wir davon aus, daß im Buddhismus philosophische Fragen gestellt und zur Lösung dieser Fragen Denkansätze angeboten worden sind. Damit gehen wir allerdings das Risiko ein, etwas zu tun, was eigentlich keine Philosophie ist. Aber das schadet nicht, denn dann, d.h. am Schluß, werden wir zumindest herausgefunden haben, was nicht Philosophie und was am buddhistischen Denken antiphilosophisch sei. Das wird nicht wenig sein. Eine gewisse Unsicherheit bleibt also bestehen. Statt von der Philosophie werden wir deshalb vom *Philosophieren* sprechen.

II Lehre(n) als Fahrzeug(e)

Der Buddhismus versteht sich als Fahrzeug(e), und seine Schulen werden in die des Kleinen Fahrzeugs, *hīnāyāna*, und des Großen Fahrzeugs, *mahāyāna*, unterteilt.[1] Die Begriffe entstanden vermutlich im 1. Jahrhundert v. Chr.

Bevor wir uns mit dem buddhistischen Selbstverständnis beschäftigen, seien einige grundlegende inhaltliche Unterschiede zwischen dem *hīnāyāna* und dem *mahāyāna* genannt, da wir im folgenden nicht darauf zurückkommen werden: Das Kleine Fahrzeug verneint die Möglichkeit, daß alle Menschen Buddha werden können bzw. die Buddha-Natur besitzen, das Große Fahrzeug betrachtet hingegen das Buddhawerden aller Lebewesen als das eigentliche Ziel und vertritt die Auffassung, daß jeder Mensch diese Buddha-Natur in sich trägt.[2] Das Kleine Fahrzeug meint mit dem Begriff *Buddha* ausschließlich den erleuchteten *Śākyamuni*, wörtlich den Weisen des *Śākya*-Clans,[3] das Große Fahrzeug hat die Zahl der Buddhas vermehrt und meint mit dem Begriff alle *Erleuchteten*. Das Kleine Fahrzeug glaubt, daß ein Mensch nur sich selbst erlösen kann, das Große Fahrzeug betont dagegen die Barmherzigkeit und die Erlösung der anderen. Das Kleine Fahrzeug verneint die *Wirklichkeit* des Ich, das Große Fahrzeug plädiert dazu noch für die *Unwirklichkeit* der objektiven Welt. Das Ideal des *mahāyāna* ist das *bodhisattva*, während im *hīnāyāna* von *arhat*, *srotāpanna*, *sakṛdāgāmin* und *anāgāmin* gesprochen wird.

Arhat gilt ursprünglich als das höchste religiöse Ideal des *hīnāyāna* und bezieht sich auf diejenigen, die in diesem Leben bereits dem Kreis der Wiedergeburt entronnen sind.[4] Die drei unteren Stufen sind: *srotāpanna*, der seine Wiedergeburt innerhalb der drei besseren Möglichkeiten finden wird;[5] *sakṛdāgāmin*, der nur noch eine Wiedergeburt vor sich hat,[6] und *anāgāmin*, der in einem der Himmelreiche wiedergeboren wird.[7]

1 *Yana* bedeutet "Wege", "Laufbahn", "Fahren", "Überfahrt", "Fahrzeug", "Vehikel". Siehe E. Conze, *Der Buddhismus*, S. 114ff.

2 Im (indischen) Buddhismus werden Menschen, welche die Buddhaschaft nie erlangen würden, als *Icchantika* bezeichnet, weil sie voll von weltlichen Begierden (*icchan*) seien. In China war Dao Sheng (?-434) der erste, der diese These in Frage stellte. Seine Erklärung, daß alle Wesen, selbst die leblosen, die Buddha-Natur in sich tragen und daher auch Buddha werden können, blieb jedoch solange umstritten, bis das *Mahāparinirvāṇasūtra* (Großes Nirvāṇasūtra) im Jahre 421 ins Chinesische übersetzt wurde. Vgl. *Daban niepanjing*, Shanghai 1991, S. 34, 37, 184.

3 *Śākya*, Stammesbezeichnung, bedeutet ursprünglich "Können" bzw. "Fähigkeiten", *muni* bedeutet "weise", "klug".

4 Siehe dazu Erich Frauwallner: *Die Philosophie des Buddhismus*, Berlin 1958, S. 143ff.; Anhang: *Das Sūtra in 42 Abschnitten.*

5 Daher der chinesische Begriff *yuliu*, der in den Strom Eingetretene

6 Chinesische: *yilai* – jemand, der noch einmal wiederkehrt.

7 Chinesisch: *buhuan* – jemand, der nicht mehr wiederkehrt.

Bodhisattvas (Erleuchtungswesen) sind diejenigen Wesen, die auf dem Weg sind, Buddha zu werden. Aus Mitleid und Barmherzigkeit verzichten sie aber auf das eigene Wohl und nehmen freiwillig das Leiden der Massen auf sich. Ihre Inkarnationen sind deshalb nicht der Wiedergeburt unterworfen.[1] Sie leben nur, um andere zu erlösen. Selbstlosigkeit ist ihre größte Tugend, demnach ist ihnen auch jedes Mittel recht. Ganz nobel klingt auch die Begründung: Im Grunde ist jede Handlung, physische wie psychische, die aus dem *Ego* herrührt, (im Buddhismus) als *nicht gut* zu bezeichnen. Es spielt dabei keine Rolle, ob diese Handlung mir und anderen Vorteile oder Nachteile bringt. Umgekehrt sind alle Handlungen, die frei vom *Ich* erfolgen, *gut*. Ein Beispiel: Nicht-Töten und Nicht-töten-Lassen gehören bekanntlich zu den wichtigsten Geboten des Buddhismus aller Richtungen. Nicht verboten ist hingegen der Fleischgenuß, wenn das Fleisch angeboten wird. Eine mögliche Erklärung dafür wäre: Bietet mir jemand das Fleisch zum Genuß an, so macht er seine Gastfreundlichkeit und die Bereitschaft zu teilen deutlich. Sowohl die Gastfreundlichkeit als auch die Bereitschaft zu teilen sind ohne Zweifel gute und insofern verdienstvolle Taten. Eine schroffe Ablehnung von mir würde ihn daran hindern, "gute" Taten zu vollbringen, und ihm sozusagen den Weg zur Erleuchtung erschweren. Also sollte man das Angebot nicht ablehnen, selbst wenn ein Verbot dadurch verletzt worden wäre. Wer sonst sollte in die Hölle gehen, wenn nicht ich? Ein weiteres Beispiel wäre das Problem der Armut. Zufriedenheit mit der Armut ist höchst löblich. Wer aber arm ist, der ist auch zumindest finanziell nicht in der Lage, anderen zu helfen.

Unterschiedliche Schulen stellen unterschiedliche Wege und unterschiedliche Fahrzeuge dar. So das buddhistische Selbstbekenntnis. Was ist aber ein *Fahrzeug*?

Wir beschränken uns zunächst auf einige allgemeine Bemerkungen zum Begriff *Fahrzeug* schlechthin, wobei wir der Einfachheit halber vom deutschen Wort ausgehen:

Ein Fahrzeug ist zuerst ein *Zeug*, d.h. etwas Gemachtes, Hergestelltes, Künstliches und Geschaffenes.[2] In diesem Sinn ist es, wie alles Geschaffene, Veränderungen und Abnutzung unterworfen. Ein Fahrzeug ist des weiteren ein Mittel, ein Gerät, mit dessen Hilfe etwas erreicht werden soll. Dieses Etwas wird im normalen Sprachgebrauch das Ziel genannt.

Der Ort- und Zielgedanke ist hier sehr wichtig. Rom ist auch ein Ort, bekanntlich führen fast alle Wege nach Rom. D.h., es gibt unterschiedliche Möglichkeiten, zum Ziel zu gelangen, wobei die Unterschiedlichkeit der Wege auch sehr

1 Zum Begriff *bodhisattva* siehe Helmuth von Glasenapp: *Pfad zur Erleuchtung, Ein buddhistisches Lesebuch*, München ^{6}1994, S. 175–185.

2 "Zeug" im Sinne von "herstellen", "erzeugen", "machen" und "tun", mhd. "ziugunge", "erziugen". Vgl. *Duden* 7.

wichtig ist. Denn welchen Weg man zum Ziel nimmt und nehmen sollte, hängt nicht allein von der Beschaffenheit des Weges ab, der Typ des Fahrzeuges spielt eine ebenso große Rolle wie die Fähigkeit des Fahrers.[1]
Um ans Ziel zu gelangen, muß man nicht selbst über ein Fahrzeug verfügen. Es gibt natürlich Fahrer, die nur ungern andere mitnehmen, und es gibt auch welche, die andere überhaupt nicht mitnehmen. Ihre Beweggründe brauchen uns hier nicht zu interessieren. Wir, die wir auf Kosten anderer unser Ziel erreichen wollen, sollten es denjenigen, die uns nicht mitnehmen, nicht übelnehmen.
Es kann durchaus ein Genuß sein, beim (Mit)fahren die wunderschöne verlokkende Landschaft links und rechts zu bewundern oder über das, was man sieht, zu grübeln. Wer aber schnell und nicht zuletzt sicher ans Ziel gelangen will, der tut gut daran, auf Genuß und Grübelei zu verzichten. Ablenkungen sind sie allemal.

Das Selbstverständnis des Buddhismus als *Fahrzeug* findet seine bildlichste Darstellung im *Lotussūtra* – einer *mahāyāna*-Schrift, die im Jahre 286 zum ersten Mal ins Chinesische übersetzt wurde.[2] Von den insgesamt sieben Metaphern dort seien hier zwei genannt:
Das brennende Haus: Es war einmal ein alter und reicher Mann, der viele Kinder hatte und ein großes Haus besaß. Eines Tages war das Haus in Brand geraten und drohte zusammenzustürzen. Der alte Hausherr hätte gute Möglichkeit gehabt, sich durch die einzige Tür, die das Haus besaß, zu retten. Da er aber an seine Kinder dachte, eilte er zu ihnen und warnte sie vor der drohenden Gefahr. Die spielenden und verspielten Kinder nahmen die Worte des Vaters aber nicht ernst, und es blieb dem alten Mann nichts übrig, als ihnen vorzugaukeln, daß draußen vor dem Haus viele interessante Wagen seien, mit denen sie besser spielen könnten. Nun eilten die Kinder eins nach dem anderen aus dem Haus und konnten sich dadurch retten.
Die gezauberte Stadt: Unter der Leitung eines erfahrenen Reiseführers machte sich eine Gruppe von Schatzsuchenden auf den Weg in die Ferne. Da der Weg dorthin lang und mühsam war, waren einige von ihnen schon nach ein paar Tagen müde und resigniert. Der Reiseleiter ließ daraufhin eine Stadt durch Magie entstehen, damit seine Schützlinge eine Pause einlegen konnten. Nachdem sie

1 Auf der Autobahn fährt man normalerweise am schnellsten, aber zugelassen sind bekanntlich nur Fahrzeuge, die 60 km/h schaffen.

2 Zu Übersetzungen in europäischen Sprachen siehe Literaturverzeichnis. Kurze Inhaltsangabe: Nach der Erleuchtung erscheint der Buddha in unterschiedlichen Verkörperungen, um Menschen mit unterschiedlicher Fassungskraft seine Lehre zu verkünden. Zwei Ziele werden dabei verfolgt: Erstens können alle Lebewesen Buddha werden und zweitens sind unterschiedliche Lehren auf die unterschiedliche Fassungskraft der Hörenden zurückzuführen. Im Grunde gibt es also nur eine Lehre und ein Fahrzeug.

sich aber erholt hatten, erklärte er ihnen, daß das Ziel noch in der Ferne sei, bei der Raststätte handle es sich bloß um eine Zwischenstation und eine Zauberei.[1]

Kommen wir nun auf die Aussage zurück, der Buddhismus verstehe sich als Fahrzeug. Was bedeutet nun diese Aussage, was verbirgt sich dahinter und was für Folgen hat sie für unser Verständnis des Buddhismus?
Der Buddhismus als Fahrzeug bedeutet, daß er etwas Gemachtes, Geschaffenes und Menschlich-Künstliches ist. Ewig ist er nicht. Der Buddhismus als Fahrzeug bedeutet ferner, daß er nur ein wirksames Mittel (*upaya*) ist, mit dessen Hilfe wir unser Ziel eventuell schneller erreichen können. Nachdem wir das Ziel erreicht haben, sind unsere Fahrzeuge nutzlos, sie könnten sogar eine Last werden, wenn man geizig ist und das nicht wegwirft, was nicht mehr zu gebrauchen ist. Das Zuhause, das man am Ziel findet, würde voll von unnützen Dingen werden und wäre ungemütlich für seinen Bewohner. In *Majjhimanikāya,* der *Mittleren Sammlung* des Pali-Kanons, Nr. 22, vergleicht der Buddha seine Lehre mit einem Floß und fragt, wie sich ein Übergesetzter nun dem Floß gegenüber "richtig" verhalten soll:

"Das wäre, o Mönche, des Übergesetzten, Hinübergelangten (Gedanke) so: 'Sehr hilfreich ist fürwahr mir dieses Floß; mit Hilfe dieses Floßes bin ich, mit Händen und Füßen mich anstrengend, wohlbehalten ans andere Ufer übergesetzt. Wenn ich nun dieses Floß an Land (ziehe) und festmache oder (es) ins Wasser versenke und (dann) hingehe, wohin ich möchte?' So handelnd, o Mönche, würde dieser Mann gegenüber dem Floß richtig handeln. Ebenso, o Mönche, ist die von mir mit einem Floß verglichene Lehre mit dem Ziel des Entrinnens, nicht mit dem Ziel des Festhaltens dargestellt worden."[2]

Der selbe Gedanke taucht in den buddhistischen Texten immer wieder auf. "Die ihr das Gleichnis vom Floße, ihr Mönche, verstehet, / Ihr habt auch das Rechte zu lassen, geschweige das Unrecht."[3] Im *Diamantsūtra*, einem der prägnantesten Text des *mahāyāna*, heißt es: "O Mönche, ihr sollt wissen, daß meine Lehren gleich Fahrzeugen sind. Selbst auf diese Lehren ist (nach der Erlösung) zu verzichten, geschweige denn Lehren, die nicht zur Erlösung führen."[4]
Gemäß dem Zieldenken wird eine Reihe von Fragen, die, nach dem buddhistischen Verständnis, nicht direkt mit dem Ziel zu tun haben und nur Ablenkungen

1 Vgl. H. von Glasenapp, *Pfad zur Erleuchtung*, S. 186-187.

2 Klaus Mylius (Hrsg.): *Die vier edlen Wahrheiten. Texte des ursprünglichen Buddhismus*, München [3]1991, S. 132; *Die Reden des Buddha, Mittlere Sammlung*, aus dem Pali-Kanon übersetzt von K. E. Neumann, Herrnschrot 1995, S. 158.

3 K. E. Neumann, *Mittlere Sammlung*, S. 159.

4 *Jingang jing* (= *Vajracchedikāprajñāpāramitāsūtra*, *Diamantsūtra*), ins Chinesische übersetzt von Kumārajiva, in: Fang Litian (Hrsg.): *Foxue jinghua* (= *Quellentexte des Buddhismus*), 3 Bde., Peking 1996, Bd. 1, S. 160. Siehe E. Conze: *Buddhist Wisdom Books. The Diamond Sūtra and the Heart Sūtra*, London, Sydney, Wellington [3]1988.

des Geistes darstellen, vom Buddhismus nicht behandelt. Zum einen, weil diese Fragen typische Streit-, buddhistisch gesagt: Spielfragen (*prapañca*) sind, auf die keine eindeutige und überzeugende Antwort möglich ist, und zum anderen, weil diese Fragen nicht direkt ans Ziel führen – Wir werden später[1] auf diesen Punkt zurückkommen und überraschenderweise feststellen, daß es sich dabei, nach europäisch-christlichem Verständnis, zwar um Streitfragen, aber keineswegs um Spielfragen handelt. Es sind Fragen metaphysischer Natur!

Das Zieldenken bestimmt schließlich, daß (fast) alles am Buddhismus, was einander zu widersprechen scheint (Glaube[2] und Vernunft, Streitigkeiten zwischen den Schulen etc.), funktional gesehen, doch miteinander kompatibel ist, da es sich jeweils immer nur um Wege zur Wahrheit (zum Ziel) handelt und nicht um die Wahrheit selbst. Daß es schnelle Autos gibt, schließt die Tüchtigkeit anderer Fahrzeuge sozusagen nicht aus. Unterschiedlich sind nur ihre jeweilige Ausstattung und Tauglichkeit. Ein Medikament ist ein Heilmittel, nur weil es eine bestimmte Krankheit heilt. Da es aber unterschiedliche Krankheiten gibt, gibt es unterschiedliche Heilmittel. Krankheiten verlangen nach Heilmitteln, unabhängig von Krankheiten sind Heilmittel nicht vorstellbar. Heilmittel sind dies nur in bezug auf seine Heilwirkung und auf die zu heilenden Krankheiten.

Wenn wir, statt das Ziel im Auge zu behalten, am Fahrzeug festhalten, werden wir ständig unterwegs sein. Was das nun für unser Verständnis des Buddhismus bedeutet, läßt sich wiederum durch einige Beispiele veranschaulichen:

Im chinesischen Klassiker *Zhuangzi* wird behauptet, daß die Tauglichkeit eines Fischernetzes im Fischfang bestehe. Hat man damit aber die Fische gefangen, sollte man die Fische in die Hand nehmen und nicht statt dessen weiterhin mit beiden Händen am Netz festhalten. "Hasennetze sind da um der Hasen willen; hat man die Hasen, so vergißt man die Netze. Worte sind da um der Gedanken willen; hat man den Gedanken, so vergißt man die Worte. Wo finde ich einen Menschen, der die Worte vergißt, auf daß ich mit ihm reden kann?"[3]

Die zweite Metapher ist originell buddhistisch und läßt sich in fast allen buddhistischen Texten finden. Erzählt wird die Geschichte von einem Mann, der den hell leuchtenden Vollmond am Himmel nicht sieht. Ein anderer, der Wissende, zeigt ihm den Mond mit einem Finger, damit er, der Unwissende, ungefähr weiß, in welche Richtung er seinen Blick richten soll. Der Mann sieht

1 Kap. X *Weder–Noch*

2 Zum Begriff des Glaubens im Buddhismus siehe Ed. Conze: *Buddhistisches Denken*, Frankfurt am Main 1988, S. 61-66.

3 Das Buch trägt den Namen des Verfassers (369-289 v.Chr.) und gilt als ein daoistisches Werk. Dt. Übersetzung: *Dschuang Dsi. Das wahre Buch vom südlichen Blütenland*, aus dem Chinesischen übertragen und erläutert von Richard Wilhelm mit einer Einführung von Stephan Schuhmacher, Köln 1982, S. 283.

trotzdem den Mond nicht, denn er hat seinen Blick nun auf den Finger des Wissenden fixiert.[1]

Tiefsinniger ist das dritte Beispiel: Es war einmal jemand, der an einer bestimmten Krankheit litt. Diese Krankheit können wir *Seins-Krankheit* nennen, denn er glaubte, alles *sei*. Er ging zu einem Arzt und bekam von ihm ein bestimmtes Heilmittel verschrieben. Nun war er geheilt, aber nur von der *Seins-Krankheit*, denn er bildete sich jetzt ein, daß alles *nicht* oder *leer sei*. Nachdem er auch von dieser *Krankheit des Nicht-Seins* geheilt worden war, hatte er sich wiederum eine andere Krankheit zugezogen: er wurde süchtig und abhängig – wonach und wovon? Nach und von den Heilmitteln selbst!

Aus den obigen Darstellungen sind folgende Überlegungen zu ziehen, die wir bei unserer Beschäftigung mit dem Buddhismus stets im Auge behalten sollten. Diese sind:

Nur weil es Menschen gibt, die leiden und das rettende Ufer nicht erreichen, hat der Buddha seine Lehre entwickelt und sie durch *Lehrgespräche* verkündet. Nur weil die Menschen unterschiedlich sind,[2] gibt es unterschiedliche Formen des Buddhismus. Was Paulus an die Korinther schrieb, dem hätte auch der Buddha zugestimmt:

"Ich konnte jedoch zu euch, liebe Brüder, nicht reden wie zu geistlichen Menschen, sondern nur wie zu natürlichen, wie zu unmündigen Kindern in Christus. Milch habe ich euch gegeben und nicht feste Speise; denn ihr konntet sie noch nicht vertragen."[3]

Nur weil es Menschen gibt, heißt es im Buddhismus, die, statt ans Ziel zu gelangen, an den Schriften und Buchstaben festhalten, werden die Schriften kommentiert und die Buchstaben lebendig gemacht. Nur weil es Menschen gibt, die nur an die überlieferten Kanontexte glauben und an den geschriebenen

1 *Dazhudu lun* (= *Mahāprajñāpāramitāsūtra*), a. a. O., S. 59: "Das ist wie ein Mensch, der einem Irrenden mit dem Finger auf den Mond zeigt. Der Irrende sieht aber auf den Zeigefinger und nicht auf den Mond. Da sagt dieser Mensch: 'Ich zeige mit dem Finger auf den Mond, damit du den Mond siehst. Warum richtest du deinen Blick auf meinen Finger und nicht auf den Mond.' So ist es auch mit der Sprache. Sprache zeigt auf den Sinn, ist aber nicht der Sinn selbst."
Ji Zang (549–623), *Sanlun xuanyi* (*Die tiefen Bedeutungen der drei Abhandlungen*), in: Shi Jun (Hrsg.): *Zhongguo fojiao sixiang ziliao xuanbian* (*Quellenmaterialien zum chinesischen Buddhismus*), Peking 1983, Bd. II/1, S. 276: "Wer die Quelle nicht kennt, dem zeigt man das fließende Wasser, damit er die Quelle findet; wer den Mond nicht sieht, dem zeigt man mit einem Finger auf den Mond, damit er den Mond vor Augen hat. Geht man alle Ströme aufwärts, findet man nur eine Quelle; vergißt man die Finger, sieht man nur einen Mond."

2 In der Tat stammten Gautamas Anhänger aus allen Kasten, demnach auch aus allen möglichen sozialen und ideologischen Richtungen. Die Heterogenität der Zuhörerschaft bedingt die Heterogenität der Lehre selbst, erklärt auch die späteren Spaltungen.

3 1. Kor. 3,2.

Kommentaren festhalten, hat der Chan-Buddhismus[1] die Regel eingeführt, statt Schriften zu deuten lieber zu meditieren und zu schweigen. "Weil es normale Lebewesen gibt, gibt es die Buddhas; weil es die Buddhas gibt, gibt es verschiedene Schulrichtungen der Buddha-Lehre; weil es die Schulrichtungen gibt, gibt es Kommentare der *bodhisattvas* [der Gelehrten]; weil die Lebewesen das Dao[2] verloren haben, haben die Buddhas für sie die Kanontexte geschaffen; weil die Lebewesen an den Texten festhalten, haben für sie die *bodhisattvas* die Texte kommentiert."[3]

Wahrheit, allerdings unter der Annahme, daß es Wahrheit oder Wahrheiten gibt, läßt sich weder in den Schriften noch in deren Kommentaren finden, denn diese bestehen alle aus Buchstaben. Wie der Finger nur auf den Mond zeigt und selbst nicht der Mond ist, sind Schriften bloße Träger oder, noch genauer, Hinweise auf den Sinn, sind aber nicht der Sinn selbst. Wahrheit, noch einmal, wenn es sie gibt, liegt außerhalb der Schriften und zwischen den Zeilen. Was außerhalb der Schriften ist, wissen wir nicht. Zwischen den Zeilen ist es jedenfalls leer. Sollte man nun sagen: Wahrheit ist leer und in der Leerheit liegt die Wahrheit? Wie denn sonst sollten wir die Behauptung verstehen, der Buddha habe während seiner 49jährigen Lehrtätigkeit gar kein einziges Wort gesagt? "Kurz bevor der Erhabene ins *nirvāṇa*[4] eintrat, bat ihn Mañjuśri[5], das Rad der Lehre *nochmals* zu drehen.[6] Der Erhabene zeigte sich höchst unerfreut und sprach: 'Mein lieber Mañjuśri, 49 Jahre lange habe ich kein einziges Wort geredet. Nun bittest ausgerechnet du mich, das Rad noch einmal zu drehen, als ob ich je das Rad gedreht hätte.'"[7]

Der gestellte Anspruch ist hoch, aber wir sind nicht die einzigen, die alles immer "schwarz auf weiß" haben wollen. Der große Leibniz bemerkt in seiner *Theodizee*: "Die von den Quietisten sehr weitgetriebene Vernichtung unserer individuellen Eigentümlichkeit dürfte bei einigen verkleidete Gottlosigkeit sein: wie man von dem Quietismus des Fo [Buddha] berichtet, dem Stifter einer großen Sekte

1 *Chan* – Meditation, Sanskrit: *dhyāna*, japanisch: *Zen*. Texte dazu: *The Sixth Patriarch's Dharma Jewel Platform Sūtra*, with the commentary of Tripitaka Master Hua, translated from the Chinese by The Buddhist Text Translation Society, San Francisco 1977. Deutsche Übersetzung: *Das Sūtra des Sechsten Patriarchen*, mit Erläuterungen von Soko Morinaga Roshi, übersetzt von Ursula Jarand, Bern 1989.

2 bzw. Tao, ursprünglich ein daoistischer Begriff, steht für die Wahrheit, wörtlich: den Weg.

3 Ji Zang, *Sanlun xuanyi*, in: Shi Jun, a. a. O., II/1, S. 271.

4 Eine gute Deutung des Begriffs gibt Ed. Conze, *Buddhistisches Denken*, S. 94-107.

5 Ein *bodhisattva*, der sich durch seine unbegrenzte Weisheit auszeichnet.

6 – seine Lehre nochmals zu verkünden.

7 Es handelt sich um einen Topos des Chan-Buddhismus. Pu Ji (1179–1253, Hrsg.): *Wu deng wu yuan* (Sammlung der fünf wichtigsten Aufzeichnungen zum Chang-Buddhismus), kommentiert und hrsg. von Su Yuanlei, Peking 1984, Bd. 1, Kap. 1, *über Śākyamuni*.

Chinas, der seine Religion 40 Jahre lang predigte, und als er sich dem Tode nahe fühlte, seinen Schülern erklärte, er habe ihnen die Wahrheit unter dem Schleier des Gleichnisses verborgen, und alles sei auf das Nichts als das erste Prinzip aller Dinge, zurückzuführen. Das war, wie mir scheint, noch schlimmer als die Meinung der Averroisten."[1]

Mit dem Zielgedanken wurde ein wesentlicher Aspekt des Buddhismus bereits angesprochen: seine Soteriologie, das Heil und die Heilung. Die gängige Annahme, daß der Buddhismus eine Religion sei, beruht im wesentlichen auf diesem Aspekt. Dennoch ist der Buddhismus mehr als eine Religion im üblichen Sinne. Seine Themen sind durchweg philosophisch. Argumentativ-überzeugend ist auch seine Methodik. Man darf sich nur nicht mit dem gemütlichen Philosophieren begnügen, sondern die Erkenntnisse müssen Konsequenzen für die Praxis haben. Diesem höchsten Ziel müssen sich alle Theorien und Systeme unterordnen. Der letzte Prüfstein ist nicht die logische Schlüssigkeit, sondern lebenspraktische *Bestätigung* und individuelle Erfahrungen. Die zu erwartende Erleuchtung ist als nicht ein "freies göttliches Gnadengeschenk, sondern Lohn unausgesetzter Versenkung in die Wahrheit, zur Ablegung der großen Illusionen, aus denen der Lebensdurst quillt".[2] Nur in diesem Sinne hat der Buddha immer wieder darauf hingewiesen, daß es keine Wahrheit gibt, die universell gültig wäre. Jeder Mensch müsse nach der Wahrheit suchen, aber bitte für sich selbst und nach seiner eigenen:

"Richtet euch nicht nach dem, was euch zu Ohren gekommen ist, nach dem bloßen Hörensagen, nach dem, was von einem zum anderen weitergegeben wurde, nach Sammlungen von heiligen Überlieferungen, nach Vermutungen und ertüftelten Gründen, nicht nach äußeren Erwägungen, nicht nach eingewurzelten Anschauungen, nicht nach dem, was aussieht, als ob es angemessen sein könnte, und nicht nach dem Worte eines verehrten Meisters – sondern was ihr selbst als gut oder schlecht erkannt habt, das nehmt an oder gebt auf."[3]

Konsequenzen, die sich daraus ergeben, sind eindeutig. Bedingt durch die Eigenartigkeit der gestellten Fragen lassen sich Kriterien für richtige Antworten nur schwer angeben. Jeder Mensch wird bei der Suche nach der Wahrheit auf sich selbst zurückgeworfen; trotzdem müssen wir davon ausgehen, daß es

1 G. W. Leibniz: *Die Theodizee*, *Einleitende Abhandlung*, § 10; übertragen v. Artur Buchenau, mit einem einführenden Essay v. Morris Stockhammer, Hamburg 1968, S. 41. Averroës, arabischer Philosoph im 12. Jahrhundert. Averroës verband die aristotelische Metaphysik mit dem Neuplatonismus und leugnete die individuelle Unsterblichkeit, da die Einzelseele an den Leib gebunden sei.

2 Max Weber: *Gesammelte Aufsätze zur Religionssoziologie II*, hrsg. von Marianne Weber, Nachdruck, Tübingen ^{7}1988, S. 227.

3 *Aṅguttara-nikāya* III, 65,8; zitiert nach H. von Glasenapp, *Pfad zur Erleuchtung*, S. 58.

Menschen gibt, die mehr wissen als wir, denn sonst wäre eine Meisterschaft, daher auch der Buddhismus, nicht möglich gewesen, jedoch sind der Meister Lehren und Schriften als ein notwendiges Übel zu betrachten. Wichtiger und bedeutender ist demnach zum einen das Nicht-Gesagte und zum anderen das Ungesagte im Gesagten.

Das buddhistische Selbstverständnis muß indessen nicht unbedingt typisch buddhistisch sein, patentiert ist es ebenso wenig. Die Anpassung der Lehre an die Erfassungskraft der Zuhörer, die Problematik der Texte und Schriften, des Geschriebenen und Überlieferten, als unzulängliche Träger der Wahrheit und der Verweis auf das Nicht-Gesagte, aber eben Gemeinte gehören zu den gängigen Gemeinplätzen der Religionen, der Theologie, der Pädagogik und zum Teil auch der Philosophie.[1] Origenes (um 185–spätestens 253) spricht von einer mythischen Form des Christentums für die Masse, "die dem Kinde gleich die Wahrheit nur in Hüllen und Bildern zu schauen vermag", und einer vergeistigten Form für die Wissenden.[2] Demnach wird "eine dreifach mögliche Auffassung der christlichen Urkunde" verlangt: "eine leibliche, eine seelische, eine geistige. Die leibliche ist die buchstäbliche, die seelische die moralisch-allegorische, die geistige aber (*pneumato intus docente*) offenbart das in der Schrift gemeinte [!] ewige Evangelium".[3] Aurelius Augustinus (354–430) gibt in seinen *Bekenntnissen* zu: "Er [Jesus Christus] hat die Speise, die zu nehmen ich die Kraft nicht hatte, dem Fleische verbunden, da das Wort Fleisch geworden war, damit für unsere Kindesschwäche Milch werde Deine Weisheit, durch die Du alles erschaffen hast."[4] Nikolaus von Kues (1401–1464) bittet "den Allmächtigen, daß er mir das Wort von oben verleihe, welches allein sich selbst darlegen kann, um nach Eurer Fassungskraft wunderbare Dinge Euch zu erzählen".[5] Auf Paulus wurde bereits hingewiesen, und trotzdem noch einmal:
"Als ich ein Kind war, da redete ich wie ein Kind und dachte wie ein Kind und urteilte wie ein Kind; als ich aber ein Mann wurde, tat ich ab, was kindlich war."[6]

1 Die sogenannte exakte Wissenschaft möchte sich eben u. a. auch auf diese Weise von den übrigen Kulturbereichen unterscheiden. Siehe z.B. Yehuda Elkana: *Anthropologie der Erkenntnis. Die Entwicklung des Wissens als episches Theater einer listigen Vernunft*, übersetzt von Ruth Achlama, Frankfurt a. M. 1986, S. 67–71.

2 Karl Vorländer: *Philosophie des Mittelalters. Geschichte der Philosophie II*, Reinbek bei Hamburg 1964, S. 30.

3 Ernst Bloch: *Das Prinzip Hoffnung*, Frankfurt a. M. 1985, S. 591-592 (*Werkausgab*e Bd. 5).

4 Augustinus: *Confessiones/Bekenntnisse*, Lateinisch und Deutsch, eingeleitet, übersetzt und erläutert von Joseph Bernhart, München 1955, S. 349.

5 *De visione Dei*, in: Nicolaus Cusanus, *Gespräche, Abhandlungen*, besorgt von Artur Buchenau, Berlin 1947, S. 5; vgl. Lessing: *Die Erziehung des Menschengeschlechts*, § 16, § 5.

6 1. Kor. 13,11.

III Leben und Leiden

Der Buddha[1], heißt es vor allem in den Texten des chinesischen *mahāyāna*-Buddhismus, ist wegen einer *einzigen* Angelegenheit[2] auf die Welt gekommen. Buddhistisch formuliert heißt das: Auch des Buddhas Auf-die-Welt-Kommen war eine Gegebenheit. Für jede Gegebenheit muß es Gründe und Ursachen geben.

Was war diese eine und einzige Angelegenheit, aufgrund derer der Buddha geboren worden ist? Der Buddha ist gekommen, so wird in den Texten behauptet, damit die Menschen mit *einer* Frage fertig werden: der Frage nach dem Leben und dem Tod, noch deutlicher, der Frage nach den *Ursachen* des Lebens und des Todes. Das war also der Grund für Buddhas Geburt, das war der Ausgangspunkt sämtlichen buddhistischen Denkens. Mit dieser Frage fertig zu werden heißt *erleuchtet zu sein*: "Wie der weite Ozean nur von einem Geschmack durchdrungen ist, dem Geschmack des Salzes, ist auch diese Lehre nur von einem Geschmack durchdrungen, dem der Erlösung."[3] – Der Begriff der Erlösung klingt zu christlich, wir können ihn durch "Erleuchtung" ersetzen, zwischen *Erlöst-sein* und *Erleuchtet-sein* besteht ein beachtlicher Unterschied. Im *Mahāprajñāpāramitāśāstra* heißt es: "Gäbe es Altern, Krankheiten und den Tod nicht, wären die Buddhas[4] nicht auf die Welt gekommen."[5] Ähnliches wird auch im bereits erwähnten *Lotussūtra* behauptet.

Daß die Frage nach dem Leben – und dem Tod – die größte Angelegenheit des menschlichen Lebens ist und zu den elementaren Grund- und Grenzerfahrungen des Menschen gehört, läßt sich kaum bezweifeln. Als die Jesuiten im 17. Jahrhundert den Chinesen das Evangelium beizubringen versuchten, wurden sie nicht immer freundlich aufgenommen. Es gab trotzdem viele, die sich bekehren ließen. Sie betrachteten die christlichen Missionare als Menschen, die unter Lebensgefahr nach China gekommen waren, "nur um uns eine Mitteilung zu machen". "Was sie uns mitteilen, ist nichts anderes, als daß diese Welt nicht der Ort des ewigen Glücks für uns ist, und daß unsere Lebensdauer hundert Jahre

1 Zu Buddhas Lebensdaten siehe Heinz Bechert: *Die Lebenszeit des Buddha – das älteste Datum der indischen Geschichte?* Göttingen 1986 (= *Nachrichten der Akademie der Wissenschaften in Göttingen, I. Philologisch-historische Klasse*, 4, 1986); ders. (Hrsg.): *The Dating of the Historical Buddha, Part I*, Göttingen 1991; Ed. Conze, *Der Buddhismus*, S. 31–35.

2 Chinesisch: *yi dashi yinyuan.*

3 *Cullavagga* XI,1; zitiert nach Volker Zotz: *Geschichte der buddhistischen Philosophie*, Reinbek bei Hamburg 1996, S. 41.

4 Im Kleinen Fahrzeug wird mit dem Begriff "Buddha" allein der erleuchtete *Śākyamuni* gemeint. Das Große Fahrzeug hat hingegen die Zahl der Buddhas vermehrt. In der chinesischen Fassung läßt sich nicht eindeutig feststellen, ob der Buddha oder die Buddhas gemeint sind.

5 *Dazhidu lun*, a. a. O., Kap. 9 bzw. S. 60.

nicht überschreiten wird. Mit dem Tod des Körpers wird auch das weltliche Glück sterben, aber nach dem Tod des Körpers wird die Seele für ewig leben, und eine Transmigration wird es nicht geben [...] Das ist wie auf einer Reise: wir gehen auf einem Weg, und da kommt einer daher, der uns bittet, für eine Weile stehenzubleiben und sagt uns, daß gewisse Räuber auf uns lauern. Was sollen wir nun machen? Auch wenn wir es eilig haben, werden wir nicht umhinkönnen, als stehenzubleiben und uns nach der Richtigkeit seiner Mitteilung zu erkundigen."[1]

Jedoch handelt es sich nicht allein um eine Frage des Glaubens und der Religionen, sondern auch um eine Frage des Philosophierens. Schon Platon versteht das Philosophieren als eine Vorbereitung auf den Tod: "Ein Mann, welcher wahrhaft philosophisch sein Leben vollbracht, müsse getrost sein, wenn er im Begriff ist zu sterben, und der frohen Hoffnung, daß er dort Gutes in vollem Maß erlangen werde, wenn er gestorben ist."[2] Schopenhauer geht noch ein paar Schritte weiter und behauptet, daß ohne den Tod gar nicht philosophiert werden könne.[3] Augustinus kann sich in seinen *Bekenntnissen* nicht entscheiden, ob er

1 Han Lin und Zhang Geng, *Shengjiao xinzheng* (Glaubhafte Argumente für die Richtigkeit der heiligen Lehre), in: *Tianzhujiao dongchuan wenxian sanbian* (Dritte Sammlung der Dokumente über die Verbreitung des Katholizismus im Osten), hrsg. v. Wu Xiangxiang, Taipei 1972, Bd. I, S. 267–293.

2 *Phaidon*, 63e–64a, in: *Sämtliche Werke*, nach der Übersetzung v. Friedrich Schleiermacher mit der Stephanus-Numerierung, hrsg. v. Walter F. Otto, Ernesto Grassi u. Gert Plamböck, Hamburg 1958; die Übersetzung von Rufener: "Ein Mensch, der sein Leben wirklich im Streben nach der Weisheit verbracht hat, (soll) mit Recht guten Mutes in den Tod gehen." *Klassische Dialoge*, übertr. v. R. Rufener, mit einer Einl. v. O. Gigon, München 1975.
Konfuzius glaubt: "Habe ich des Morgens die Wahrheit (das Dao) erfahren, kann der Tod des Abends ruhig kommen." Konfuzius, *Lunyu* (Gespräche), in: Yang Bojun, *Baihua sishu* (Die vier klassischen Bücher mit moderner Übersetzung), Changsha 1989, IV,8.
Montaigne schreibt: "Si nous n'avons su vivre, c'est injustice de nous apprendre à mourir, et de difformer la fin de son tout. Si nous avons su vivre constamment et tranquillement, nous saurons mourir de même. Ils s'en venteront tant qu'il leur plaire. Tota philosoforum vita commentatio mortis est. Mais il m'est d'avis que c'est bien le bout, non pourtant le but de la vie; c'est sa fin, son extremité, non pourtant son objet. Elle doit être elle même à soi sa visée, son dessein; son droit est de se regler, se conduire, se souffrir. Au nombre de plusieurs autres offices que comprend ce général et principal chapitre de savoir vivre, est cet article de savoir mourir; et des plus légers si nôtre crainte ne lui donnait poids." Michel Montaigne: *Essais*, édition de M. Rat, Paris 1962, Tom II, S. 501-502.

3 Arthur Schopenhauer: *Die Welt als Wille und Vorstellung II*, Ergänzungen zum vierten Buch, Kap. 41, in: Schopenhauer, *Sämtliche Werke*, textkrit. bearb. u. hrsg. v. W. Frhr. von Löhneysen, Frankfurt a. M. 1989, Bd. II. Zum Thema Schopenhauer und Buddhismus siehe Wenchao Li: *‚Der Wille ist meine Vorstellung, – Kritische Bemerkungen zu Schopenhauers Philosophie und der Lehre Buddhas*, in: Dieter Birnbacher (Hrsg.): *Schopenhauer in der Philosophie der Gegenwart*, Würzburg 1996, S. 119–124.

das Leben lieber als *Sterbeleben* oder doch besser als *Lebesterben* bezeichnen soll.[1] Der chinesische Daoismus strebt nach der Unsterblichkeit und zumindest nach einer Verlängerung des Lebens.[2] Von der Unsterblichkeit träumt auch das Christentum, der Sündenfall dient u.a. dazu, den Tod nicht als ursprünglich notwendig interpretieren zu müssen.[3]

Auch anderweitig läßt sich die Ernsthaftigkeit der Frage bestätigen. In allen Sprachen – die mir bekannt sind – werden Leben und Tod fast immer in einem *Atemzug* ausgesprochen, wie *auf Leben und Tod*. Zu bemerken ist, daß das enge Aneinanderreihen von Leben und Tod trotzdem problematisch ist, denn dadurch wird verdeckt, daß es den meisten von uns – ehrlich gesagt – eigentlich nur um das eine und weniger um den anderen geht, nämlich mehr um das Leben und weniger um den Tod. Ob wir essen oder auch fasten, fleißig arbeiten oder auch einfach faulenzen, manche von uns gern in Luxus leben und manche lieber in Askese: alles, was wir tun und lassen, läßt sich im Grunde auf unsere *Einstellung* zum Leben zurückführen. Nicht der Tod, sondern das Leben ist unser Problem. Der Tod ist für uns nur deswegen ein Problem, weil er dem Leben plötzlich und jede Sekunde ein Ende machen kann und deshalb eine ständige Bedrohung des Lebens bedeutet. Würde der Tod dem Leben nichts anhaben, bräuchten wir uns kaum Gedanken über ihn zu machen. Hätten wir das Leben verstanden, hätten wir auch den Tod verstanden, meint der pragmatische chinesische Denker Konfuzius (551–479 v. Chr.).[4] Das Problem ist nur: gerade

1 "Et tu fortasse inrides me, sed conuersus misereberis mei. Quid enim est quod uolo dicere, domine, nisi quia nescio, uenerim huc, in istam dico uitam mortalem an mortem uitalem? Nescio." Augustinus, *Confessiones*, a. a. O. S. 20.

2 Die Vorstellung sieht folgendermaßen aus: Das Leben wird durch die Lebenskraft gewährleistet. Da diese Kraft aber sowohl qualitativ als auch quantativ begrenzt ist, hängt die Lebensdauer davon ab, wie langsam bzw. wie schnell diese Kraft "verbraucht" sein wird. Je "sparsamer" ein Mensch mit der ihm zugeteilten Kraft umgeht, desto länger wirde er leben können. Äußere Gefahr und alles, was die Kraft zu sehr beanspruchen würde, müssen daher vermieden werden. Zhu Xi (1130–1200), ein konfuzianischer Gelehrter, erklärt: "Das Leben hat seine Bestimmungen wie auch der Tod. Als der Mensch [bei seiner Geburt] die [ihm zuteil gewordene] Menge von Fluidum bekam, stand diese Bestimmung schon fest. [...] Die Menge des Fluidums bleibt zwar bestimmt, aber es gibt auch Möglichkeiten, sie besser aufzubewahren und so [das Leben] ein bißchen zu verlängern. [...] Die Daoisten haben dies erkannt, daher wertschätzen sie wie immer ihren eigenen Körper." Zhu Xi: *Zhuzi yulei* (Thematisch geordnete Gespräche von Meister Zhu), nach der Ausgabe von Li Jingde neu hrsg. von Wang Xingxian, Peking 1986, Bd. 1, S. 43.

3 Vgl. 1 Mo 2,17; Röm 5,12; 6,23.

4 Konfuzius, *Gespräche*, XI,12. Gerade in diesem Punkt sieht Zhu Xi die Überlegenheit des Konfuzianismus sowohl dem Daoismus als auch dem Buddhismus gegenüber. Denn "das Zusammenziehen des Fluidums bringt das Leben (die Geburt) hervor, dessen Auflösung bedeutet den Tod. Man braucht nur diesem Gesetz zu folgen". Zhu Xi, *Zhuzi yulei*, a. a. O., Bd. 8, S. 3012. Im Vergleich zu dieser konfuzianischen Einstellung "hängen die Daoisten zu sehr dem Leben nach", die Buddhisten "schätzen zu sehr den Tod". Fehler des Buddhismus liege im Haß auf das Ich, der des Daoismus liege im Egoismus und

angesichts des Todes wird das Leben einfach unverständlich. Des Konfuzius weiser Spruch läßt sich insofern umdrehen: Hätte man den Tod verstanden, hätte man auch das Leben verstanden.

Die Frage nach dem Tod ist eine Frage nach dem Leben und nach dem Sinn des Lebens, und die platonische Vorbereitung auf den Tod läßt sich im Sinne von Konfuzius in eine Ausrüstung für das Leben uminterpretieren. "Der freie Mensch", heißt es einmal bei Baruch de Spinoza (1632–1677), "denkt über nichts weniger als über den Tod; und seine Weisheit ist nicht ein Nachdenken über den Tod, sondern über das Leben."[1]

Was ist aber das Leben? Das ist die Frage.

Der Buddha ist wegen dieser einen Frage auf die Welt gekommen. Er müßte also etwas mehr als wir wissen. Was aber weiß er? Was sind seine Antworten?

- *Das Leben ist Leiden*. Das ist der Grundtenor in den sogenannten allgemein bekannten *Vier Edlen Wahrheiten*. Diese sind im einzelnen: die Wahrheit über das Leiden, über die Ursachen des Leidens, über die Überwindung des Leidens und über die konkreten Wege, die aus dem Leiden führen.[2] Die erste Wahrheit ist also auch die Grundwahrheit und bildet mit den anderen drei zusammen eine logische Kette. Um diese Lehre als Ganzes zu verstehen, müssen wir mit der ersten anfangen.

Wir fragen zuerst, was mit dem Begriff Leiden gemeint ist, indem wir fragen, was für Leiden es gibt. Acht an der Zahl werden in den buddhistischen Texten genannt: die Geburt, das Altern, das Kranksein, der Tod, Trennung von dem, was einem angenehm ist oder was man liebt, Zusammensein mit dem, was einem unangenehm ist oder was man haßt, das nicht zu bekommen, was einer sich wünscht und schließlich alles, was uns unser (normales) Bewußtsein[3] insgesamt bereitet.

Genauer betrachtet, lassen sich die achtmal Leiden in zwei Gruppen teilen: das physisch-biologische Leiden und das seelisch-psychische Leiden; man könnte auch von inneren und äußeren, körperlichen und seelischen Leiden sprechen. Zusammengenommen wird das Leben als Leiden schlechthin erkannt.

Zhu Xi betrachtet den Daoismus grundsätzlich als eine egoistische Lehre und interpretiert seine "Weisheit" als "Tricks" bzw. "Überlebenskunst". Ebenda, Bd. 8, S. 3017.

Max Weber sieht im "Überdruß am Tod" den Grund des buddhistischen Erlösungsstrebens, während dieser Grund im Christentum "Überdruß am Leben" bedeute. Max Weber, *Gesammelte Aufsätze zur Religionssoziologie II*, a. a. O., S. 222.

1 Spinoza, *Ethik*, Buch IV, Lehrsatz 67 in: *Opera*, Darmstadt 1967, Bd. II.

2 Vgl. K. E. Neumann, *Längere Sammlung*, S. 390f.; S. 55-56.

3 "Die Sehberührung, die Hörberührung, die Riechberührung. die Schmeckberührung, die Tastberührung, die Denkberührung in der Welt erscheint lieb, erscheint angenehm, daraus entsteht dieser Durst und entwickelt sich […]". K. E. Neumann, *Längere Sammlung*, S. 395. Siehe unten, Kap. V *Die fünf Daseinsgruppen*.

Kranksein ist Leiden. Leidvoll ist es auch, sich von dem zu trennen, was uns lieb und teuer ist. Hier können wir uns durchaus auf unsere alltäglichen Erfahrungen berufen, und des Buddhas Diagnose dürfte breite Zustimmung finden. Was wir weniger verstehen ist, daß das erste Leiden die Geburt, um nicht schon zu sagen, das Leben ist. Denn gemeint sind damit anscheinend nicht die Geburtswehen, unter denen die Mutter zu leiden hat. Sicherlich ist es leidvoll, uns vom Liebsten zu trennen, aber ist es auch Leiden, das zu bekommen, was wir uns schon immer gewünscht haben? Es muß andere Gründe geben, wenn das Leben mit dem Leiden gleichgesetzt wird.

- *Das Leben ist vergänglich, unbeständig und zerbrechlich.* Alles ist Leiden, weil alles vergänglich und nichts ewig ist. *Verweile doch! Du bist so schön!* schreibt ein deutscher Dichterfürst. Aber nichts verweilt, alles vergeht. Gerade weil alles, also auch das Schöne, das Glückliche, das Angenehme, vergänglich und augenblicklich ist, ist es nicht mehr das Schöne, das erstrebenswert wäre. "Hab' ich denn das [...] nicht vorher schon verkündet, daß eben alles, was einem lieb und angenehm ist, verschieden werden, aus werden, anders werden muß?"[1]

Vergänglich, weil nichts sich festhalten läßt; unbeständig, weil es sich ständig ändert; zerbrechlich, weil es jeder Zeit und jede Sekunde abrupt enden könnte. Das Altern und das Sterben sind an sich bereits unleugbare Zeichen des Leidens. Noch anschaulicher ist die Zerbrechlichkeit des Lebens, und zwar gerade des menschlichen.

Daß sich alles verändert, ist an sich nichts Neues. Allgemein bekannt ist der Spruch von Heraklit, daß man nicht zweimal in denselben Fluß treten kann. Auch Konfuzius stand einmal an einem Ufer und seufzte: Alles fließt dahin, Tag und Nacht, wie das Wasser. Es ist schon bemerkenswert, daß Denker und Poeten gerade im fließenden Wasser, das für die Menschen lebenswichtig ist, das Symbol für die Vergänglichkeit des Lebens gefunden haben.

Weil das Leben etwas Entstandenes ist, ist es durch vier Stadien gekennzeichnet, die alle geschaffenen Dinge kennzeichnen: entstehen, eine Zeit lang bestehen, sich ändern und zugrunde gehen. Hat man den Tod, das Zugrundegehen, vor Augen, wird alles relativiert; alles ist unbeständig, weil der Tod allen Anstrengungen, Bemühungen, Glück wie Unglück einen Strich durch die Rechnung machen wird: alles sinkt vor dem nahen und durchdringenden Auge des Todes dahin und wird zunichte gemacht. Das Leben wird ein Hin-sterben, ein Taumeln ins Grab. "Tja, Leben ist Sterben, da gibt es nicht viel zu beschönigen, – *une destruction organique*, wie irgendein Franzose es in seiner angeborenen Leichtfertigkeit mal genannt hat."[2] Mit dem Franzosen ist natürlich Voltaire gemeint: "Un point presque imperceptible devient un ver, ce ver devient papillon;

1 K. E. Neumann, *Längere Sammlung*, S. 264; vgl. S. 293.
2 Thomas Mann: *Der Zauberberg*, Frankfurt a. M. 1982, S. 282.

un gland se transforme en chêne, un œuf en oiseau; l'eau devient nuage et tonnerre; le bois se change en feu et en cendre; tout parait enfin métamorphosé dans la nature."[1]

Nun wissen wir auch, warum die Geburt Leiden ist, weil mit der Geburt der Tod bereits begonnen hat. "Einige [Menschen] rüsten sich ihr ganzes Leben hindurch zum Leben und bemerken nicht, daß uns allen durch die Geburt das Gift des Todes beigeschüttet worden ist", um mit Epikur zu sprechen.[2] Ohne die Entstehung würde es das Dasein nicht geben, ohne das Dasein nicht den Tod. Die Überwindung des Todes liegt in der Überwindung des Daseins, die Überwindung des Daseins liegt in der Überwindung der Entstehung, so die Logik im Hintergrund. "Woher könnte das hier [...] erlangt werden, daß was geboren, geworden, zusammengesetzt, dem Verfall unterworfen ist, da doch nicht verfallen sollte: das gibt es nicht."[3] Es klingt "unmenschlich" und gar inhuman, aber es ist wahr. Im übrigen ist mit der Entstehung nicht allein die Geburt eines neuen menschlichen Lebens gemeint, wie mit der Wiedergeburt nicht allein die Wiedergeburt in einer anderen Lebenswelt gemeint ist. Wir kommen auf diesen Punkt noch zurück.

Das Leben ist ein Aggregat, zusammengesetzt aus verschiedenen und unterschiedlichen Faktoren.[4] Eine Blume blüht, weil hinreichende Bedingungen für das Blühen vorhanden sind. Ein Blatt fällt ab, weil bestimmte Faktoren zusammengekommen sind und den Fall des Blattes bewirkt haben. Es ist nicht so, daß es Blumen oder Blätter gäbe, die von sich aus blühen und abfallen. So ist auch das Leben.

- *Das Leben ist deshalb leer.* "Leer" bedeutet nicht, daß es überhaupt nichts gäbe. Leere könnte durchaus den Anschein von Fülle haben. "Leere", *sunyata*, bedeutet, daß es nichts gibt, was man als An-sich-Sein, als das Selbst, bezeichnen könnte. Leere bedeutet Substanzlosigkeit, Abhängigsein und daß es dann nichts mehr gibt, sobald Gründe und Ursachen nicht mehr da sind. Die buddhistisch verstandene Leere ist nicht frei vom Sein, *Leere ist die Seinsweise schlechthin*.

Nachdem wir die erste Wahrheit betrachtet haben, sind die anderen drei leichter zu verstehen. Gliedern wir jede Wahrheit nach vier Gesichtspunkten, bekommen wir insgesamt sechzehn Aspekte, diese sind:

1 *Dictionnaire philosophique*, art. *Métamorphose*, *Métempsycose*.

2 Epikur: *Von der Überwindung der Furcht. Katechismus, Lehrbriefe, Spruchsammlung, Fragmente*, eingeleitet u. übertragen von O. Gigon, Zürich 1949, S. 52.

3 K. E. Neumann, *Längere Sammlung*, S. 283.

4 Siehe unten, Kap. V *Die fünf Daseinsgruppen*.

Die Wahrheit über das Leiden:
- Alles entsteht und vergeht, nichts ist ewig und beständig (*anitya*),
- insofern ist alles Leiden (*duḥkka*),
- weil alles entsteht und vergeht, ist es leer (*śūnya*),
- alles ist leer, weil es bedingt ist und ein Selbstsein aus ihm sich nicht ergibt, also *anātmaka*[1].

Die Wahrheit über die Ursachen des Leidens:
- Unwissenheit und Verblendung führen zu Taten und schaffen damit *karma*[2], *karma* und Unwissenheit sind also Ursachen (*hetu*) des Leidens,
- das Dasein ist dann eine Sammlung von Ursachen und Folgen (*samudaya*),
- Ursachen und Folgen setzen sich ununterbrochen fort und werden zum Prozeß, daher immer wieder die Entstehung (*prabhava*),
- Entstehungen bedürfen bestimmter Bedingungen und sind von ihnen abhängig (*pratyaya*).

Die Wahrheit über die Überwindung des Leidens:
- Vernichtung der Ursachen und Bedingungen führt zur Freiheit von physischen Leiden (*nirodha*),
- zur Freiheit von Kummer und Sorgen, also zur Ruhe (*śānta*),
- zur Freiheit von Verfehlungen (*praṇīta*),
- das ist die Befreiung und das Verlassen (*niḥsaraṇa*).

Die Wahrheit über die konkreten Wege, die aus dem Leiden führen:
- Zur Vernichtung führen Wege (*mārga*),
- diese Wege sind rechte Wege (*nyāya*),
- diese Wege führen zum *nirvāṇa*[1], darum muß man sich bemühen (*pratipatti*),

1 Sanskrit: *anātman*. *ātman* hat eigentlich die Bedeutung wie "atmen" war ursprünglich ein Begriff des Brahmanismus und bedeutet etwa "Seele", "Weltseele". Der Buddhismus unterscheidet oft zwischen *ātman* (das Selbstsein in den Dingen) und *pudgala* (das Selbstsein in den Lebewesen). In den chinesischen Texten werden beide Begriffe mit dem Ich übersetzt. Xuan Zang: *Cheng Weishi Lun*, Kap. 1: "Das Ich hat die Bedeutung von Herrschen." Kui Ji kommentiert an dieser Stelle: "Der Begriff *Herrschen* hat zwei Bedeutungen: erstens die Souveranität [wie ein König sie hat], [...] zweitens Entscheidungsfähigkeit." *ātman* (bzw. *pudgala*) bedeutet also etwas, das aus sich heraus besteht und insofern absolut und nicht bedingt ist. Nach buddhistischem Verständnis ist der Begriff allerdings ein handgreiflicher Widerspruch, denn hätte eine Gegebenheit dieses Selbst, wäre sie von nichts abhängig und könnte sich unter gar keinen Umständen ändern. Es gibt aber nichts, was sich nicht ändert.

2 Übersetzt auch mit "Werk" oder "Tat", und zwar in dreierlei Hinsicht: Taten durch Gedanken, Reden und konkretes Handeln. Zu beachten ist, daß das Wort *karma* mehr die Kraft bzw. die Wirkung betont, welche zur Tat führt und wiederum von dieser Tat ausgeht. Des weiteren wird von *gemeinsamem karma* und von *nicht-gemeinsamem karma* gesprochen. Das erstere bezieht sich auf Taten, die nicht von einem Menschen allein vollbracht werden, also auf die soziale Umgebung, auf die Erziehung und andere kulturelle Determinanten, das letztere hingegen allein auf die Taten der einzelnen Personen.

- diese Wege führen über Leben und Tod hinaus: es ist also ein Hinausgehen aus der Gefangenschaft (*nairyāṇika*).

Insgesamt werden acht Wege genannt, welche zur Erleuchtung und zur Einsicht führen sollen: rechte Ansicht, rechtes Denken, rechtes Reden, rechtes Handeln, rechtes Leben, rechtes Streben, rechte Wachsamkeit und rechtes Konzentrieren.

Diese Wege mögen alle richtig sein und zum Ziel führen, aber wir Anfänger und Außenstehende können wenig mit ihnen anfangen, denn es wird nicht gesagt, was hier eigentlich mit "recht" gemeint ist. Darauf kommt es aber an.[2] Wir machen deshalb einen Umweg und schlagen einen anderen Weg ein. Dieser Weg besteht aus drei Stufen:

- *śīla*, Gebote und Verbote, Tun und Lassen, Moralprinzipien, *lex prohibitiva* und *lex vetiti*
- *dhyāna*, Stillhalten, Versenkung, Meditation und Ruhen-Lassen
- *prajñā*, Erkenntnis, Wissen und Weisheit.

Śīla ermöglicht *dhyāna*, *dhyāna* schafft die notwendigen Voraussetzungen für die Erlangung der *prajñā*.

Kaum aufzählbar und nur schwer realisierbar sind die buddhistischen Gebote und Verbote. Kaum aufzählbar, weil nach ihnen fast alles, was der normale Mensch tut, nicht zum Heil führt und deshalb besser zu lassen ist, schwer realisierbar, weil sie gegen die menschliche Natur und die menschliche Gewohnheit sind.Was ist nun die menschliche Natur? Begnügen wir uns hier mit einer Definition des chinesischen Philosophen Menzius[3], der folgende Dinge als natürlich, d.h. dem Menschen angeboren und so der Natur des Menschen zugehörig bezeichnet: Essen, Trinken, Mann und Frau. Derselben Meinung ist übrigens auch Kant, der in seiner *Metaphysik der Sitten* die "Triebe zur Nahrung [und] zum Geschlecht" als menschlich-natürlich befindet.[4]
Was wir nun wollen und begehren, ist natürlich mehr als Essen und Trinken, um so höher wird dementsprechend auch die Zahl der Gebote und der Verbote im Buddhismus. Für die Mönche gelten 250 Verbote, für die Nonnen noch mehr. Man spricht häufig von 500, so viele sind es zwar nicht: aber immerhin genau 380. Der Grund für diese Unterschiede liegt in der allgemeinen

1 Der Begriff ist ein Kompositum und besteht aus *nis* und *vāṇa*. *Nis* (nir) ist eine Negation, *vāṇa* hat die Bedeutung wie etwa sprühen, spritzen, sprengen. Die Bedeutung des Begriffs hat sich im Großen Fahrzeug stark verwandelt.

2 Mit Recht weist Frauwallner darauf hin, daß es sich bei den vier Wahrheiten bloß um etwas Programmhaftes handelt. Siehe Frauwallner, *Die Philosophie des Buddhismus*, S. 11; vgl. K. Mylius, *Die vier edlen Wahrheiten*, S. 204.

3 Menzius war Konfuzianer und lebte um 372–289 v. Chr.

4 I. Kant: *Werke*, hrsg. v. W. Weischedel, Frankfurt a. M. 1968, Bd. VIII, S. 320.

Diskriminierung des weiblichen Geschlechts (auch) durch den Buddhismus. Erleuchtung, so die gängige Behauptung, sei nur dem Menschen möglich, eine Wiedergeburt als Mensch ist deshalb die mindeste Voraussetzung für die Erleuchtung – denn nur als Mensch kann man sich sozusagen entweder Verdienste erwerben oder aber auch "verschulden", während man als Himmelswesen nur von den Verdiensten lebt. Ist das Kapital verbraucht, steht die Wiedergeburt wieder bevor.[1] Unter den Menschen erlangt man nur als Mann die Erleuchtung, die mindeste Voraussetzung ist also eine Wiedergeburt als Mann. Eines der insgesamt 48 Gelübde des *Amitābha*-Buddha lautet: er werde nicht ins *nirvāṇa* eintreten, bevor alle Menschen des weiblichen Geschlechts als Mann wiedergeboren werden.

"Wie sollen wir, o Herr, mit den Weibern uns verhalten?"
"Nicht sehen, Anando."
"Und wenn, Erhabener, gesehen, soll man sich wie verhalten?"
"Nicht ansprechen, Anando."
"Wenn aber eins anspricht, o Herr, soll man sich wie verhalten?"
"Einsicht, Anando, bewahren."[2]

Des weiteren kann man von *primären* und *sekundären* Verboten sprechen. Primäre Verbote richten sich gegen Taten wie Mord, Diebstahl, sexuelle Ausschweifung, Doppelzüngigkeit, Lügen, Schmeichelei, Gier und Zorn, während sekundäre Verbote sich mehr oder weniger auf alltägliche Gewohnheiten beziehen. Primäre Verbote schreiben vor, was der Mensch auf seinem Weg zum Heil auf keinen Fall tun darf. Sekundäre Verbote lassen sich als Leitplanken beider-

1 Unter den fünf Wiedergeburtsmöglichkeiten – als Himmelswesen, Mensch, Tiere, Hungergeister und Höllenwesen – ist das Dasein als Mensch daher etwas Besonderes. Die Existenz als andere übrige Wesen läßt sich demnach als Strafe verstehen.

2 Der erste, der sich für das weibliche Geschlecht einsetzte, soll Ananda gewesen sein. Siehe Vasubandhu, *Abhidharmakośaśāstra*, Kap. 14; interessant ist auch folgende Überlieferung: Ananda wurde anfangs aus der Teilnahme an der ersten Großen Versammlung nach Buddhas Tod(?) ausgeschlossen, weil er, so die Begründung, bei Gautamas Tod weinte und so dem Weltlichen immer noch nicht entsagen könne. Man warf ihm u.a. vor: Buddha wollte nicht, daß auch das weibliche Geschlecht in die Hauslosigkeit ziehen durfte, Ananda hatte ihn aber vom Gegenteil überzeugt; nachdem Buddha ins *nirvāṇa* eingestiegen war, hatte Ananda Buddhas (nackten) Körper dem weiblichen Geschlecht gezeigt. Der Vorwurf gipfelte darin: Daß die Buddha-Lehre in 500 Jahren verfallen würde, sei ausschließlich auf Anandas Fehler zurückzuführen. Siehe Seng You (445–518): *Chu sanzang jiji* (Berichte über die Übersetzungen der *tripṭaka* in China), Kap. 1, in: Su Yuanlei, Gao Zhennong (Hrsg.), *Fozang yaoji xuankan* (Anthologie der buddhistischen Klassiker), Bd. II; vgl. V. Zotz, *Geschichte der buddhistischen Philosophie*, S. 61; H. von Glasenapp, *Pfad zur Erleuchtung*, S. 108; K. E. Neumann, *Längere Sammlung*, S. 282-283; Anhang: *Das Sūtra in 42 Abschnitten.*
Siehe Diana Y. Paul: *Die Frau im Buddhismus – das Bild des Weiblichen in Geschichten und Legenden*, Hamburg 1981.

seits des Wegs verstehen, die ein Abweichen vom richtigen Weg verhindern sollen. Kompliziert und um ein Vielfaches größer ist die Zahl der sekundären Verbote. Nicht erlaubt sind z.B.: Zähneputzen neben dem Buddha-Tempel, Zähneputzen vor dem Buddha-Tempel, Zähneputzen rund um den Buddha-Tempel. Verboten ist es auch, Wasser zu trinken, ohne es vorher gefiltert zu haben, da in einer Schüssel Wasser mindestens 84 000 Lebewesen ihr Dasein fristen.

Schwer sind die Gebote und Verbote einzuhalten, weil sie sich, wie gesagt, gegen das normale, gewohnheitsmäßige Verhalten des Menschen richten. Gerade weil sie schwer einzuhalten sind, wird im Buddhismus das Wort "Toleranz", *kṣānti*, groß geschrieben und die Einhaltung aller Riten geringgeschätzt.[1]

Śīla schafft die notwendigen Voraussetzungen fürs *dhyāna*, die zweite Stufe des Weges. *Śīla* ist passiv und schreibt vor, was nicht gemacht werden darf. *Dhyāna* ist aktiv und soll zur Weisheit führen. *Dhyāna* bedeutet deshalb keine absolute Ruhe, sondern eine durch das Ruhen-Lassen der normalen Tätigkeiten erreichbare Grundlage, auf der etwas Neues, die Weisheit, gedeihen soll. Geistreich und gleichermaßen humorvoll hat der Dalai Lama *dhyāna* einmal mit einem kurzen Urlaub verglichen, der uns weg vom alltäglichen Gewohnheitsleben bringt und uns ermöglicht, Dinge auch anders zu betrachten.[2] Der klassische Topos ist eine neue Bearbeitung des Ackerbodens. "Denn gleich wie der Ackerboden, wenn er Frucht bringen soll, erst bearbeitet werden muß – ohne Bearbeitung kann er nur Unkraut hervorbringen – so muß auch die Seele, um vorwärts zu kommen, erst ihre Gelüste ertöten"[3], wie es beim spanischen Mystiker Johannes vom Kreuz (Juan de La Cruz, 1542-1591) einmal heißt.

Weisheit, *prajñā* genannt, ist daher das Höchste im buddhistischen Denken. Sie umfaßt im Grunde zweierlei: den Verstand, *jñāna*, und die Weisheit im engeren Sinne, *mati* genannt.Der Verstand denkt in Kategorien wie Zeit, Raum, Relativität und Kausalität, während die Weisheit in gewissem Sinne eine Negation des Verstandes ist, denn sie geht über das Zeitliche und Räumliche hinaus und zielt sozusagen auf das Unzeitliche und das Unräumliche. Was uns der Verstand liefert, ist die weltlich-praktische Wahrheit, die Weisheit bringt uns hingegen der absoluten Wahrheit nahe. Ohne den Verstand kämen wir im alltäglichen Leben nicht zurecht, wie wir ohne Kausalitätsdenken nicht einmal von einem Ort zu einem anderen gelangen könnten. Ohne die Weisheit blieben wir aber für immer im alltäglichen Leben gefangen und würden ständig

1 K. E. Neumann, *Mittlere Sammlung*, S. 1091, Anm. 10.

2 Dalai Lama: *Cibei yu zhihui, beimei zhixing jiangyan lu* (Mitfreude, Mitleid und Weisheit, Aufzeichnungen der Vorträge des 14. Dalai Lama während seiner Reise in Nordamerika), Taipei 1990, S. 15 (Privatdruck).

3 *Des heiligen Johannes vom Kreuz sämtliche Werke*, 1924–1929, Bd. I, S. 42. Die genannte Metapher ist im Chan-Buddhismus sehr beliebt.

zwischen vielen Orten pendeln. Der scharfe Verstand, einschließlich genauer Beobachtungen und exakter Analyse, ist ein möglicher, aber kein hinreichender Schritt zur Weisheit, da auch ein intelligenter Mensch nicht zwangsläufig auch ein weiser Mensch sein muß. Der Verstand sagt uns: Alles ist infolge bestimmter Gründe und Ursachen entstanden. Die Weisheit erfaßt dabei das Wesentliche: Alles ist *leer*.

Den Buddhismus verstehen heißt den Sprung vom Verstand zur Weisheit schaffen. Weisheit sind hier praktische Konsequenzen, die aus dem Verstandeswissen jedesmal zu ziehen sind.Weisheit ist somit eine höhere und andere Instanz, aus der der Verstand als ein solcher erkannt wird. Dieser entscheidende Sprung ist indessen nicht leicht zu verstehen. Der Grund dafür liegt darin, daß wir uns noch nicht in jenem höheren Zustand befinden. Wir müssen uns mit einer Ahnung begnügen. Diese Ahnung läßt sich mit einer Metapher veranschaulichen: Um einen Traum als Traum zu erkennen, müssen wir uns im Wachzustand befinden, also in einem anderen Zustand als dem Zustand des Träumens. Analog müssen wir uns auch auf eine andere Ebene als den Wachzustand versetzen, wenn wir den Wachzustand als einen solchen erkennen wollen. Nicht ganz zu Unrecht ist im christlich-neuplatonischen Denken die bleibende Weisheit, *sapientia*, allein dem Göttlichen vorbehalten, während sich der Mensch mit Erfahrungen und mit *scientia* begnügen muß.

IV Das Ich

Im vorangegangenen Kapitel haben wir uns mit den *Vier Edlen Wahrheiten* beschäftigt. Dabei wurde eine Frage ausgeklammert, die nun gestellt werden muß. Diese Frage ist folgende: Es mag alles richtig sein, was dort über das Leben ausgesagt wurde: seine Vergänglichkeit, sein Bedingtsein und schließlich seine Leerheit, aber dies alles ist zum einen nichts Neues – es handelt sich um ein uraltes Klagelied der Menschheit[1] – und reicht zum anderen eigentlich nicht aus, um schon deswegen das Leben als Leiden zu bezeichnen. Schließlich gibt es noch viele andere Dinge, die vergänglich, bedingt und leer sind, trotzdem werden sie nicht von uns als leidvoll empfunden.

Nun wissen wir, daß jede Erkenntnis – Empfindung ist eine Art oder zumindest der Anfang einer Erkenntnis – zweierlei voraussetzt: das erkennende Subjekt und das Objekt als Erkenntnisgegenstand. – Mit der Frage nach und der Problematik mit dieser Voraussetzung in der Erkenntnistheorie werden wir uns später[2] beschäftigen. Dieses Subjekt bezeichnen wir hier als das Ich.

Des weiteren wissen wir oder weisen wir darauf hin, daß Begriffe wie Vergänglichkeit und Bedingtsein zu einer anderen Ebene gehören als Begriffe wie *leidvoll* und *angenehm*. Begriffe der ersten Art sind *deskriptiv* und beziehen sich mehr auf bestimmte Beschaffenheiten äußerer Dinge, die wir Objekte bzw. Gegenstände nennen. Begriffe der zweiten Art sind *bewertend* und beziehen sich mehr auf unsere Empfindungen und Urteile. Das Bindeglied zwischen Deskription und Bewertung ist aber jedesmal das Ich, das einen Gegenstand oder eine Gegebenheit wahrnimmt, beschreibt, bewertet und gegebenenfalls als leidvoll empfindet.

1 Wie es bei Matthias Claudius, *Der Säemann säet den Samen*, heißt:

"Wie Gras auf dem Feld sind Menschen
Dahin, wie Blätter! Nur wenige Tage
Gehn wir verkleidet einher."

Echtermeyer: *Deutsche Gedichte. Von den Anfängen bis zur Gegenwart*, neugestaltet von Benno von Wiese, Düsseldorf 1968, S. 153.

Ps. 90,5–6:

"Du lässest [die Menschen] dahinfahren wie einen Strom,
sie sind wie ein Schlaf,
wie ein Gras, das am Morgen noch sproßt,
das am Morgen blüht und sproßt
und des Abends welkt und verdorrt."

2 Kap. IX *Die Welt ist eine Schöpfung des Gedankens*.

Was ist aber das Ich?
Mit dieser Fragestellung sind wir nochmals ins Zentrum des buddhistischen Denkens gedrungen. Aber vorher wollen wir noch ein paar Denkanstöße sammeln:
Cogito, ergo sum, heißt es in Descartes' bekanntem Satz.[1] Wir fragen: Ist es wirklich das Ich, das hier denkt? Beweist der Denkakt als ein Vorgang und Prozeß, daß ein Denkendes namens Ich existiert? Wie verhält sich eigentlich das als das Ich Gedachte zum Denken selbst? Setzt das Denken das Ich als das Denkende zwingend voraus? Oder hat sich das *Ich-Gefühl* erst aus dem Denkvorgang herausgebildet?
Eine andere Anregung finden wir im *Peer Gynt* von Henrik Ibsen, in jener Szene im Hochwald: Peer denkt über die Frage nach, wer er selbst eigentlich sei. Just in diesem Moment findet er eine Zwiebel auf dem Boden liegen, gerät ins Grübeln und führt ein Selbstgespräch:

"Noch immer das alte Geliebel!
Du bist kein Kaiser; du bist eine Zwiebel.
Jetzt will ich dich schälen, mein Peer!
Es hilft dir nichts, stöhnst du auch noch so sehr."

Das Ergebnis des Schälens dürfte jedem von uns bekannt sein. Peer faßt es in folgenden Worten zusammen:

"Das hört ja nicht auf! Immer Schicht noch um Schicht!
Kommt denn der Kern nun nicht endlich ans Licht?!
Zerpflückt die ganze Zwiebel
Bis zum innersten Innern, – da schau' mir einer!
Bloß Häute, – nur immer kleiner und kleiner. –
Die Natur ist witzig!"[2]

Im amerikanischen Volkslied *Yankee Doodle* macht man sich lustig über eine solche Ansicht:

"Yankee Doodle went to town
To buy a pair of trousers,
He swore he could not see the town
For so many houses."[3]

1 R. Descartes: *Discours de la Methode – Von der Methode des richtigen Vernunftgebrauchs und der wissenschaftlichen Forschung*, übers. u. hrsg. v. Lüder Gäbe, Hamburg 1960, hier vierter Teil.

2 Henrik Ibsen: *Sämtliche Werke*, hrsg. v. J. Elias und P. Schlenther, Berlin 1907, Bd. II, S. 563-564.

3 Geoffrey Grigson (ed.): *The Faber Book of Popular Verse*, London 1974, S.166.

Im Deutschen nennt man es, wenn einer unmittelbar vor dem Ding steht, das er sucht, und es trotzdem nicht sieht, “den Wald vor lauter Bäumen nicht sehen“, wie es Wie es bei Christoph Martin Wieland (1733-1813) heißt:

> “Die Herren dieser Art blend’t oft zu vieles Licht;
> Sie sehn den Wald vor lauter Bäumen nicht.” [1]

Hegel vergleicht “jenes Ausreden und Räsonnement, das sich an die bloße Verschiedenheit festhält”, mit einem Kranken, “dem der Arzt Obst zu essen anrät und dem man Kirschen oder Pflaumen oder Trauben vorsetzt, der aber in einer Pedanterei des Verstandes nicht zugreift, weil keine dieser Früchte Obst sei, sondern die eine Kirschen, die andere Pflaumen oder Trauben”.[2]

Nun kommen wir zum Buddhismus zurück. Um seine Antwort zum Problem Ich[3] zu veranschaulichen, stellen wir noch ein paar “unsinnige”, aber nicht minder buddhistische Fragen, die so lauten könnten:
Stehe ich vor einem *Tisch* oder vor einem Stück *Holz*?
Esse ich zum Frühstück ein *Brötchen* oder nur ein bißchen *Mehl* oder gar nur einige *Weizenkörnchen*?
Mache ich einen Spaziergang in einem *Wald* oder doch nur zwischen den *Bäumen*?
Habe ich einen *Krug* vor mir oder bloß etwas, das hart ist, eine bestimmte Farbe hat und das ich einen Krug *nenne*?
Und schließlich: Was ist das Ich und wer bin Ich?
Suchen wir Antworten in den buddhistischen Texten, bekommen wir davon eine ganze Reihe, aber meistens in Gleichnissen und Metaphern:

- Es gibt die Faust (als Ding) nicht, es sind nur fünf Finger. Es gibt die Stadt (als eine solche) nicht, es sind nur Häuser, Straßen, Menschen, Kaufhäuser etc. Es gibt den Wald nicht, es sind nur Bäume. Es gibt den Baum nicht, es sind Stamm, Zweige, Blätter…

1 Zitiert nach Lutz Röhrich, *Lexikon der sprichwörtlichen Redensarten*, Freiburg im Breisgau 1977, S. 1199.

2 Hegel, *Vorlesungen über die Geschichte der Philosophie*, in: Hegel, *Sämtliche Werke*, Jubiläumsausgabe in 20 Bänden, Stuttgart-Bad Cannstatt ^{5}1971, Bd. 17, Einleitung, A,1,c.

3 Der Frühbuddhismus verneint nicht, daß es ein Ich gäbe. Er betont vielmehr, daß man sich von den Gedanken wie “Das ist mein” entfernen soll, also daß man das Festhalten am Ich (*ātma-graha*) aufgeben soll. Dies macht u.a. die Praxisbezogenheit bzw. eine gewisse Metaphysikfeindlichkeit des Frühbuddhismus erkennbar. Erst in der *Sarvastivāda* wird die These des *anātman* aufgestellt und philosophisch diskutiert. Das Große Fahrzeug benutzt das Wort *ātman* im zweifachen Sinne und betont, selbst in den objektiven *dharmas* sei eine Selbstnatur nicht vorhanden (*asvabhāva*). Die Gedanken vom Nicht-Ich werden in Zusammenhang mit der Bedingtheit und der Leerheit betrachtet. Es ist also eine Entwicklung von der ethischen Praxis zum philosophischen Interesse deutlich. Vgl. Kap. *Die “Buddhismen”*.

- Es gibt das Ich nicht, es sind nur Wahrnehmung, Empfindung und Denken.

Es denkt, nicht etwa weil es ein Ich als Denkendes gibt, sondern *es* denkt so, *als ob* es ein Ich gäbe, das dächte.

Was sind Dinge(?) wie Faust, Mensch, Stadt, Wald, Baum, ja das Ich? Die Buddhisten behaupten:

- "Die fünf Daseinsgruppen[1] kommen unter bestimmten Konditionen und Ursachen zusammen und diese Zusammensetzung wird Mensch *genannt*. Außerhalb wie innerhalb der fünf Daseinsgruppen ist ein Mensch nicht zu sehen."[2]
- "Dieser gegenwärtige Körper von mir ist eine Zusammensetzung von den vier Elementen. [...] Fallen die vier auseinander, wo bleibt dieser als *mein* gedachte Körper?"[3]
- "Alle Gegebenheiten sind an sich leer, ihre Bezeichnungen (Namen, Begriffe) sind infolge der Zusammensetzungen von Ursachen und Konditionen da. Die Zusammensetzung von Bergen und Flüssen, Pflanzen und Bäumen, Erde und Bevölkerung, Städten und Gemeinden wird Staat genannt. Mit Stadt wird die Zusammensetzung von Straßen, Häusern und Palästen bezeichnet. (Der Name) Palast ist als (Zusammensetzung) von Säulen, Balken, Ziegelsteinen und vielen anderen zu verstehen. [...] Nimmt man Berge, Flüsse, Erde und Bevölkerung etc. weg, gibt es den Staat nicht mehr."[4]
- "Infolge der fünf Finger tritt eine Faust in Erscheinung. Diese Faust hat kein Selbst. Die Zusammensetzung der fünf Daseinsfaktoren wird das Ich *genannt*. Dieses Ich hat kein Selbst."[5]
- "Der Buddha sprach: [Man] denke an die vier Elemente im Körper! Jedes hat einen Namen, in keinem ist das Ich vorhanden."[6]

Das klassische Beispiel ist der Wagen im *Milindapañha* (Fragen des Königs Menandros). Dort fragt der ehrwürdige Buddhist Nāgsena den König:

> "Bist du nun zu Fuß hergekommen oder mit einem Fahrzeug?"
> "Nicht bin ich, o Herr, zu Fuß hergekommen; mit einem Wagen bin ich gekommen."
> "Wenn du, o Großkönig, mit einem Wagen hergekommen bist, erkläre mir den Wagen! Ist vielleicht, o Großkönig, die Deichsel der Wagen?"
> "Gewiß nicht, o Herr!"
> "Ist die Achse der Wagen?"
> "Gewiß nicht, o Herr!"

1 Siehe unten, Kap. V *Die fünf Daseinsgruppen*.
2 *Dazhidu lun* (= *Mahāprajñāpāramitāsūtra*), a. a. O., S. 3.
3 Ibid., S. 81; vgl. K. E. Neumann, *Längere Sammlung*, S. 152f.
4 *Dazhidu lun* (= *Mahāprajñāpāramitāsūtra*), S. 81.
5 Nāgārjuna: *Zhonglun* (Abhandlung der Mittleren Lehre, *Mādhyamikaśāstra*), in: Fang Litian, *Foxue jinghua* (Quellentexte des Buddhismus), Bd. III, S. 1888.
6 Siehe Anhang: *Das Sūtra in 42 Abschnitten.*

"Sind die Räder Wagen?"
"Gewiß nicht, o Herr!"
"Ist der Wagenkasten der Wagen?"
"Gewiß nicht, o Herr!"
"Ist der Flaggenstock der Wagen?"
"Gewiß nicht, o Herr!"
"Ist das Joch der Wagen?"
"Gewiß nicht, o Herr!"
"Sind die Zügel der Wagen?"
"Gewiß nicht, o Herr!"
"Ist der Treibstock der Wagen?"
"Gewiß nicht, o Herr!"
"Sind vielleicht, o Großkönig, Deichsel, Achsel, Rad, Wagenkasten, Flaggenstock, Joch, Zügel und Treibstock (zusammen) der Wagen?"
"Gewiß nicht, o Herr!"
"Ist dann, o Großkönig, etwas anderes als Deichsel, Achse, Rad, Wagenkasten, Flaggenstock, Joch, Zügel und Treibstock der Wagen?"
"Gewiß nicht, o Herr!"
"Dann, o Großkönig, obwohl ich frage und frage, sehe ich keinen Wagen. Nur ein Wort, o Großkönig, ist der Wagen. Was ist dann hier der Wagen? Unwahres, o Großkönig, sprichst du, Lüge! Es gibt keinen Wagen. Du, o Großkönig, bist in ganz Indien der Hauptkönig. Wen fürchtest du, daß du Lügen sprichst? Hören mögen mich die fünfhundert Ionier und die achtzigtausend Mönche! Dieser König hat so gesprochen: 'Mit einem Wagen bin ich gekommen'!"[1]

Nun wird klar, was das Ich nach dem buddhistischen Verständnis ist. Als der König Nāgasena fragt, wie der Herr *bekannt* sei und welchen *Namen* er habe, antwortet dieser

"Als Nāgsena bin, O Großkönig, ich bekannt. Mit Nāgsena reden mich, o Großkönig, die Menschen an. Doch wenn auch die Eltern einen Namen geben wie *Nāfasena* oder *Surasena* oder *Virasen*a oder *Sihasena*, so ist, o Großkönig, das, was dieser Nāgasena ist, nur eine Benennung, eine Bezeichnung, eine Kennzeichnung, nur ein Name für den Allgemeingebrauch; eine *Person* wird hier nicht vorgefunden."[2]

Wir können die buddhistische Denkweise als "zerlegend" oder "Zwiebel-schälend" bezeichnen. Die Konsequenz der Zerlegung wird klarer, wenn wir diese

1 K. Mylius, *Die vier edlen Wahrheiten*, S. 375; vgl. Frauwallner, *Die Philosophie des Buddhismus*, S. 66–76. Das Werk behandelt die angebliche Unterredung zwischen einem buddhistischen Mönch namens Nāgasena und dem in Nordwestindien im 2. Jahrhundert v. Chr. herrschenden Griechenkönig Menandros (ca. 168–145 v. Chr.).

2 K. Mylius, *Die vier edlen Wahrheiten*, S. 373.

Denkweise zwei anderen gegenüberstellen: Die eine wäre das *Substanz-Denken*, die andere können wir als *Zusammenschau* bezeichnen.
Das Substanz-Denken geht von der Annahme eines wahrhaft Seienden aus, sei es in Form der Seele im Fall des Menschen, sei es in Gestalt der *forma substantialis* im Fall anderer Lebewesen. Es ist offensichtlich, daß diese Denkweise zu einem gewissen Dualismus führt: das als Substanz Gedachte ermöglicht seinem Gegenteil, dem Stofflichen und dem Körperlichen, die Lebendigkeit und bleibt trotzdem von ihm unabhängig. Der buddhistische Unterschied besteht nun darin, daß selbst solche Substanzen zu Elementen erklärt worden sind, welche einander bedingen und wie das Körperliche Entstehung und Veränderungen unterworfen sind. Prädikate (Eigenschaften) wie Veränderung und Entstehung widersprechen aber der Definition der Substanz, denn sie machen nichts weiter als die Veränderbarkeit der Substanz deutlich.
Das Denken in *Zusammenschau* wollen wir durch ein Beispiel veranschaulichen: Der Mensch ist im griechischen Denken und vor allem in der Kunst das schönste Bild schlechthin, weil der menschliche Körper gut proportioniert ist. Proportion ist aber ein Größenverhältnis zwischen den Teilen, eine gute Proportion ergibt sich aus der Zusammenschau der Teile. Wollte man den Menschen und insbesondere seinen Körperbau buddhistisch "zerlegen", bekäme man ein ganz anderes Bild. Da wir hier damit ein empfindliches Thema berühren, das Thema des Humanismus und der Menschenwürde, wollen wir auf unsere Meinungen zuerst ganz verzichten. Statt dessen wenden wir uns nochmals einem der wichtigsten buddhistischen Texte zu. Im *Buch der unbegrenzten großen Weisheit* (*Mahāprajñāpāramitāśāstra*), aus dem wir gelegentlich zitiert haben, wird dem Lernenden dringend empfohlen, den Körper des Menschen, ja die Leiche unter 9 Aspekten genauer zu betrachten bzw. vorzustellen:

- wie die Leiche sich aufschwellt,
- wie sie unter Einfluß von Wind, Regen und Sonnenschein sich verändert,
- wie sie langsam zugrunde geht,
- wie das Blut dahinrinnt,
- wie die Leiche verdirbt und verwest,
- wie sie von Raubtieren und Vögeln gefressen wird,
- wie sie dann nachher aussieht,
- wie die Knochenreste aussehen,
- Knochen werden verbrannt zu Schutt und Asche.[1]

Oder ein anderes Mal: "Dieser Körper trägt einen Schopf, ist behaart, hat Nägel und Zähne, Haut und Fleisch, Sehnen und Knochen und Knochenmark, Nieren, Herz und Leber, Zwerchfell, Milz, Lungen, Magen, Eingeweide, Weichteile und

1 *Dazhidu lun* (= *Mahāprajñāpāramitāsūtra*), Kap. 21 u. 44; vgl. H. von Glasenapp, *Pfad zur Erleuchtung*, S. 174; Klaus Mylius, *Die vier edlen Wahrheiten*, S. 111.

Kot, hat Galle, Schleim, Eiter, Blut, Schweiß, Lymphe, Tränen, Serum, Speichel, Rotz, Gelenköl, Urin."[1]

Alles andere als schön wirkt dieses tatsächliche und vorgestellte Szenario, aber es ist wahr, und vor allem: es ist buddhistisch. "So wacht er [der Mönch] nach innen beim Körper über den Körper, so wacht er nach außen beim Körper über den Körper, nach innen und außen wacht er beim Körper über den Körper. Er beobachtet wie der Körper entsteht, beobachtet wie der Körper vergeht, beobachtet wie der Körper entsteht und vergeht."[2]

Wir müssen zugeben, daß es uns trotzdem und vielleicht gerade deswegen schwerfällt, anzuerkennen, daß weder das Ich noch das Du noch ein Wir überhaupt *sind*. Ist das denn nicht das Ich, das hier ein- und ausatmet? Ist das denn nicht das Ich, das hier denkt, spricht, empfindet und wahrnimmt? Ist das denn nicht das Ich, das seinen Geist und seine Leidenschaften unter Kontrolle hält? Ja. Aber was ist das Ich? Und wie ist dieses Ich entstanden? Die buddhistische Antwort lautet, in Metaphern: Das Ich, das wir normalerweise meinen, ist wie das zischende Geräusch, das entsteht, wenn die Feuersbrunst einen Bambuswald erfaßt und ihn vernichtet oder wenn man ein Stück glühendes Eisen ins kalte Wasser wirft. Zhen Ke, ein chinesischer Buddhist aus dem 16. Jahrhundert, benutzt eine andere Metapher, formuliert seine Gedanke aber in einer Frage, deren Lösung der Autor nicht preisgeben wollte oder konnte: "Aus einem ausgehöhlten Holzblock macht man eine hölzerne Fischfigur [als Schlaginstrument zum Rhythmisieren buddhistischer Sūtragesänge], die Figur ist innen hohl [leer]. Schlägt man auf die Figur, hört man bestimmte Laute. Aus der inneren Hohlheit kommen die Laute, ist die Hohlheit tatsächlich hohl? Laute kommen aus der Hohlheit, gibt es die Laute wirklich?"[3]

Was ist nun das Ich? Das Ich ist keine Substanz, sondern eine Serie von Bewußtseinsvorgängen, ein Geräusch, ein Gefühl, Schall und Rauch,[4] eine Bezeichnung für etwas Zusammengesetztes, eben nur ein Name *für* den allgemeinen Gebrauch, was allerdings nicht bedeutet, daß es das Ich nicht gibt. Wir vernehmen doch sowohl das zischende Geräusch als auch die Laute.

Hier liegt der Knack- und Wendepunkt. Die Schlußfolgerungen lauten:

- Das Ich ist keine Substanz, die denkt: das Ich ist ein bloßer Name für etwas, ist ein Gefühl und eine sprachliche Erfindung.
- Dieses Etwas ist etwas Zusammengesetztes, besteht immer aus und in Gegebenheiten, Situationen und Prozessen.
- Dieses Etwas ist Veränderungen unterworfen.

1 K. E. Neumann, *Längere Sammlung*, S. 385.
2 K. E. Neumann, *Mittlere Sammlung*, S. 61.
3 Shi Jun, a. a. O., III/2, S. 146.
4 In Anspielung auf Goethe: "Gefühl ist alles, Name ist Schall und Rauch". *Faust* I, Marthens Garten.

- Häufig kommt es aber vor, daß wir das Ich für etwas halten, von dem alle unsere Tätigkeiten abhängen, daher wollen wir an ihm festhalten, daher kommen die Ausdrücke wie: das ist mein, ich will, ich habe vor oder eben: ich denke.

Nun wissen wir doch alle, daß die Einheit keine *einfache* Zusammensetzung aus Teilen ist. Goethe kritisiert, daß manche Gelehrte häufig nach Quellen fragten und dabei die Originalität des Dichters vergäßen. Im *Gespräch mit Eckermann* am 16. Dez. 1828 heißt es:
"Das ist sehr lächerlich; man könnte ebensogut einen wohlgenährten Mann nach den Ochsen, Schafen und Schweinen fragen, die er gegessen und die ihm Kräfte gegeben."
Auch Schiller hat recht, wenn er über die Analytiker dichtet, nicht allein wegen der auch für uns sehr interessanten Zwiebel-Metapher:

> "Ist denn die Wahrheit ein Zwiebel, von dem man die Häute nur abschält?
> Was ihr nicht hinein gelegt, ziehet ihr nimmer heraus."[1]

Allgemein verständlich ist die Ausführung von Zhuangzi: "Eine Dorfgemeinde, das ist eine Sittengemeinschaft aus zehn Familien und hundert Namen. Aus der Zusammensetzung von Differenzen wird eine Einheit. Aus der Auflösung der Einheit werden Differenzen. Nun zeigt man auf die hunderte Teile eines Pferdes und meint, daß das Pferd nicht zu sehen sei. Aber gerade das, was da vor mir steht und seine hunderte Teile in Einheit aufstellt, wird Pferd genannt."[2]

Wissen denn die Buddhisten nicht, daß eine Zwiebel eben nur aus Schichten und Häuten besteht und trotzdem, um nicht zu sagen: gerade deswegen, eine Zwiebel ist? Was ist dann das Besondere an der buddhistischen Behauptung von einer Leerheit des Ich? Die Antwort finden wir bei Schiller: "Was ihr nicht *hinein gelegt*, ziehet ihr nimmer heraus". Was von uns hineingelegt worden ist, stammt auch von uns, ist eine Konstruktion von uns. Ähnlich verhält es sich mit der buddhistischen These, das Ich sei ein bloßer Name. Damit ist mehr die Bedingtheit und die Substanzlosigkeit des Ich gemeint, und nicht, daß es dieses Bedingte und Substanzlose selber nicht gäbe. Häufig ist es aber der Fall – darauf weist der Buddhismus ausdrücklich hin –, daß wir just dieses Bedingte als etwas Unbedingtes betrachten und gerade den Fluß des Dahinfließens als etwas

1 Friedrich Schiller: *Werke*, Nationalausgabe, Weimar 1943ff., Bd. 1, S. 316.
2 *Werke* von Zhuangzi, kommentiert von Guo Xiang, Shanghai (repr.) 1989, S. 136-137. Rousseau weist darauf hin, daß die modernen Menschen "ne savent pas que les maisons font la ville, mais que les citoyens font la cité". J.-J. Rousseau, *Du contrat social*, introduction, commentaires et notes explicatives par J.-L. Lecercle, Paris 1955, Note zu Livre I, Chap. VI.

Dauerhaftes festhalten wollen, wie wir hinter jedem Begriff auch eine wirkliche Entsprechung sehen wollen. Das ist dann die *Verblendung*, von der die Buddhisten sprechen.

Das Ich im allgemeinen Sprachgebrauch ist eine Bezeichnung, ein bloßer Name, ist etwas Empirisches, entstanden beim Fassen von Gedanken und vielem anderen. Dabei ist uns vermutlich ein Fehler unterlaufen. Dieser Fehler besteht in der Mißdeutung (oder auch Zusammenfassung) der Kontinuität und Vielfalt als Dauer und Zeichen eines unveränderlichen Wesens, das im Buddhismus das Ich oder die Selbstnatur genannt wird, an dem (an der) wir wiederum als etwas real Existierendem festhalten wollen. Das empirische Ich ist sozusagen dem Gedankenfluß entsprungen, verlangt aber nun für sich nach Dauer und Selbständigkeit. Gerade aber weil das Ich aus der Mißdeutung entstanden ist, ist es auch möglich, daß dieses Ich nun erkennt, daß ein Ich in dem Sinne nicht existent ist; denn was fließt, kann nicht von Dauer sein, was bedingt ist, kann nicht für sich existieren.

Nun ist auch die Frage nach dem Subjekt, buddhistisch gesagt: nach der Ursache, des Leidens leicht zu lösen: Leiden rührt vom Festhalten an dem Ich her. Gäbe es das Ich nicht mehr, gäbe es auch nichts mehr, das leidet. Die *Vier Edlen Wahrheiten*, die wir im vorangegangenen Kapitel unter dem Aspekt des Leidens behandelt haben und dabei auf einige Schwierigkeiten gestoßen waren, z.B. im Zusammenhang mit der Frage nach der Relation zwischen Leben und Tod, lassen sich nun als Wahrheit über die wahre Beschaffenheit des Ich verstehen: Leiden rührt vom Festhalten an dem Ich her, Erleuchtung liegt in der Einsicht in die Substanzlosigkeit des empirischen Ich und stellt eine Negation dieses Ich dar. Insofern kann man durchaus sagen: Gäbe es das Ich nicht mehr, gäbe es auch nichts mehr, das noch erleuchtet werden will. Andererseits ist ein Ich, das sein empirisches Ich aufgegeben hat, bereits erleuchtet.

Das Leiden rührt vom Festhalten am Ich her. Wie steht es aber mit den *guten* Taten? Gäbe es das Ich nicht, wie könnte dann eine Moral wie die des Mitleids noch möglich sein, welche nach unserem Verständnis doch die Autonomie des Individuums voraussetzt? Moralische Anforderungen setzen ohne Zweifel eine Autonomie des Individuums voraus, aber erst in der Aufgabe dieser Autonomie, in der Aufhebung von Ich und Du liegt die Möglichkeit einer wahren Moral, spezifisch der des Mitleids. Der Spruch, der mitleidigste Mensch sei der beste Mensch, wäre dann zu ersetzen durch: der selbstloseste Mensch ist der beste Mensch. Die hier verlangte Selbstlosigkeit hat mit einer Verachtung des Individuums nichts zu tun. In diesem Sinne hat Hegel den chinesischen Buddhismus sicherlich mißverstanden, wenn er feststellt: "Das Bewußtseyn der moralischen Verworfenheit [in China] zeigt sich auch darin, daß die Religion des Fo [des Buddhismus] so sehr verbreitet ist, welche als das Höchste und Absolute, als

Gott, das Nichts ansieht, und die Verachtung des Individuums als die höchste Vollendung aufstellt."[1]

Aufmerksame Leser haben vermutlich schon bemerkt, daß wir im Lauf des Kapitels das Ich durch den Begriff des *empirischen* Ich ersetzt haben. Dadurch soll angedeutet werden, daß in der Frage nach dem Ich das letzte Wort noch nicht gesprochen ist. Davon aber später mehr. Vorläufig können wir das Kapitel mit einer der berühmtesten Gesprächsepisoden aus dem Chan-Buddhismus beenden. Ein Schüler fragt Meister Wei Kuan (755–817), wo das Dao sei? Der Meister antwortet:

> "Hier vor *dem* Auge."
> "Warum sehe *ich* es nicht?"
> "Weil es in Dir ein Ich gibt, wird das Dao unsichtbar."
> "Ich habe ein Ich, deshalb sehe ich das Dao nicht. Siehst *Du* es?"
> "Ein Ich und dazu noch ein Du, noch unsichtbarer wird es."
> "Gäbe es weder das Ich noch das Du, wäre das Dao dann sichtbar?"
> "Gäbe es weder das Ich noch das Du, wer (was) möchte es noch zu sehen versuchen?"[2]

1 G. W. F. Hegel, *Vorlesungen über die Philosophie der Geschichte*, in: *Sämtliche Werke*, Jubiläumsausgabe, Bd. 11, S. 182.

2 Pu Ji, *Wu deng hui yuan*, Bd. I, S. 166-167.

V Die fünf Daseinsgruppen

Der Buddhismus vertritt die Ansicht, daß nichts für sich allein existieren kann und daß alles aus verschiedenen, einander bedingenden, Faktoren konstituiert ist. Dies gilt vor allem für den Menschen und all seine Körperlichkeit, Empfindungen, Wahrnehmungen, Vorstellungen und sein Denken. Man nennt dies die Theorie der *pañcaskandha*[1], wir übersetzen den Begriff mit "fünf Daseinsgruppen".

1) Der Begriff der Körperlichkeit, *rūpa*[2] genannt, hat eine ähnliche Bedeutung wie "Materie" oder "Stoff". Wie die Materie ist das *rūpa* durch folgende Eigenschaften gekennzeichnet: Es nimmt jeweils einen bestimmten Platz ein und kann daher einerseits andere Körperlichkeiten daran hindern, denselben Platz einzunehmen und andererseits von diesen gehindert werden, es befindet sich jeweils in einer bestimmten Lage, es ist Veränderungen und Verfall unterworfen, also unbeständig und vergänglich.
Konkret sind mit der Körperlichkeit die vier Grundelemente (*maharūpa*) und im weitesten Sinne dann alles, was aus den Elementen entstanden ist, gemeint. Die vier Grundelemente und ihre Eigenschaften sind:

- *pṛthirīdhātu* – Erde, stark und fest, erhaltend
- *abdhātu* – Wasser, fließend und befeuchtend, sammelnd
- *ejodhātu* – Feuer, trocknend und wärmend, das Wachstum fördernd und
- *vāyudhātu* – Wind, leicht und beweglich, ermöglicht die Bewegungen[3]

Das Wörtchen *dhātu* (Bereiche oder Sphäre) und der Hinweis auf die jeweiligen Funktionen sind sehr wichtig; denn streng genommen sind mit den *Elementen* nicht konkrete materielle Dinge wie Erde oder Feuer gemeint, sondern bestimmte Eigenschaften und Funktionen, die durch das jeweilige Element verkörpert werden.[4] Sofern etwas die Eigenschaft von Festigkeit besitzt, läßt es sich dem Element Erde zuordnen. Denn nur auf diese Weise ist es möglich, fast al-

1 *pañca* – fünf, *skandha* – Häufung, Gruppierung, Bündel. Tibetisch: *phun po lna*. Zu folgender Ausführung: Frauwallner, *Die Philosophie des Buddhismus*, S. 76–84; Ed. Conze, *Buddhistisches Denken*, S. 147-149; Klaus Mylius, *Die vier edlen Wahrheiten*, S. 109-141.

2 Ethymologie umstritten: 1) *rūpa* kommt vom Verb *rup* und bedeutet "geschaffene Formen" (*rūpyata iti rūpam*); 2) vom Verb *ru, ru* bedeutet "verfallen", "sich verändern".

3 Vgl. Frances A. Yates: *Die okkulte Philosophie im elisabethanischen Zeitalter*, aus dem Englischen übersetzt von Adelheid Falbe, Amsterdam, 1997, S. 12.

4 Ähnlich wie im traditionellen chinesischen Denken. Neben den (fünf) Elementen wird von den fünf Verwandlungsphasen bzw. -zuständen gesprochen: Metall (eigentlich: Erz), Holz (genauer: Baum, Pflanzen), Wasser, Feuer, Erde. Unter der Erde verbirgt sich Metall (Erde bringt Metall hervor), Metalle können verflüssigt werden, Wasser fördert Holz (das Wachstum), Holz ermöglicht Feuer. In umgekehrter Richtung: Erde dämmt Wasser ein, Wasser löscht Feuer, Feuer schmilzt Metall, Metall spaltet Holz, Holz gräbt Erde um.

les, was auf irgendeine Weise existent ist, einerseits als Zusammenwirken der Elemente zu betrachten und andererseits in Elemente zu "zerlegen" und auf sie zurückzuführen. Elemente meinen daher weder allein bestimmte Stoffe noch allein einzelne Bestandteile, sondern gewisse elementare Kräfte, wie man etwa sagt: Im abgelegenen Gebirge kann man noch die Elemente erleben und spüren.
Nach dieser allgemeinen Bemerkung über die Elemente können wir jetzt noch etwas konkreter werden:
Sowohl die fünf Sinnesorgane (des Menschen) als auch ihre entsprechenden äußeren Gegebenheiten – wir vermeiden Begriffe wie Objekte und Gegen-Stände bewußt – bestehen aus den Elementen. Die vier Elemente können wir in diesem Sinne *Entstehungsgründe* des Menschen und der Welt nennen. Gibt es die vier Elemente nicht, werden die Körperlichkeiten, die alle aus ihnen zusammengesetzt sind, ihre Funktionstüchtigkeit verlieren, ähnlich wie: gibt es die Naturwelt nicht, werden alle Lebewesen nicht mehr leben können. Die vier Elemente werden Gründe genannt, von denen alle Körperlichkeiten, insbesondere Lebewesen abhängig sind.
Ändern sich die vier Elemente, ändern sich die aus ihnen bestehenden Körperlichkeiten mit. Insofern lassen sich Veränderungen der Dinge (Menschen wie anderer Lebewesen) als Veränderung der in ihnen funktionierenden Elemente verstehen. Die vier Elemente sind *Gründe der Veränderungen*.
Veränderungen erfolgen in zeitlicher Reihenfolge. Die Kontinuität der zeitlichen Veränderung vermittelt den Eindruck eines dauerhaften Stehenbleibens, wie etwa nebeneinanderstehende Punkte eine Linie bilden oder aus 60 Sekunden eine Minute hervorgeht. Die vier Elemente sind *Gründe des Erhalten-Bleibens*.
Alle Körperlichkeiten bestehen aus den vier Elementen. Jedoch handelt es sich dabei nicht um den Prozeß einer Hervorbringung in der Zeit, sondern um eine Entstehung im logischen Sinne. Demnach kann man nicht sagen, daß die vier Elemente etwa *vorher* und die aus ihnen bestehenden Körperlichkeiten *nachher* entstanden wären.

Aus den Elementen zusammengesetzt sind vor allem der Körper[1] und in ihm die fünf Sinnesorgane, diese werden in den buddhistischen Texten "innere Wurzeln" (*indriya*) genannt, und die entsprechenden äußeren, von den Sinnesorganen wahrnehmbaren Gegenstände, sie werden, als Entsprechungen zu den Wurzeln, "sichtbare Sphären" (*viṣaya*) genannt.
Die fünf *indriya* sind: Auge, Ohr, Nase, Zunge und der Körper im engeren Sinne.[2] Jedes dieser fünf Sinnesorgane verfügt über folgende Eigenschaften:

1 "Dieser Körper ist von Erdenart, von Wasserart, von Feuerart, von Luftart." Karl E. Neumann, *Mittlere Sammlung*, S. 63; vgl. ders., *Längere Sammlung*, S. 385. "In diesem Körper ist Erdart, Wasserart, Feuerart, Luftart." Klaus Mylius, *Die vier edlen Wahrheiten*, S. 64.

2 *pañca-rūpa-indriyāṇi*.

- Es nimmt nur eine bestimmte, und zwar spezifisch ihm entsprechende äußere Sphäre wahr.
- Es kann nur mit Hilfe des Verstandes[1] das Wahrgenommene unterscheiden.[2]
- Es ist dabei zum einen vom Verstand abhängig und zum anderen durch das *ālaya*-Bewußtsein bedingt, mit dem wir uns im folgenden noch eingehend auseinandersetzen werden.

Ein Beispiel: Das Auge als *indriya* hat seine entsprechende Sphäre, *viṣaya*, in Farben, Formen und Bewegungen. Was nicht zu dieser Sphäre gehört, kann prinzipiell nicht vom Gesichtssinn wahrgenommen werden. Das Auge sieht wohl etwas, aber um das Gesehene zuzuordnen und gegebenenfalls als "weiß" oder "schwarz", "lang" oder "kurz", "liegend" oder "stehend" zu erkennen, bedarf das Auge der Hilfe des Verstandes – Sinnlichkeit ohne Verstand ist blind, um mit Kant zu sprechen. Die Kriterien aber, welche Farbe weiß und welche schwarz ist, liegen im *ālaya*-Bewußtsein, hier vorläufig vereinfacht gesagt: in unseren Gewohnheitsmustern, durch die es uns vorgegeben ist, welche Farbe schwarz und welche weiß ist. Erkennen ist eine Tätigkeit des Vergleichens und des Zuordnens des Wahrgenommenen mit und zu dem bereits Bekannten bzw. vermeintlich Bekannten. Mit etwas, das uns völlig fremd ist, können wir eigentlich nichts anfangen. Wir können es nicht zuordnen.[3]
Mit den Sinnesorganen sind nicht allein die fleischlichen Organe (z.B. das Auge) gemeint, sondern in erster Linie deren Funktionstüchtigkeit (der Gesichtssinn oder das Sehvermögen), wie man unter dem Begriff des *Samens* nicht einfach irgendein Körnchen, sondern dessen Keimfähigkeit versteht. Daher kommt auch die Bezeichnung des Sinnesorgans als *indriya*, also als (wie) *Pflanzenwurzel*, aus der Stämme, Zweige, Blätter und Früchte entstehen. Als reine – auf deutsch pflegt man "tote" zu sagen – Materie unterscheidet sich das fleischliche Auge nicht von den übrigen leblosen Dingen, die ebenfalls aus den vier Elementen bestehen. Im chinesischen Buddhismus wird das fleischliche Auge deshalb auch als "Stoff"[4] bezeichnet. Trotzdem: das Auge als "Stoff" unterstützt das Auge als *indriya*. Ohne das fleischliche Auge sieht das alleinige Sehvermögen bekanntlich nicht; denn unabhängig vom Auge wäre auch das Sehvermögen undenkbar.
Wahrnehmbare äußere Gegebenheiten werden *viṣaya* (sichtbare Sphären) genannt. Der Anzahl der bisher aufgelisteten Sinnesorgane entsprechend sind fünf Sphären zu nennen – oder kann es nur fünf geben –:

1 Mit Verstand ist hier das *mano-vijñāna* gemeint. Daß diese Wiedergabe inadäquat ist, wird in anderen Zusammenhängen deutlich. Siehe unten, Kap. VI *Mano, māna und ālaya*.

2 Ein "verstandesloser" Mensch wäre auch nicht wahrnehmungsfähig.

3 *Fremd* bedeutet in solchen Fällen häufig *namenlos* sein. Etwas gilt mir als fremd, solange ich seinen Namen nicht kenne bzw. solange ich es nicht zuordnen kann. Etwas zu kennen bedeutet demnach, seinen Namen zu kennen oder es benennen zu können. Siehe das Märchen *Rumpelstilzchen*.

4 Wörtlich: Staub.

- *viṣaya* des Gesichtssinnes,
- *viṣaya* des Gehörsinnes,
- *viṣaya* des Geruchssinnes,
- *viṣaya* des Geschmackssinnes und
- *viṣaya* des Tastsinnes.

Gemeinsam vermitteln sie, die Sphären, den Eindruck einer Welt, in der wir die einzelnen *Dinge* wahrzunehmen glauben. Dies ist jedoch eine Illusion; denn was wir normalerweise unter einem Ding verstehen, ist selbst eine Vorstellung oder bereits ein Verständnis von ihm, das es als ein solches gar nicht gibt.[1] Gerade als Vorstellung hängt das vorgestellte Ding zum einem von den Sinnesorganen und zum anderen von den durch sie wahrgenommenen Sphären ab:

Indriya + *viṣaya* = Vorstellung = Ding bzw. Vorstellung vom Ding

Die Sphäre des *Gesichtssinnes* umfaßt mindestens folgende Punkte:

- *Farben*: Insgesamt wird von zwölf Farben gesprochen: Schwarz, gelb, rot, weiß sind die vier Grundfarben. Die übrigen acht sind Differenzierungen oder Mischfarben: was vom Himmel kommt, ist wolkenfarbig; was aus dem Feuer steigt, ist rauchfarbig; bevor der Rauch sich auflöst, ist es staubfarbig; was von der Erde kommt, ist nebelfarbig. Der Sonnenschein ist lichtfarbig, der Mondschein ist hell. Die letzen zwei sind Schatten und Dunkelheit.
- *Formen*: Diese sind acht an der Zahl: lang, kurz, quadratisch, rund, hoch, niedrig, gerade und nicht gerade. An einem Ende zu viel heißt lang, an einem Ende zuwenig heißt kurz. Alle vier Seiten gleich lang heißt quadratisch usw.
- *Bewegung und Lage* wie Zusammenziehung und Ausdehnung, Ost und West, oben und unten, liegend und stehend.

Die Sphäre des *Gehörsinnes* sind Töne im weitesten Sinne. Sie werden nach folgenden Gesichtspunkten:

- ob der Verursacher der Töne bestimmte Empfindungen hat (Lebewesen oder Nicht-Lebewesen ist)
- ob die Töne bestimmte Gefühle des Verursachers zum Ausdruck bringen und
- ob sie beim Empfänger bestimmte Empfindungen verursachen

in folgende Teilsphären gegliedert:

- vom Lebewesen verursacht, bringen eine bestimmte Bewertung zum Ausdruck und werden beim Hörer vermutlich Gefallen finden, dazu zählen Lob, Gesang, Zuspruch und andere anerkennende Worte
- vom Lebewesen verursacht, bringen eine Bewertung zum Ausdruck und werden beim Hörer vermutlich Mißfallen finden: Tadel, Schimpf, Zurechtweisung, mißbilligende Worte

1 Siehe Kap. IX *Die Welt ist eine Schöpfung des Gedankens*.

- vom Lebewesen verursacht, müssen nicht unbedingt etwas bewerten und werden beim Hörer vermutlich Gefallen finden: ein einfacher Handschlag
- vom Lebewesen verursacht, müssen nicht unbedingt etwas zum Ausdruck bringen und werden beim Hörer vermutlich Mißfallen finden: ebenfalls ein Handschlag
- vom Nicht-Lebewesen verursacht, bringen nichts zum Ausdruck, bewerten auch nichts und werden beim Hörer vermutlich Gefallen oder Mißfallen finden oder keines von beidem: Waldrauschen, Wasserfall und ähnliche Naturereignisse
- von Lebewesen und Nicht-Lebewesen gemeinsam verursacht: Musikspielen, auf den Tisch hauen, auf eine Trommel schlagen

Derartige ermüdende(?) Analysen, von denen wir noch ein extremes Beispiel erleben werden,[1] sind weder als physiologische Haarspalterei noch als festgelegte Dogmen zu verstehen. Sie sind, wie wir anfangs vorausgeschickt haben, als Anleitungen und Leitlinien für praktische *geduldige*, wohl auch (*für uns*) zeitraubende Meditationsübungen gedacht. Das Ziel besteht darin, unsere Wahrnehmungen noch intensiver und bewußter zu erleben. Indem wir jeden Wahrnehmungsakt analysieren und zerlegen, wird aus der Gewohnheit wachsames Bewußtsein. Eine *bewußt* erlebte Wahrnehmung erweist sich oft als eine Umkehr der gewöhnlichen Wahrnehmung, wie etwa die Zerlegung eines schnell fliegenden Pfeils den Pfeil nicht mehr als fliegend, sondern als punktuell stehend erweisen würde.[2] Nur durch minuziöse wachsame Beobachtungen lassen sich Sinnesfaktoren von oft unbewußten emotionalen und personalen Gedankenverbindungen befreien und das Ergebnis erzielen:

> "Das ist nicht mein; der bin ich nicht; das ist nicht mein Selbst."[3]

Die Sphäre des *Geruchssinnes* entspricht dem Sinnesorgan Nase. Je nach der *persönlichen* Empfindung und dem Nutzen für den Körper wird nach folgenden Geruchsqualitäten unterschieden:

- wohlriechend, wie etwa Gerüche von Dufthölzern
- übelriechend, wie etwa Gerüche von bestimmtem Gemüse wie Zwiebel, Lauch und bekanntlich vor allem Knoblauch
- Gerüche, die für das Wohlbefinden des Körpers nützlich und fördernd sind
- Gerüche, die für das Wohlbefinden des Körpers schädlich sind

Die Sphäre des *Geschmackssinnes* umfaßt die Geschmacksqualitäten wie süß, sauer, bitter, scharf, salzig, fade und andere Geschmacksnuancen.
Zur Sphäre des *Tastsinnes* gehören Eigenschaften der Elemente, der körperlichen Dinge und innerkörperliche Bedürfnisse.

1 Kap. VIII *Die hundert Dharmas*.
2 Vgl. K. E. Neumann, *Längere Sammlung*, S. 383-384.
3 Klaus Mylius, Die vier edlen Wahrheiten, S. 133.

Mit Eigenschaften der Elemente sind hier Festigkeit (der Erde), Feuchtigkeit (des Wassers), Hitze (des Feuers) und Beweglichkeit (des Windes) gemeint. Natürlich können Zustände wie Feuchtigkeit oder Hitze auch vom Gesichtssinn oder Geruchssinn wahrgenommen werden, aber solche Wahrnehmungen gelten als indirekt und sekundär. Eigenschaften wie Hitze lassen sich eigentlich nur "fühlen".

Eigenschaften der körperlichen Dinge, die durch den Tastsinn wahrgenommen werden, sind Eigenschaften wie Glattheit, Rauheit, Schwere, Leichtigkeit. Sie gelten als von den vier Elementen geschaffen und sind von ihnen abhängig: Das Übermaß von Wasser und Feuer hat die Glattheit zur Folge, das Übermaß von Erde und Wind heißt Rauheit, das Übermaß von Erde und Wasser bedeutet Schwere und das Übermaß von Wind und Feuer hat Leichtigkeit zu Folge.

Die innerkörperlichen Bedürfnisse, die vom Tastsinn (Körper) wahrgenommen werden, sind Zustände wie Kälte, Hunger und Durst. Das Verlangen (des Körpers) nach der Wärme verursacht das Gefühl der Kälte, das Bedürfnis nach dem Essen ist der Hunger und Gier nach dem Trinken heißt Durst. Weil die Wärme begehrt wird, wird die Nicht-Wärme als Kälte empfunden.[1]

Aus den hier skizzierten Analysen sind folgende Überlegungen zu ziehen:

- Unsere Wahrnehmungen sind immer auf uns selbst bezogen und besagen nichts Objektives. Die Aussage: "Es ist kalt" wäre dann eine, allerdings erlaubte, Vermutung. Ich kann nur für mich sagen: "Es ist *mir* kalt". Das klingt in der Tat nach Haarspalterei, aber gerade auf solche Hintergrundinformationen, die fast jede unserer Aussagen impliziert, möchte der Buddhismus ausdrücklich hinweisen. Hintergrundwissen sind Hintergrundvorgaben. Wir brauchen sie in der Umgangssprache nicht jedesmal zum Ausdruck zu bringen, wir müssen sie aber ständig im Bewußtsein behalten: sie relativieren und beschränken die Gültigkeit unserer Aussagen.
- Die Einteilung der Sinnesorgane mit ihren entsprechenden äußeren Gegebenheiten bedeutet zugleich eine Ab- und Ausgrenzung. Einerseits sind wir bei der Wahrnehmung von der Anzahl der Sinnesorgane abhängig – hätten wir den sechsten Sinn, hätten wir auch die sechste Sphäre – , und andererseits sind wir auf deren Intensität, Tüchtigkeit und funktionale Beschaffenheit angewiesen.
- Infolge der Sphärenteilung können wir nicht alles wahrnehmen. Gegenstände, die wahrzunehmen uns entsprechende Sinnesorgane fehlen, existieren dann für uns nicht. Selbst innerhalb der jeweiligen Sphäre können wir nur einen Bruchteil von ihr wahrnehmen. Das Auge kann nur solche Gegenstände in

1 Die Ansicht ist weder neu noch typisch buddhistisch sein. Bei Pierre Bayle (1647-1706), *Dictionnaire*, Art. *Pyrrhon*, ist zu lesen: "Die Wärme, der Geruch, die Farben sind keineswegs in den Objekten unserer Sinne enthalten; es sind nur Vorgänge unserer Seele; ich weiß, daß die Körper nicht so sind, wie sie mir erscheinen."

seiner Sphäre wahrnehmen, die weder zu groß noch zu klein, weder zu weit entfernt noch zu nah sind. Einen Berg in der weiten Ferne können wir ebensowenig sehen wie unsere eigene Wimper. Eine Feuersbrunst in der Ferne nehmen wir als einen Feuer*ball* wahr. Hunde nehmen etwa eine Million mal besser Gerüche wahr als der Mensch. Erkenntnisgewinn in der neuzeitlichen Wissenschaft erweist sich oft als eine Erweiterung der Wahrnehmungs-, vor allem der Beobachtungsmöglichkeiten, man denke an das Fernrohr, das Teleskop, das Mikroskop oder auch an Satelliten.

Der Buddhismus hat allerdings wenig Interesse an wissenschaftlich-technischen Erfindungen und Entdeckungen. Sein Blick ist weiterhin auf das Alltägliche gerichtet. In diesem Zusammenhang wird darauf hingewiesen, daß unsere Wahrnehmung schließlich viel mit unseren Gewohnheiten zu tun hat. Was uns selbstverständlich (geworden) ist, nehmen wir weniger wahr. Was uns vertraut ist, nehmen wir leichter wahr. Was uns fremd ist, nehmen wir entweder gar nicht oder aber mit besonderer Wachsamkeit und Neugier wahr. Menschen aus unterschiedlichen sozialen Schichten, unterschiedlichen Kreisen oder auch unterschiedlichen Alters nehmen ein und dieselbe Gegebenheit oft unterschiedlich wahr.[1]

Vor zwei Gefahren muß gewarnt werden: Die eine ist der Agnostizismus – "wie die Dinge eigentlich beschaffen sind, wissen wir nicht" –, die andere ist der Relativismus – "alle unsere Erkenntnisse sind relativ". Der Buddhismus behauptet weder das eine noch das andere. Er betont, Wahrnehmung, das ist die (unsere) Welt – *Esse est percipi*:

"Was ist das All? Das Auge und die Formen, das Ohr und die Töne, die Nase und die Gerüche, die Zunge und die Geschmäcker, der Körper und die Empfindungen des Körpers, das Denken und das Gedachte."[2]

2) Empfindung (*vedanā*). Wahrnehmung wird zum einen von den äußeren Gegebenheiten und zum anderen von den Beschaffenheiten der Sinnesorgane ermöglicht und zugleich beschränkt. Sowohl die äußeren Gegebenheiten als auch die Sinnesorgane bestehen aus den vier Elementen. Das Ergebnis aus dem Zusammentreffen zwischen *indriya* und *viṣaya* nennen wir das Wahrgenommene.

Vedanā steht auf einer anderen Ebene und bezieht sich auf unsere *bewertenden* Reflexionen auf das Wahrgenommene: Das Zimmer ist blau gestrichen – Es ist gemütlich. Die erste Aussage beschreibt eine Wahrnehmung in der Form einer Feststellung und beruht auf einem gewissen Konsens, während die zweite Aussage das Wahrgenommene bewertet und sich eindeutig mehr auf den einzelnen wahrnehmenden Menschen bezieht. Der Unterschied ist recht deutlich: In der

1 Siehe dazu unten, Kap. IX *Die Welt ist eine Schöpfung des Gedankens*.

2 *Samyutta-nikāya*, 35, zitiert nach H. von Glasenapp, *Pfad zur Erleuchtung*, S. 169.

Frage, ob das Zimmer tatsächlich blau gestrichen ist, läßt sich leicht Übereinstimmung erreichen. Über die Gemütlichkeit kann man hingegen streiten.
Es wird, wie üblich[1], von drei Empfindungsqualitäten gesprochen:

- angenehm, Lustempfindung (*kuśala*)
- unangenehm, Unlustempfindung (*akuśala*) und
- indifferent (*avyakrta*)[2]

Natürlich ist diese Dreiteilung künstlich, die Kategorie "indifferent" ist zwar formal wichtig, inhaltlich aber streng genommen überflüssig. Denn sie bedeutet nichts anderes als eine minimale Lust- oder auch Unlustempfindung, wollen wir nun Lust und Unlust als zwei Pole in entgegengesetzte Richtungen verlaufend betrachten und darstellen. Wichtiger als die mögliche Darstellungsskala ist die Definition der Empfindungsqualitäten als *Bestimmungsgründe* der Begierden und der Handlungen: Wird eine bestimmte Sphäre als Lust empfunden, entsteht die Begierde, diese Sphäre beizubehalten. Wird eine Sphäre als Unlust empfunden, entsteht das Verlangen, diese Sphäre zu verlassen. Wünsche und Begierden werden von bestimmten Gefühlen oder Empfindungen verursacht und sind von ihnen abhängig.

Im *Abhidharmakośaśāstra*, Kap. I, werden diese drei Empfindungsqualitäten auf jede Wahrnehmungsart angewandt, so daß man insgesamt von sechsmal dreierlei Empfindungswerten sprechen kann:

- Wahrnehmung durch das Auge verursacht Lustempfindung, Unlustempfindung, Indifferenz
- Wahrnehmung durch das Ohr – Lust- und Unlustempfindung, Indifferenz
- Wahrnehmung durch die Nase – Lust- und Unlustempfindung, Indifferenz
- Wahrnehmung durch die Zunge – Lust- und Unlustempfindung, Indifferenz
- Wahrnehmung durch den Körper – Lust- und Unlustempfindung, Indifferenz
- Denken – Lust- und Unlustempfindung, Indifferenz.[3]

Die Bestimmung der Empfindungen, im Kantschen Sinne der sinnlichen Gefühle,[4] als Beweggründe der Begierden macht deutlich, daß der Buddhismus die (gewöhnlichen) Handlungen des Menschen als irrational und emotional betrachtet. Der Mensch ist grundsätzlich ein Spielball seiner Empfindungen und handelt nach dem Lust- und Unlustprinzip, milder ausgedrückt, nach Gewohnheiten. Der Verstand erfüllt dabei mehr die Funktion eines Werkzeuges und fungiert

1 Vgl. z.B. Kant, *Kritik der praktischen Vernunft*, I. Buch, 1. Hauptstück, §§ 2–4; John Locke, *Essay on human understanding*, Buch II, Kap. XX.

2 K. E. Neumann, *Mittlere Sammlung*, S. 1103, Anm. 116; Klaus Mylius, *Die vier edlen Wahrheiten*, S. 113-116.

3 Des weiteren spricht man von *physischer* und von *psychischer* Empfindung; vgl. Klaus Mylius, *Die vier edlen Wahrheiten*, S. 113-114.

4 Vgl. Kant, *Kritik der praktischen Vernunft*, I. Buch, 1. Hauptstück, §§ 2–4.

keineswegs richtungsweisend und richtungsentscheidend. Eine Kurskorrektur vermag nur die Weisheit auszuführen, eine über den bloßen Verstand hinausgehende höhere Instanz.

3) Die dritte Gruppe, *saṃjñā* genannt, entspricht unserem Vorstellen und der Begriffsbildung.[1] *Saṃjñā* macht von den wahrgenommenen Sphären bestimmte Vorstellungen und bringt sie durch Sprache und Sprechen zum Ausdruck. Es ist einleuchtend, daß es sich auch hier nicht um objektive Erkenntnis und neutrale Begriffsbildung handelt. *Saṃjñā* ist eine Steigerung der Empfindungen und bringt deren Qualitäten mit in die Vorstellung und Begriffsbildung ein. Demnach gibt es keine "objektiven", "neutralen" oder auch "sachlichen" Begriffe; denn in Begriffen sind immer Gefühle und Empfindungen, Werte und Bewertungen in bezug auf den Wahrnehmenden enthalten. Begriffe bringen Gefühle und Empfindungen zum Ausdruck und sind insofern sprachlich-begriffliches Festhalten von Empfindungsqualitäten.

4) Die vierte Gruppe heißt *saṃskāra* und bezieht sich auf Tätigkeiten wie Reden, Denken und konkrete Handlungen[2] auf der Basis des *saṃjñā*. Sie hat deshalb die Eigenschaft, den Geist in Bewegung zu setzen, damit er bestimmte Taten, gute, schlechte wie nicht-gut-und-nicht-schlechte, hervorbringt. Die psychischen und geistigen Tätigkeiten wie Zielsetzung, Überlegung, Entscheidung, Absicht und Wille gehören alle zu dieser Kategorie.

5) Die fünfte Gruppe ist die Bewußtseinsgruppe, *vijñāna*, wobei der Begriff Bewußtsein nur unter großem Vorbehalt zu benutzen ist;[3] denn es bezieht sich im Buddhismus auf fast alle Wahrnehmungs- und Erkenntnisvorgänge und umfaßt *in concreto* alle Produkte, die aus dem Zusammenwirken zwischen den Sinnesorganen und den jeweiligen äußeren Sphären entstanden sind. Im Frühbuddhismus wurde deshalb, nach den obigen Darstellungen, von fünf Arten des Bewußtseins (*pañca-vijñāna-kāya*) gesprochen. Das Wörtchen *kāya* ist sehr wichtig: es macht deutlich, daß es sich jeweils um etwas Körperliches als Zusammengesetztes handelt.

- Gesichtssinn + Gesichtssphäre – *cakṣur-vijñāna*
- Gehörsinn + Gehörsphäre – *śrotra-vijñāna*
- Geruchssinn + Geruchssphäre – *jihvā-vijñāna*
- Geschmackssinn + Geschmackssphäre – *ghrāṇa-vijñāna*

1 In der meisten Literatur wird diese Gruppe als Wahrnehmung bezeichnet. Ich gehe hier einen Schritt weiter und habe die Wahrnehmung der Gruppe *rūpa* zugeordnet. Vgl. z. B. Ed. Conze, *Buddhistisches Denken*, S. 148.

2 *kāya-vāk-citta.*

3 Eine gute Übersicht findet man in: Ed. Conze, *Buddhistisches Denken*, S. 152-156.

- Tastsinn + Sphäre des Tastsinns – *kāya-vijñāna*[1]

Die letzten vier Gruppen, *vedanā*, *saṃjñā*, *saṃskāra* und *vijñāna*, werden, im Vergleich und Unterschied zur ersten, der Körperlichkeit, als geistige Daseinsgegebenheiten (*nāma*) bezeichnet. Die fünf Daseinsgruppen konstituieren zusammen das, was wir Persönlichkeit nennen.

Die Lehre der fünf Daseinsgruppen ist leicht zu verstehen. Die Problematik besteht in den Konsequenzen, die es nun aus dieser Lehre zu ziehen gilt:

- Jede der fünf Gruppen ist für sich genommen bedingt.
- Alle fünf Gruppen sind untereinander bedingt.
- Ein autonomes, aus sich bestehendes, den Gruppen zugrunde liegendes, außerhalb der oder in den Gruppen existierendes Selbstsein, sprich Ich, ist nirgendwo vorhanden.

Der Vollendete, so heißt es, hat folgendes erkannt:

"Das ist die Körperlichkeit, das ist die Entstehung der Körperlichkeit, das ist der Untergang der Körperlichkeit; das ist die Empfindung, das ist die Entstehung der Empfindung, das ist der Untergang der Empfindung; das ist das Vorstellen, das ist die Entstehung des Vorstellens, das ist der Untergang des Vorstellens; das sind die Tätigkeiten, das ist die Entstehung der Tätigkeiten, das ist der Untergang der Tätigkeiten; das ist das Erkennen, das ist die Entstehung des Erkennens, das ist der Untergang des Erkennens. Darum, sage ich, ist der Vollendete durch das Schwinden, die Ablehnung, die Aufhebung, das Aufgeben und das Zurückweisen aller Meinungen, aller Beunruhigungen und aller Belastungen durch die Vorstellungen von *Ich* und *Mein* vollkommen erlöst."[2]

1 Vgl. K. E. Neumann, *Mittlere Sammlung*, S. 130-131; *Längere Sammlung*, S. 393ff. Nimmt man das Denken, Gegenstände des Denkens und das Gedachte hinzu, hat man die sogenannten achtzehn Teilbereiche. Vgl. Ed. Conze, *Buddhistisches Denken*, S. 149-150.

2 Frauwallner, *Die Philosophie des Buddhismus*, S. 21-22; vgl. K. E. Neumann, *Mittlere Sammlung*, S. 159; Klaus Mylius, *Die vier edlen Wahrheiten*, S. 133.

VI Mano, māna und ālaya

Unsere sinnlichen und Verstandestätigkeiten wie Wahrnehmen, Empfinden, Denken, Vorstellen und Erkennen werden im Buddhismus alle unter dem Begriff *vijñāna* zusammengefaßt. Die näheren Klassifizierungen erfolgen durch das Hinzufügen des wahrnehmenden und empfindenden Organs, buddhistisch gesagt: der Wurzel – *indriya*. Wahrnehmung durch das Sehvermögen heißt demnach *caksur-vijñāna* und Wahrnehmung durch körperliche Berührungen *kāya-vijñāna*. *Vijñāna* in diesem Sinne bezieht sich zum einen auf die Wahrnehmungssphären und zum anderen auf die wahrnehmenden Organe. Ohne die Sphären gibt es das *vijñāna* nicht, ebensowenig ohne die Wurzeln. Beide, Sphären und Wurzeln, werden in diesem Sinne als Bedingungen und Ursachen des *vijñāna* bezeichnet: *vijñāna* versteht sich als ein Zusammentreffen von Wahrnehmendem und Wahrnehmbarem, sein Wesen sind die dabei im Wahrnehmenden gebildeten und vorgestellten Unterscheidungen des Wahrgenommenen. Der Gewohnheit halber wollen im folgenden gelegentlich statt von *vijñāna* von Bewußtsein sprechen.

Im Kleinen Fahrzeug wird von sechs Arten des Bewußtseins gesprochen, im Großen Fahrzeug von insgesamt acht. Unterschiedlich ist auch das Verständnis der Wurzeln (*indriya*). Das Kleine Fahrzeug versteht unter der jeweiligen Wurzel etwas Feinstoffliches, also Körperliches, wie man etwa das Nervensystem als Wurzel der Wahrnehmung und das Gehirn als Denkorgan betrachtet: Die feinstoffliche Wurzel des Auges befindet sich auf dem Augenstern und hat die Form einer Eisblume, die des Ohrs liegt im Inneren des Ohrs und hat die Form einer Spirale, die der Nase liegt in der Nasenhöhle und sieht, von oben nach unten, wie zwei Krallen (Geruchsnervenfasern?) aus, die der Zunge befindet sich auf der Zungenoberfläche und hat die Form eines Halbmondes (Geschmacksknospe?) und die des Körpers liegt überall am Körper und hat daher eben die Form eines Körpers. Das Große Fahrzeug interpretiert *indriya* häufig als eine Art von Vermögen oder Kraft, also etwas Unstoffliches, Unsichtbares und daher auch Unbeschreibbares.

Im vorangegangenen Kapitel haben wir die ersten fünf Arten behandelt. Nun sollen die letzten drei besprochen werden: das *mano-Bewußtsein*, das *māna-Bewußtsein* und das *ālaya-Bewußtsein*.

1. Das *mano-Bewußtsein*

Der Begriff *mano-vijñāna* entspricht etwa unserem Verständnis von Begriffen wie Verstand und Denken. Häufig wird er auch übertragen mit *Denkerkennen*[1]. Daß diese Wiedergabe inadäquat ist, wird in den folgenden Ausführungen deutlich. Wir wollen daher den Begriff *mano-vijñāna* beibehalten und zuerst darstellen, was für Merkmale das *mano-vijñāna* hat:

- Im Unterschied zu den ersten fünf Arten des Bewußtseins, die alle als sinnlich gelten und einen eindeutig flüchtigen Zeitcharakter besitzen, ist das *mano-vijñāna* der Zeitlichkeit nicht unterworfen. Es hält die momentanen Wahrnehmungen für längere Zeit fest und kann das Vergangene wieder in Erinnerung rufen. Das *Vergegenwärtigen* ist deshalb sein wichtigstes Kennzeichen. Der Geschmackssinn kostet ein Stück Brot und empfindet es als gut. Die Zunge kann sich an diese Empfindung nicht erinnern, wohl aber das *mano-vijñāna*. Daß ein Mensch noch heute weiß, was für eine Blume sein Auge vor Jahren gesehen hat, ist nicht auf die *augenblickliche Sinnlichkeit*, sondern auf das *Mano-Bewußtsein* zurückzuführen. Das *mano-vijñāna* besitzt eine gewisse Selbständigkeit und Unabhängigkeit von der Sinnlichkeit.
- Die Tätigkeit des *mano-vijñāna* kann unterbrochen werden, z.B. im Schlafzustand[2] oder im Fall einer Bewußtlosigkeit, sie setzt sich aber nachher fort.
- Das *mano-vijñāna* funktioniert gleichzeitig mit den sinnlichen Wahrnehmungen. Bildlich ausgedrückt: Sobald das Auge etwas sieht und das Ohr etwas hört, wird diese Sinnlichkeit gleichzeitig ins *mano-vijñāna* transformiert.
- Die Sphären der sinnlichen Wahrnehmung sind beschränkt und jeweils spezifisch – das Auge kann nicht hören – , die Sphäre des *mano-vijñāna* hingegen ist viel umfassender.
- Die Tätigkeiten der Sinnesorgane werden schließlich vom *mano-vijñāna* begleitet, gelenkt und miteinander kombiniert. Das *mano-vijñāna* erfüllt dabei eine helfende und stärkende Funktion. Die Sinnesorgane nehmen zwar die Sphären wahr, aber erst mit Hilfe des *mano-vijñāna* und durch dessen Unterstützung sind sie jeweils in der Lage, das Wahrgenommene zu unterscheiden, etwa in der Weise, wie ein Erwachsener (das *mano*) einem Kind (z.B. dem Auge) beibringt, schwarz und weiß zu unterscheiden.
- Die Sinnesorgane funktionieren mit Hilfe und in Abhängigkeit vom *mano*. Dieses wird seinerseits durch die Sinneswahrnehmungen klarer. Wir können durchaus mit Kant sagen: "Sinnlichkeit ohne Verstand ist blind, Verstand ohne Sinnlichkeit ist leer."

1 Z.B. Frauwallner, *Die Philosophie des Buddhismus*, S. 330.

2 Es sei denn, im Schlaf wird geträumt, für das Träumen ist das *mano* zuständig.

- Durch Wahrnehmungen der Sinnesorgane wird das Erinnerungsvermögen, eine wichtige Funktion des *mano-vijñāna*, aktiviert, das Gegenwärtige wird mit dem Vergangenen kombiniert. Etwas als grün zu bezeichnen geschieht nicht, weil etwas grün ist, sondern weil dieses Etwas als grün *wiedererkannt* worden ist, bzw. weil das *mano-vijñāna* bereits vorher weiß, was grün ist.
- Sinnliche Wahrnehmungen werden vom *mano-vijñāna* gesteuert und gelenkt. Ein negatives Beispiel: Dinge liegen vor dem Auge und werden trotzdem von ihm nicht gesehen oder, wie man auf deutsch sagt, "übersehen", nur weil das Auge sie nicht sehen "will", d.h. nur weil das *mano-vijñāna* das Auge nicht auf diese Dinge hinsteuert.[1]

Sowohl die sinnlichen Wahrnehmungen als auch das *mano-vijñāna* haben für ihr Funktionieren zum einen die äußeren Sphären als Bedingungen und sind zum anderen selbst nicht frei von anderen "verursachenden Kräften". Diese können z.B. folgende sein:

- *Die Begierde.* Wahrnehmung ist demnach weder ein automatisch-mechanisch funktionierender Vorgang noch eine von außen erfolgte "Prägung". Daß das Auge gerade eine bestimmte Farbe wahrnimmt oder, buddhistisch gesagt, "antrifft", ist mehr oder weniger auch darauf zurückzuführen, daß diese Farbe und nicht eine andere *begehrt* wird.[2]
- *Die Beschaffenheit der äußeren Gegebenheiten.* Gemeint sind hier die besonderen Wirkungen der äußeren Sphären auf die Sinnesorgane und auf das *mano-vijñāna*. Diese besondere Wirkung, durch die der Geist aufmerksam wird, kommt zustande, wenn die Sphäre an sich etwas Besonderes hat oder auch, wenn die Sphäre dem Geist besonders gefällt. Für den ersten Fall ist als Beispiel eine gewaltige Explosion zu nennen, die sich einfach nicht "überhören" läßt; für den zweiten Fall z.B., daß ein Mensch die Stimme eines ihm vertrauten Menschen leichter wahrnimmt als die übrigen Stimmen, selbst wenn diese lauter sind. Für bestimmte Dinge ist der Geist sozusagen besonders "hellhörig".
- *Die Gewohnheiten.* Gewohnheiten prägen einerseits unsere Wahrnehmungsmuster und machen andererseits unser Wahrnehmungsvermögen für manche Sinnesreize stumpf. Dinge, die für uns selbstverständlich sind, werden von uns auch als selbstverständlich wahrgenommen. Wir hinterfragen sie dann nicht mehr und sind nicht mehr neu*gierig* auf sie. Ein Waldmensch nimmt den regen Autoverkehr anders wahr als ein Städter, ein Stadtmensch hat einen anderen "Zugang" zum Wald als ein Waldmensch.

1 Vgl. Kui Ji (632–682): *Cheng weishi lun shuji* (Kommentar zu Cheng weishi lun), Shanghai 1995, Kap. 27.

2 Conze spricht in diesem Zusammenhang von einer "inneren Bereitschaft", die stärker als der Sinnesreiz unser Wahrnehmungsinteresse beeinflußt. Ed. Conze, *Buddhistisches Denken*, S. 84.

Der Wahrnehmungsprozeß der ersten sechs Arten des Bewußtseins umfaßt zusammengefaßt folgende Stufen:

- Zusammenkunft der Sinnesorgane mit äußeren Gegebenheiten: sinnliches Wahrnehmen – *Da ist etwas*!
- Suchen nach dem bereits vorher Wahrgenommenen, Erinnern an bzw. Zurückgreifen auf die im Gedächtnis gespeicherten Wahrnehmungen, um die jetzige Wahrnehmung zu identifizieren und zu unterscheiden – *Etwas Ähnliches habe ich schon gesehen.*
- Entscheiden, Bestimmen, Zuordnen. Aus dem Vergleich zwischen dem vorher Wahrgenommenen und der jetzigen Wahrnehmung wird eine Entscheidung getroffen oder eine Meinung gebildet – *Dieses Etwas ist rot.*
- Empfindung in bezug auf die Wirkung des Wahrgenommenen auf den Wahrnehmenden – *Die Farbe gefällt mir.*
- Weiterverarbeitung des Wahrgenommenen für die kommenden Wahrnehmungen – *Speichern*!

Die obige Ausführung läßt folgende Schlußfolgerungen zu:

- Der Wahrnehmungsprozeß ist vielschichtig und von vielen Faktoren, psychischen wie biologischen, kulturellen wie gewohnheitsmäßigen, abhängig.
- Des weiteren läßt sich sagen, daß jeder von uns ein und denselben Gegenstand irgendwie anders wahrnimmt und empfindet.
- Das *mano-vijñāna* erfüllt zum Teil dieselben Funktionen wie der Verstand, es ist aber bei weitem nicht so "kühl" und "nüchtern" wie dieser.

Das bereits kurz erwähnte unterschiedliche Verständnis der Wurzeln (*indriya*) – das Auge als Organ und als Sehvermögen – und nicht zuletzt die Betonung der Abhängigkeit der sinnlichen Wahrnehmungen von den äußeren Gegebenheiten legen den Gedanken nah, daß es auch etwas geben muß, auf das das *mano-Bewußtsein* angewiesen ist. Im Kleinen Fahrzeug, vor allem in der sogenannten *Theravāda*-Schule, wird das Herz als das Denkorgan ausfindig gemacht – das *mano-Bewußtsein* verhält sich zum Herzen wie das Sehvermögen zum Auge. Das Große Fahrzeug, hier besonders die sogenannte *yogācāra*-Schule, meint hingegen, die Grundlage, von der das *mano-Bewußtsein* bedingt und abhängig ist, sei das *māna-vijñāna*, dessen Grundlage wiederum und schließlich im *ālaya-vijñāna* liege. Diese zwei Arten des Bewußtseins wollen wir nun näher betrachten.

2. Das *māna-Bewußtsein*

Eine wichtige Eigenschaft des *mano-Bewußtseins* besteht darin, daß sich seine Tätigkeit einstellt, sobald wir uns im Schlafzustand befinden oder gar für eine Zeit lang in die Bewußtlosigkeit geraten. Wir leben aber noch, werden erwachen und das Bewußtsein wieder erlangen. Ein Teil unserer geistigen und psychischen Tätigkeiten wird also im Schlafzustand und selbst im Fall einer Bewußtlosigkeit ununterbrochen fortgesetzt. Dieser ununterbrochene, für uns lebensnotwendige Kontinuitätsprozeß wird nach dem buddhistischen Verständnis durch die siebte Art des Bewußtseins, *māna-vijñāna*[1] genannt, gewährleistet. Das *māna-vijñāna* hat folgende Eigenschaften:

- Es ist kontinuierlich, beständig, funktioniert selbst in bewußtlosem Zustand des Menschen und unterscheidet sich dadurch eindeutig vom *mano-vijñāna.*
- Es ist vom *ālaya-vijñāna*, von dem unten ausführlich die Rede sein wird, abhängig.
- Das *māna-vijñāna* ist in diesem Fall mit einem Verwalter vergleichbar, der einerseits die Wahrnehmungen ins *ālaya-vijñāna* weiterleitet, dort lagert und andererseits das *ālaya-vijñāna* für "sein eigenes" hält.

Das *māna-vijñāna*, das nach unserem normalen Sprachgebrauch das *Unbewußtsein* heißen könnte, bildet den *Dreh-* und *Angel*punkt innerhalb der acht Arten des *vijñāna*. Denn erst mit ihm treten auch, zumeist unbewußt, die Affekte auf. Empfindungen und Gefühle wie Leid, Glück, gut und schlecht, übel und angenehm werden nun intuitiv für *mein* gehalten. Aus dem "das Auge sieht" wird nun ein "*mein* Auge sieht".

Diese Ich-Perspektive, man könnte auch von Persönlichkeitsbildung sprechen, entsteht, wenn im Fassen von Gedanken die Kontinuität des Fließens als Dauer eines unveränderlichen Wesens mißdeutet wird.[2] Bildlich gesagt: Aus den Bäumen wird nun ein *Wald*, aus den fünf Fingern wird eine *Faust*, aus den Zusammensetzungen vieler Faktoren wird ein *Ich*. Dabei handelt es sich jedesmal um einen "Denk- und Sprachfehler", wie der Begriff Wald nur eine Bezeichnung für Bäume ist, die andauernd wachsen und sterben, und nicht bedeutet, daß es außerhalb oder auch innerhalb der wachsenden und sterbenden Bäume so etwas wie einen Wald gäbe. Ein anderes Beispiel: Zeit erweist sich immer als Zeitpunkte. Solche Punkte überholen sich aber ständig, insofern kann ich auch von keinem *diesen* Zeitpunkt sprechen, denn wenn ich von diesem spreche, ist er bereits vorbei, also nicht mehr *dieser*.

1 Das Wort ist vermutlich verwandt mit *manu*, das u.a. "erster Mensch" bedeutet.
2 Vgl. V. Zotz, *Geschichte der buddhistischen Philosophie*, S. 145.

Das *māna-vijñāna* läßt sich in diesem Sinne mit Selbst- oder *Ich-Bewußtsein* übersetzen. Es ist dieses und nur dieses *vijñāna*, das dann zu Meinen, Wähnen, Hochmut, Überheblichkeit, Besserwisserei, Wichtigtuerei und Ich-Besessenheit führt. Konkret wird von 9 Arten von *māna-Gefühlen* gesprochen:

- Ich bin anderen überlegen;
- ich bin anderen ebenbürtig;
- ich bin minderwertig;
- andere sind mir überlegen;
- andere sind mir ebenbürtig;
- andere sind minderwertig;
- andere sind mir nicht überlegen;
- andere sind mir nicht ebenbürtig;
- andere sind mir nicht unterlegen.[1]

Nach dem buddhistischen Verständnis handelt sich bei diesem Zustandekommen des Ich infolge des *māna-vijñāna* und bei der anschließenden Unterscheidung von Ich und Anderen um eine Täuschung und eine Verblendung. Dafür gibt es eine recht anschauliche Metapher: In der Dunkelheit, selbst ein Sinnbild der Unwissenheit (*avidyā*), wird oft ein Stuhl für einen sitzenden Menschen und ein hängendes Seil für eine gleitende Schlange gehalten.

3. Das *ālaya-Bewußtsein*

Ālaya bedeutet *speichern* oder *lagern*. Das *ālaya-vijñāna*[2] ist mit einem Lagerraum vergleichbar, in dem alle unsere Wahrnehmungen, Empfindungen, Erfahrungen, Erkenntnisse einschließlich kultureller Traditionen, in denen wir leben und aufgewachsen sind, gesammelt und gespeichert werden. Man nennt es daher auch das *Grundlagen-*, *Basis-* oder *Schatzkammerbewußtsein* (*mula-vijñāna*). Dementsprechend hat das *ālaya-Bewußtsein* folgende Eigenschaften:

- Es ist der letzte Grund all unserer Vorstellungen und unserer psychischen wie geistigen Tätigkeiten in ihrer jeweiligen Momentanität.
- Es ist das Ergebnis aller unserer bisherigen Erfahrungen, Gewohnheiten und Wahrnehmungen, buddhistisch ausgedrückt gar von Ewigkeit her. Nichts ist seither verloren gegangen, alles hat seine Spuren hier hinterlassen.
- Es speichert all unsere Erfahrungen auf und läßt aus dem Gespeicherten neue Gegebenheiten entstehen.

1 Vgl. Vasubandu, *Abhidharmakośaśāstra*, Kap. 19.

2 Auch *ālaya-ākhya-vijñāna* genannt. Der Gründer dieser Lehre ist Asaṅga. Siehe Frauwallner, *Die Philosophie des Buddhismus*, S. 328.

- Es enthält potentiell alles, was ist, war und sein wird, etwa vergleichbar mit einem unaufhörlich fließenden, gleichzeitig alles sammelnden und mitreißenden Strom.

Anders formuliert: Unsere Begriffe, Meinungen und Handlungen hängen nicht allein von der Gegenwärtigkeit und Momentanität ab, sie sind *a priori* vorbelastet, von den gespeicherten Erlebnissen vorbereitet und vorgeprägt. Alle Daten der bisherigen Wahrnehmungen werden hier gespeichert und zu "Samen" (*bīja*) für weitere Vorstellungen verarbeitet, die dann ihrerseits zu neuen Gegebenheiten führen. Alle Sinnesorgane befinden sich in ständigem Kontakt mit der Außenwelt. Aus diesem Kontakt entstehen Samen für das Grundbewußtsein. Dieser Prozeß wird *Bildung der Samen aus Gegebenheiten* genannt und bedeutet, daß jede Tat, selbst eine gedankliche, ihre Spuren in unserem Bewußtsein hinterlassen wird. Der umgekehrte Prozeß, von den neugewonnenen Samen zu neuen Gegebenheiten, Vorstellungen, Wahrnehmungen und Handlungen, wird als *Entstehung der Gegebenheiten aus Samen* bezeichnet. Die dritte Möglichkeit, die Selbstreproduktion des Grundbewußtseins, heißt *Entstehung* bzw. *Selbsttransformierung der Samen aus den Samen.*
Verglichen wird das *ālaya-vijñāna* häufig mit einem scheinbar unbegrenzten, tiefen und alles aufnehmenden Ozean mit Strömungen unterhalb der sichtbaren Oberfläche. Die ersten sieben Arten von *vijñāna* wären dann wie Wellen und Stürme.[1] Eine andere Metapher ist die von einem Krug und dem Lehm, aus dem der Krug besteht. Sofern ein Krug aus Lehm gemacht worden ist, ist er nicht anders als Lehm; sofern aber ein Krug nicht Lehm ist, ist er nicht nicht-anders als Lehm. Die ersten sechs Arten des Bewußtseins sind in ihren Funktionen voneinander getrennt – das Auge kann nicht hören, das Ohr kann nicht sehen, sie alle werden durch das *ālaya* in Verbindung und Kommunikation gebracht und zu einer Einheit verbunden. Die ersten sechs bedürfen ihrer jeweiligen Gegenstände, das *ālaya-Bewußtsein* hat sich selbst zum Gegenstand. Die ersten sechs unterbrechen ihre Tätigkeit, z.B. wenn man das Auge zumacht oder im Zustand tiefen Schlafs oder Bewußtlosigkeit, das *ālaya-Bewußtsein* hingegen ist durch Kontinuität und Ununterbrochenheit gekennzeichnet. Vergegenwärtigung durch das *Mano-Bewußtsein* ist möglich, weil alles einst Gesehene und Gehörte im *ālaya-Bewußtsein* gespeichert worden ist. Das *ālaya-Bewußtsein* ist in diesem Sinne die geistige Einheit des Menschen. Das siebte *Bewußtsein, māna-vijñāna*, funktioniert in Abhängigkeit vom *ālaya-Bewußtsein*, betrachtet es als *sein eigenes* und bildet aus ihm eine vermeintliche Ich-Persönlichkeit.

Das *ālaya-vijñāna* wird als *bīja* bezeichnet, weil aus ihm all unsere Vorstellungen und Erkenntnisse entstehen können, wie alle Samen die Kraft haben, aus sich selbst Keime, Stengel und schließlich Früchte hervorzubringen. Durch die-

1 *Lengjia jing* (= *Laṅkāvatārasūtra*), Kap. 1. Das Werk wurde um 100 ins Chinesische übersetzt und gehörte zu den wichtigsten Texten des späteren *mahāyāna*-Buddhismus.

sen Vergleich wird der ständige Selbsttransformationprozeß des *ālaya-Bewußtseins* hervorgehoben:

- *Schnelles Entstehen und Vergehen*: Die Früchte werden von den Samen hervorgebracht. Im Moment der Hervorbringung vergehen die Samen, aus den Samen werden Früchte. Sobald die Früchte aber da sind, werden sie zu neuen Samen, die ihrerseits wieder neue Früchte hervorbringen. Das *ālayavijana* ist wie ein ununterbrochen dahinfließender "Bewußtseinsstrom", in dem die Gedanken immer wieder transformiert werden, wie eine Welle die ihr vorangehende Welle nach vorn treibt und selbst von dieser mitgerissen wird.
- *Gleichzeitigkeit*: In den Samen sind bereits die Früchte enthalten, in den Früchten wiederum die Samen. Die Reihenfolge der Hervorbringung ist vielmehr eine logische, in Wirklichkeit ist eine klare zeitlich-punktuelle Trennung zwischen dem Vergehen der Samen und der Entstehung der Früchte aus ihnen nicht möglich. Gedankenfolge ist eine Beschreibung der Stetigkeit und der fortwährenden Transformationen des Gedankenflusses.
- *Homogenität:* Dies bedeutet vor allem die vom jeweiligen Samen her determinierte Gleichartigkeit zwischen dem Samen und den aus ihm zu erwartenden Früchten.
- *Abhängigkeit von den notwendigen äußeren Bedingungen:* Die Transformation der Samen zu den Früchten ist von den jeweiligen Bedingungen wie Sonnenschein und Feuchtigkeit abhängig.
- *Das Prinzip der Selbstverursachung:* Jeder Samen führt seine eigenen Früchte herbei. Es ist nicht so, daß alle Früchte aus ein und demselben Samen entstanden wären.[1]

Wodurch sind aber die *bījas* entstanden? Hierbei sind drei Möglichkeiten gegeben:

- Sie sind von Ewigkeit her im *ālaya-Bewußtsein* gelagert und kommen jeweils zu bestimmten Zeitpunkten, in Abhängigkeit von den äußeren Bedingungen, zur Reife. Wir können diese Herkunft als vererbt, angeboren oder *a priori* bezeichnen. Nach dieser Vorstellung ist kein Lebewesen mit einer *tabula rasa* auf die Welt gekommen.
- Sie sind Hinterlassenschaften sämtlicher Erfahrungen, Handlungen, Eindrücke, Gedanken und Reden von uns. Diese Möglichkeit wird *Durchtränkung* (*vāsanā*) genannt und bedeutet, daß jede Tätigkeit in Gedanken,

1 Vgl. Xuan Zang: *Cheng weishi Lun* (= *Vijñānamātrasiddhiśastra*), Shanghai (repr.) 1995, Kap. 2. Übersetzung: Xuanzang (Hsüan Tsang), *Ch'eng Wei-Shih Lun. The Doctrine of Mere-Consciousness by Hsüan Tsang*, transl. from the Chinese Text by Wei Tat, Hongkong 1973.

Reden und Handlungen im *ālaya-Bewußtsein* Eindrücke und Spuren hinterläßt, wie etwa ein Geruch ein Tuch *durchtränkt.*[1]

Nimmt man diese zwei Möglichkeiten zusammen, ergibt sich die dritte Möglichkeit:

- Demnach besteht der Inhalt des *ālaya-Bewußtsein* teils aus den ursprünglichen Samen, Samen *a priori*, und teils aus den neugewonnenen. Die ersteren sind von Ewigkeit her vorhanden; die neugewonnenen Samen entstehen nachträglich und sind als Erfahrungen zu verstehen, aus denen neue Samen ins *ālaya-vijñāna* eingehen.

Das *ālaya-Bewußtsein* als *Grund- und Speicherbewußtsein* ist deshalb als Summe unserer irdisch-empirischen Persönlichkeit zu betrachten. Nach buddhistischem Verständnis überlebt es sogar unser momentanes Dasein und ist schon immer existent gewesen, wollte man der oben genannten ersten Möglichkeit folgen. Die Wiedergeburt in den sechs Daseinsbereichen[2] läßt sich somit als eine Art Weiterwirkung des *ālaya-vijñāna* verstehen. Es ist bildlich gesprochen einem Wasserfall ähnlich, der immer fließt, sobald die Bedingungen für das Fließen da sind. Das momentan fallende Wasser wird vom verflossenen vorherigen Wasser verursacht, das verflossene vorherige Wasser wird im momentan fallenden Wasser fortgesetzt. Daher ist es auch nicht möglich, das *ālaya-vijñāna* als eine unveränderbare Substanz oder Einheit zu erfassen. Was entsteht, sind jeweils immer Handlungen, Gegebenheiten und Situationen:

> "Im Ozean erheben sich die Wogen
> In zwangsbedingter Mannigfaltigkeit
> Vom Wind getrieben, ohne Unterbrechung
> Ein Auf und Ab der Vielgestaltigkeit.
>
> So tanzt das große Schatzkammerbewußtsein
> Erregt vom Wind der Gegenständlichkeit
> Ohn' Unterlaß in den Bewußtseinswellen
> Bedingter und begrenzter Endlichkeit.
>
> Doch so wie zwischen Meer und Woge
> Letzthin kein Unterschied besteht,
> So in dem einigen Bewußtsein
> Ein Wandel niemals vor sich geht."[3]

Fassen wir das bisher Gesagte zusammen, so erklärt sich uns die These, alles seien Transformationen des Bewußtseins, in folgender Weise:

1 Vgl. Frauwallner, *Die Philosophie des Buddhismus*, S. 328f.

2 Höllenwesen, Hungergeister, Tiere, Asura (eine Art guter Geister), Menschen, Himmelswesen.

3 H. von Glasenapp, *Pfad zur Erleuchtung*, S. 172.

- Im *ālaya-vijñāna* sind alle Gegebenheiten in Form der Samen (*bījas*) gelagert, die, sobald die jeweiligen Bedingungen vorhanden sind, neue Vorstellungen und Handlungen als Gegebenheiten hervorbringen, wie Samenkörner infolge der Bodenfeuchtigkeit keimen und wachsen. Dies ist die erste Transformation. Das *ālaya-vijñāna* unterstützt dabei zum einen die sinnliche Wahrnehmung und steht zum anderen selbst unter ständiger Transformation.
- Das *māna-Bewußtsein* hat seinen Gegenstand im *ālaya-vijñāna* und hält es für *mein*. Dies ist die zweite Transformation, die Entstehung des vermeintlichen Ich-Bewußtseins.
- Die dritte Transformation bezieht sich auf die Tätigkeiten der Sinnesorgane einschließlich der des *mano-Bewußtseins*. Aus sinnlichen Wahrnehmungen werden neue Vorstellungen, Gedanken und Begriffe, aufgrund derer im *ālaya-vijñāna* zustande kommen und diese eventuell korrigieren und ersetzen.[1]

Diesen drei Transformationsformen (nicht ganz) entsprechend wird von vier Kategorien der Weisheit gesprochen. Mit *Weisheit* sind hier ethische, die Erleuchtung ermöglichende Konsequenzen bzw. Handlungen gemeint, die es nun aus der Analyse der acht Arten des Bewußtseins zu ziehen gilt:

- Die erste Weisheit wird große vollkommene *Spiegelweisheit* genannt: *adārśa-jñāna*. Sie kommt zustande, indem das *ālaya-vijñāna* "durchleuchtet" wird. Verglichen wird sie daher mit einem Spiegel, welcher alles im *ālaya-vijñāna* klar widerspiegelt und dadurch bewußt macht.
- Die zweite Weisheit heißt *Weisheit der Gleichheit*, *samatā-jñāna*, und ist zu erreichen durch eine Umkehr des *māna-vijñāna*. Der Beschaffenheit des *māna- vijñāna* entsprechend zeigt sich diese Weisheit in der nun zu vollziehenden Aufhebung des dort irrtümlich angenommenen Ich und der durch diese Annahme bedingten Unterscheidung von Ich und Anderen. Das Ich-Bewußtsein, entstanden durch eine Mißdeutung der Unbeständigkeit als Dauer, erkennt hier seine eigene Bedingtheit (Leerheit) und so auch die Bedingtheit anderer Mitmenschen wie Lebewesen. Aus dieser Erkenntnis resultieren die Tugenden wie Mitleid und Mitfreude.
- Trotz der grundlegenden Gleichheit (Bedingtheit) aller Lebewesen ist jeder Mensch anders. Die Eigenartigkeit des einzelnen wird von der dritten Weisheit erfaßt. Sie wird demnach *Weisheit der wunderbaren Beobachtung*, *pratyavekṣaṇa-jñāna*, genannt und ist eine Umkehr des *mano-vijñāna*. Diese Weisheit ist eine Art *praktische* Weisheit, denn erst durch sie wird das praktische Handeln, den jeweiligen Eigenheiten einzelner Menschen und Situationen gemäß, ermöglicht. Ohne Weisheit der Gleichheit wäre jede Handlung egozentrisch, da sie von der Unterscheidung zwischen Ich und Anderen

1 Vgl. Frauwallner, *Die Philosophie des Buddhismus*, S. 352ff.; David J. Kalupahana, *Buddhist Philosophy. A Historical Analysis*, Honolulu 1976, S. 147f.

ausgeht. Ohne praktische Weisheit wäre keine Handlung möglich, weil jede Handlung nur durch eine gewisse Motivation und Differenz, sei es durch eine falsche Annahme, sei es durch eine notwendige Hypothese, ermöglicht werden kann.

- Die vierte Weisheit wird *Weisheit der Taten* oder "Werke" genannt: *kṛtyanuṣṭhāna-jñāna*. Entscheidungen, welche aufgrund der dritten Weisheit gefaßt worden sind, müssen durch Reden, Denken und konkretes Handeln realisiert werden. Tue das Gute! Aber vergiß es gleich nachher, und lasse die linke Hand nicht wissen, was die rechte tut (Mt. 6,3), damit die dritte Weisheit zur Geltung komme.

Dieser Prozeß der Umkehr der acht Arten des Bewußtseins wird Verwandlung der Erkenntnisse zur Weisheit genannt.[1]

1 Xuan Zang, *Cheng weishi lun*, Kap 10.

VII Das bedingte Entstehen

Unsere Analyse der Bedingtheit des Bewußtseins im weitesten Sinne in den vorangegangenen zwei Kapiteln macht folgendes nun deutlich: Der Buddhismus geht nicht davon aus, daß die Welt eine einmalige Schöpfung ist und einen anfangslosen, selbständigen, aus sich selbst bestehenden und daher bedingungslosen, ontologisch letzten Grund hat. Es wird auch nicht nach einem objektiven Ursprung der Welt gefragt, eine Unterscheidung zwischen dem Subjekt und dem Objekt wird nicht angenommen. Zum einen sei alles Wahrnehmung, Wahrnehmung sei die Welt. Unterschiedliche Welten – Tierwelt, Geisterwelt etc. – sind Welten unterschiedlicher Wahrnehmungen. Zum anderen seien alle Wahrnehmungen bedingt und infolge der Bedingungen entstanden. Zeitlich stelle die Welt das Aufeinanderfolgen der Gegebenheiten dar, räumlich sei sie eine Vernetzung der Gegebenheiten in der Gleichzeitigkeit. Großer Wert wird auf eine Analyse der geistigen Verfassung und ihrer Begleitumstände gelegt.

Die Welt, in der der Mensch lebt, stellt demnach lediglich eine Serie von momentanen, vergänglichen Gegebenheiten dar, eine Serie von Daseinsfaktoren ohne Substanzcharakter. Zur Veranschaulichung des hier Gesagten wollen wir uns wiederum einer buddhistischen Metapher bedienen, der Metapher der drei Holzstöcke: Die Welt besteht aus Gegebenheiten, Gegebenheiten gleichen drei aneinander angelehnten und daher stehenden Stöcken. Fällt ein Stock, werden auch die anderen zwei Stöcke nicht stehen können. Die Frage, welcher Stock nun der erste oder der wichtigere sei, kann also nicht gestellt werden.

Bevor wir uns dieser Vernetztheit der die Gegebenheiten konstituierenden Gründe und Bedingungen zuwenden, wollen wir eine ihr ähnliche, noch ältere Theorie betrachten, die Theorie über die Entstehung in Abhängigkeit, auch die Theorie der zwölfgliedrigen Kette genannt:

1) Das erste Glied wird *avidyā* genannt und bedeutet Unwissenheit, Verblendung und das instinktive Festhalten an gewöhnlichen, überlieferten Ansichten und Meinungen. Es fehlt die Einsicht in die wahre Beschaffenheit der Gegebenheiten, das Licht wird zugedeckt.[1].
2) Infolge der Unwissenheit wird nach Taten in Form von Handeln, Reden und Gedanken gestrebt (*saṃskāra*), die ihrerseits nicht wirkungslos bleiben. Solche Taten werden daher *karma* genannt.
3) Den Taten folgt das Erkennen im weltlichen Sinne (*vijñāna*). Dieses Erkennen gehört weiterhin zur Verblendung und äußert sich in den Unterscheidungen z.B. von Ich und Nicht-Ich, Innen und Außen, Lust und Unlust.
4) Die Kraft aus diesem Erkennen bewirkt die Grundlage für die Bildung einer neuen Geist-Leiblichkeit (*nāma-rūpa*).

1 *Vidyā* bedeutet Licht, im übertragenen Sinne: Einsicht, Wissen, Erkenntnis und Vernunft, mit *a* wird das *vidyā* negiert.

5) Die sechs Sinnesorgane (*ṣaḍ-āyatana*) sind in der Geist-Leiblichkeit enthalten, diese verfügen über Empfindungs- und Wahrnehmungsvermögen.
6) Die Sinnesorgane *streben* nach der Außenwelt, den ihnen entsprechenden Sphären (*sparśa*).
7) Aus Berührungen der Sinnesorgane mit der Außenwelt entstehen Empfindungen (*vedanā*).
8) Aus Empfindungen entstehen Begierden und Wünsche (*tṛṣṇā*) nach dem, was Lust bringt, sowie Abneigung gegen das, was als unangenehm empfunden wird.
9) Begierden und Wünschen folgen Taten, die Vergeltung herausfordern (*upādāna*).
10) Taten für eine neue Wiedergeburt werden vollbracht. Dieses Werden wird *bhava* genannt.
11) Es folgt eine neue Geburt (*jāti*).
12) Der Geburt folgen wiederum Altern und Sterben (*jāti-maraṇa*).[1]

Diese Lehre der bedingten Entstehung gehört seit alters her, wie die *Vier Edlen Wahrheiten* und die *Lehre der fünf Daseinsgruppen*, zu den Grundbestandteilen des Frühbuddhismus. Der Überlieferung nach gelang Siddhartha Gautama die Erlangung der höchsten vollkommenen Weisheit[2], nachdem er diese Lehre durchdacht hatte.

Wie bei den Vier Edlen Wahrheiten finden wir auch für diese Lehre leider keine eindeutige Erklärung. Die traditionelle Deutung geht von der Annahme der Wiedergeburt aus und sieht in den zwölf Kettengliedern eine innere Bindung von Vergangenheit, Gegenwart und Zukunft. Demnach fassen die Punkte 1) bis 3) sämtliche vorangegangene Existenzen zusammen, Punkte 4) bis 10) beschreiben die Phasen des gegenwärtigen Lebens. Punkte 11) und 12) schließlich deuten auf die kommende Existenz hin.

Die Unwissenheit (1) wird dabei die erste Ursache genannt, welche zu *saṃskāra* (2) führt. Versteht man *saṃskāra* im Sinne von Wirken, läßt sich die Empfängnis als eine Wiederbelebung oder Gestaltannahme eines geistigen Restes (*vijñāna*) aus Taten in der Vergangenheit interpretieren. Diese Wiederbelebung wird durch die Zeugung real ermöglicht. Der Begriff *vijñāna* hat hier dann eine andere Bedeutung als in der Lehre der fünf Daseinsgruppen und bezieht sich auf die aus sämtlichen vergangenen Existenzen in die neue Geburt hinübergenommenen Kräfte, die auch in diesem Leben weiter wirken werden. Die aufs neue gebildete Geist-Leiblichkeit (*nāma-rūpa*) läßt sich als eine Vereinigung des *vijñāna* aus sämtlichen vergangenen Leben mit der hinzugekommenen Körperlichkeit begreifen (und würde etwa der Phase der Fötusentstehung entsprechend). Die Sinnesorgane werden daraufhin herausgebildet. Eine neue Geburt

1 Vgl. K. E. Neumann, *Mittlere Sammlung*, S. 76, S. 291–294.
2 *Anuttarasamyaksaṃbodhi*; *uttara*: das Höchste; *an-*: Negation; *anuttara*: höher als das Höchste; *samyak*: wahr, gänzlich, vollkommen; *saṃbodhi*: Erwachen.

findet statt. Der Beginn der Berührung (*sparśa*) der Sinnesorgane mit der Außenwelt entspricht der Lebensphase bis zum 5. Lebensjahr. Mit dem *vedanā* (7) beginnt etwa die neue Persönlichkeitsbildung oder das Ich-Bewußtsein. Die nachfolgenden Phasen bis zu *bhava* (10) sind relativ leicht nachvollziehbar. Das *bhava* seinerseits läßt sich zum einen als Gesamtsumme der bisherigen Entwicklung verstehen und zum anderen als Vorbereitung für die kommende Geburt. Nach dem Tod des Körpers wird aus dem *bhava* das *antarabhava* (Zwischenwesen), das auf eine neue Gestaltannahme wartet.
Formal ist die Zahl zwölf allerdings nicht vollständig, andererseits wäre eine genaue Zahlenbenennung kaum möglich. *De facto* muß davon ausgegangen werden, daß in jedem Leben die Phasen 4) bis 10) durchlaufen werden müssen. Insofern sind die Punkte 1) bis 3) sowie 11) und 12) als eine Straffung von den Punkten 4) bis 10) zu verstehen.

Wie bereits bemerkt, setzt diese Interpretation die Annahme der Wiedergeburt voraus. Die Entstehung eines neuen Lebens ist demnach nur sekundär auf die Zeugung durch Vater und Mutter zurückzuführen; denn sie hätten bloß eine Gestaltannahme des geistigen Überrestes aus vergangenen Zeiten ermöglicht. Tatsächlich wird in den buddhistischen Texten die Gebärmutter mit einem Gefäß verglichen, das etwas, das ihm nicht gehört, eine Zeit lang aufbewahrt. Es handelt sich allerdings keineswegs nur um einen buddhistischen Topos.[1]
Auch der Begriff der Wiedergeburt ist im strengen Sinne ungenau, denn es handelt sich jedesmal immer um eine *erneute* Geburt. Das jeweilige Leben stellt keine Wiederholung der vorangegangenen Existenzen dar. Buddhistisch formuliert: Es ist mit dem vorherigen Leben weder identisch noch von ihm different.

Die zwölfgliedrige Kette reicht indessen noch nicht aus, um unser Leben und unsere vielfältige Gedankenwelt zu erklären. Die Entstehung eines jeden Kettengliedes wird nicht allein durch die vorherigen vorbereitet, sie ist auch durch weitere Faktoren bedingt bzw. ermöglicht. Zur Klärung dieser Komplexität wollen uns mit drei Theorien über Grund und Ursache auseinandersetzen. Mit dem Grund ist hier der Begriff *hetu* und mit Ursache der Begriff *pratyaya* gemeint. Generell kann man sagen, daß mit dem *Grund* die inneren Kräfte gemeint sind, welche direkt zu einer Folge führen und die Art und Weise des Entstandenen bestimmen, während sich der Begriff der Ursache zumeist auf äußere und indirekte Faktoren, welche eine unterstützende Funktion erfüllen und so das Auftreten einer Folge ermöglichen, bezieht.[2] Jedoch wird sich diese künstliche

1 Daraus leitet der Konfuzianismus u.a. auch seine Kritik am Buddhismus ab. Zhu Xi, *Zhuzi yulei*, S. 3013: "Die Buddhisten betrachten den Körper der Eltern als einen Ort, wo sie sich vorübergehend untergebracht haben. Daß sie so weder Gefühl noch Liebe kennen und die Natur des Menschen vernichten wollen, ist in diesem Punkt besonders deutlich."

2 Zur Veranschaulichung ein Beispiel aus dem Reisanbau: Die in den Reiskörnern steckende Lebenskraft nennen wir den Grund, während mit dem Begriff der Ursache etwa die

Trennung als unfruchtbar erweisen, da diese begriffliche Grenzziehung zum einen sich nicht immer aufrechterhalten läßt und da es zum anderen keine Priorität zwischen Grund und Ursache gibt. Wir werden in folgenden Ausführungen daher der Einfachheit halber stets von Gründen sprechen.
Stellvertretend für die vielen mühseligen Diskussionen in den buddhistischen Texten[1] stellen wir drei Theorien vor: die Lehre über die sechs Gründe, die Lehre über die vier Gründe und schließlich die Lehre der zehn Gründe.

Im Kleinen Fahrzeug wird zwischen *sechs Arten von Gründen* unterschieden:[2]

- *Karāṇa-hetu*. Eine Gegebenheit entsteht, sofern sie von einer Reihe von Faktoren ermöglicht oder zumindest nicht verhindert wird. Dieses Ermöglichen oder Nicht-Verhindern wird *karāṇa-hetu* genannt. Dazu gehört de facto alles, was die Entstehung einer Gegebenheit begünstigt, ermöglicht oder nicht verhindert. Das Auge ist in der Lage, Sterne zu sehen, die Voraussetzung dabei ist, daß es hell ist, bzw. daß die Sterne sichtbar sind.
- *Sahabhū-hetu*, Grund der Gegenseitigkeit. Dies bedeutet, daß Gegebenheiten nur dann so existieren können, wie sie existieren, wenn sie einander Grund und Folge gleichzeitig sind. Nach dem buddhistischen Verständnis bestehen alle Körperlichkeiten aus den vier Grundelementen. Jedes der vier Elemente ist aber Grund und Folge zugleich, denn ohne das eine würden auch die anderen drei ihre Funktionen verlieren. Das klassische Schulbuch-Beispiel dafür sind die bereits erwähnten drei stehenden Stöcke. Keiner von ihnen würde allein und aus eigener Kraft stehen können. Sind sie aber aneinander angelehnt, können alle stehen. Grund und Folge sind hier einander umkehrbar. Jeder stehende Stock ist Grund und Folge zugleich. Ein noch anschaulicheres Beispiel ist ein Fischernetz. Das Netz ist ein Netz, weil es aus vielen Maschen besteht. Jede einzelne Masche allein ist weder eine Masche, noch weniger ein Netz, gäbe es die anderen Maschen nicht. Jede Masche ist Folge von anderen Maschen und Grund für andere Maschen gleichermaßen.
- *Sabhāga-hetu*, Grund der Gleichartigkeit. Sofern Folge und Grund gleichartig sind, wird der Grund als gleichartiger Grund bezeichnet. Er unterscheidet sich von dem zweiten Grund dadurch, daß hier Grund Grund ist und Folge Folge. Gemeint ist damit vor allem die Entstehung eines als gut empfundenen Gedankens aus einem ebenfalls guten.

Beschaffenheit des Bodens, die Menge der Regenfälle, das Sonnenlicht sowie die Arbeit des Reisbauern wie auch weitere Faktoren gemeint sind; vgl. dazu Frauwallner, *Die Philosophie des Buddhismus*, S. 50–53.

1 Man vergleiche Ed. Conze, *Buddhistisches Denken*, S. 212-221. Dort wird die Lehre der 21 Bedingungen kurz besprochen.

2 Vgl. Vasubandhu, *Jushe lun* (*Abhidharmakośaśāstra*), Kap. 6. Diese Lehre wurde von der Schule der *Sarvastivadi* aufgrund früherer Texte zusammengefaßt.

- *Saṃprayuktaka-hetu*, Grund der Gleichzeitigkeit. Gemeint ist damit die Relation des Geistes zu dessen Empfindungen.[1] Betont wird dabei die Gleichzeitigkeit der beiden und nicht ihre Abhängigkeit voneinander. Ein anderes Beispiel ist die enge zeitliche Verbindung zwischen der Sinnlichkeit und dem *mano-Bewußtsein.*[2]
- Der fünfte Grund ist nach dem buddhistischen Verständnis am weitesten verbreitet und wird deshalb allgemeiner Grund, *sarvatraga-hetu*, genannt. Er bezieht sich allein und ausschließlich auf das Psychische und konkret auf diejenigen Punkte in der Lehre der Entstehung in Abhängigkeit, die immer wieder neue Taten oder Vorstellungen hervorrufen, wie die Unwissenheit, der Durst, die Begierden.
- *Vipāka-hetu*, Grund der Heterogenität zwischen Grund und Folge, und zwar in zweierlei Hinsicht: Erstens kann eine Tat (als Grund), die gut oder schlecht ist, zu einer Folge führen, die weder gut noch schlecht ist, zweitens kann dieser Grund erst in einem großen zeitlichen Abstand zur Folge führen. Solche Gründe wirken sozusagen langfristig und führen nicht unmittelbar zur Folge.

Die vier Gründe

Diese bereits im Frühbuddhismus entwickelte Lehre hat große Wirkung insbesondere auf die Nur-Bewußtseins-Schule (*vijñānavāda*) gehabt, die wir im nächsten Kapitel behandeln werden.

- Die erste Ursache wird hier Grund-Ursache, *hetu-pratyaya*, genannt und bezieht sich auf das, was wir normalerweise als direkte Ursache bezeichnen würden. Kennzeichnend dabei ist, daß das, was als Folge fungiert, von dem, was ihre Ursache ist, direkt und selbst verursacht und bestimmt worden ist.[3] Diese Betonung der Direktheit unterscheidet das *hetu-pratyaya* vom oben behandelten *karāṇa-hetu*.
  In der Nur-Bewußtseins-Schule sind mit der Grund-Ursache in erster Linie die *bījas*[4] gemeint, welche sich, gelagert im *ālaya-Bewußtsein*, in ständigen Selbsttransformationen befinden. Sobald bestimmte (andere) Ursachen vorhanden sind, entstehen aus ihnen neue Gegebenheiten, wie aus Samenkörnern neue Keime wachsen, sofern die dafür notwendigen äußeren Bedingungen sich ergeben. Diese Gegebenheiten verursachen ihrerseits wieder neue *bījas*.
- Die zweite Art von Ursachen könnte man als Reihenfolgeursache, *samanantara-pratyaya*, bezeichnen. Sie betont das logisch-zeitliche Moment bei der

1 Siehe unten, Kap. VIII *Die hundert Dharmas*.
2 Siehe oben, Kap. VI *Mano, māna und ālaya*.
3 Siehe Xuan Zang, *Cheng wei shi lun*, Kap. 7; Kui Ji, *Cheng weishi lun shuji* (Kommentar), Kap. 44.
4 Siehe oben, Kap. VI *Mano, māna und ālaya*.

Entstehung einer Gegebenheit. Der vorherige Gedanke ist die Reihenfolgeursache für den gegenwärtigen. Sofern der eine den anderen bedingt, können beide nicht gleichzeitig entstehen und existieren. Der erste leitet den folgenden ein, und nur wenn der erste verschwindet und den Platz freimacht, kann der folgende entstehen (und den freien Platz einnehmen).[1]

- Jede Wahrnehmung (einschließlich der Vorstellung) ist durch etwas bedingt, das außer ihr ist und dazu noch in der Lage ist, Wahrnehmung zu verursachen. Diese Art der Ursache wird *ālambana-prytyaya* genannt.
  Die Nur-Bewußtseins-Schule unterscheidet hierbei zwischen einer verwandten und einer nicht verwandten Ursache. Wahrnehmung ist ein aktiver Akt und stellt eine Übertragung (Veräußerlichung) innerer Anschauungsformen nach außen dar. – Wird etwas wahrgenommen, wird dieses Etwas vorgestellt. Diese Anschauungsformen werden die nahen (mit der Wahrnehmung verwandten) Ursachen genannt. Andererseits ist die Wahrnehmung passiv und muß von etwas, das außer ihr ist, affiziert werden. Das Affizierende wirkt als die entfernte (nicht verwandte) Ursache.
- die vierte Art von Ursachen heißt fördernde Ursache, *adhipati-pratyaya*. Dies bedeutet: Eine Gegebenheit ist zwar nicht direkt aus einer anderen entstanden, braucht diese aber für ihr Bestehen oder ihr So-Sein. Diese muß nicht in direkter Beziehung zu ihr stehen, darf sie aber auf keinen Fall behindern. Durch die Wirkung der Wärme wird aus dem Wasser Dampf; wir stehen hier, haben aber für unser Hier-Stehen den Boden zur Ursache, denn sollte es den Boden nicht mehr geben, würden wir auch nicht mehr auf dem Boden stehen können.
  Die Interdependenz der Gegebenheiten untereinander wird hier besonders deutlich. Entsprechend groß ist auch die Anzahl der konkreten Beispiele. Theoretisch könnte man behaupten, daß jedes beliebige Ding mit allen anderen, ja mit dem ganzen Kosmos zu tun und diesen für sein Bestehen als Ursache habe. Wenn wir sagen, etwas wiegt 10 Kilo, meinen wir es nicht im absoluten Sinne, denn die Schwere der Dinge ist bedingt, z.B. von der Schwerkraft der Erde, vom Luftdruck und womöglich noch vom Dasein außerhalb unseres Sonnensystems.
  Dasselbe gilt auch für unsere Wahrnehmungen und Gedanken. Eine Wahrnehmung durchs Auge hat z.B. mindestens folgende Punkte zur Ursache:
  Das Vorhandensein des Sehvermögens oder des entsprechenden Nervensystems, eine notwendige Räumlichkeit oder Distanz zwischen dem Auge und dem Wahrzunehmenden, wobei diese Distanz weder zu groß noch zu klein sein darf, das Licht ...

1 Vgl. Kui Ji, *Cheng weishi lun shuji* (Kommentar), Kap. 27.

Die zehn Gründe

Die Entwicklung zum Großen Fahrzeug zog auch eine Modifikation der Auslegung des Grundes nach sich. Statt der oben genannten sechs wird im Großen Fahrzeug von zehn Arten von Gründen gesprochen.[1] Zu beachten ist dabei die Reihenfolge:

- *Sprechen als der erste Grund.* Der Prozeß verläuft wie folgt: Aufgrund der sinnlichen Wahrnehmung, welche eigentlich unaussagbar ist und sich dem sprachlichen Ausdruck entzieht,[2] faßt der Mensch sein synthetisches Urteil. Das Urteil beginnt mit einer Benennung des Wahrgenommenen. Nachdem der Name feststeht, mit dem bestimmte Vorstellungen verbunden sind, werden das Wahrgenommene, das Gedachte und das Vorgestellte sprachlich in Sätzen formuliert und zum Ausdruck gebracht. Aus einem Wahrnehmungsakt wird ein Sprechakt. Differenzen, die wir in der Welt zu finden glaubten, sind infolge des Sprechens entstanden, das seinerseits Folge von Namen und Vorstellungen (Differenzierung) und von der Sprache abhängig ist. Am Anfang war das Wort.
- *Der Grund der gegenseitigen Abhängigkeit.* Begriffe stellen Bezugssysteme dar. In bezug auf die begrifflich zu erfassenden Sachverhalte können wir von Angemessenheit (Äquivalenz) sprechen. Wir haben aber gesehen, daß der Mensch nach dem buddhistischen Verständnis keineswegs ein neutraler Beobachter ist. Ins Urteil des Menschen fließen immer Bewertungen und Gefühle mit ein. Um etwas zu bewerten und zu fühlen, muß man aber Maßstäbe haben. Angemessenheit eines Begriffs ist also etwas Unbeständiges und hängt zum einen von uns ab und zum anderen von anderen Begriffen, welche mit diesem Begriff in einem Abhängigkeitsverhältnis stehen und ihm entgegengesetzt sind.

  Mit den Begriffen sind hier allerdings bestimmte Begriffe gemeint, und zwar diejenigen der Empfindungsqualitäten wie Freude, Lust, gut und übel. Was ist aber der Grund der Freude? Wir können natürlich einen Sachverhalt nennen, der uns Freude macht. Aber wir können auch sagen, daß wir wissen, was nicht Freude, also Leiden ist! Was ist der Grund für Trinken und Essen? Nicht das Vorhandensein von Getränken und Nahrungsmitteln, sondern Durst und Hunger. Was ist der Grund der Kälte? Der Grund der Kälte ist die Sehnsucht oder die Gier nach der Wärme. Solche Gründe werden deshalb auch Gründe des Erwartens genannt; denn ohne das Gefühl des Leidens wäre auch der Freudentaumel nicht vorstellbar, wie es ohne Kälte auch die Wärme nicht

1 Vgl. Xuan Zang, *Cheng weishi lun*, Kap. 8.

2 Siehe unten, Kap. XIV *Logik und Erkenntnis*

geben würde. Das Übel ist schon um des Guten willen – zumindest begrifflich – notwendig.

- *Der Grund der Bewahrung.* Diese Sorte des Grundes läßt sich wiederum mit dem Beispiel des Samens gut veranschaulichen. Der Grund bezieht sich dabei auf jene Kraft, welche die Lebendigkeit des Samens über tausend Jahre hinweg bewahrt. Daß ein tausend Jahre altes Korn neue Keime aus sich entstehen lassen kann, ist eben auf diese Art des Grundes zurückzuführen.
  Der Buddhismus hat allerdings wenig Interesse an tausend Jahre alten Samenkörnchen. Durch das Lieblingsbeispiel des Samens soll veranschaulicht werden, daß unsere Persönlichkeit einem Sammelbecken gleicht bzw. einem fließenden Strom ähnlich ist, der immer wieder abwärts fließt und dabei alles mit sich reißt. Nichts geht verloren, alles hinterläßt seine Spuren und wirkt irgendwie in uns weiter.
- *Der Grund des momentanen Entstehens.* Um im Bild zu bleiben: während der Aufbewahrung befinden sich die Samenkörnchen – unsere Gedanken und Erlebnisse – selbst in weiteren Transformationen und Reifeprozessen. Diese innere Reifung ermöglicht, daß ein Samenkörnchen weder vor noch in tausend Jahren keimt, sondern gerade jetzt, in einem bestimmten Augenblick.
- *Grund des Empfangens.* Während des jeweiligen Reifungsprozesses empfängt das Samenkörnchen eine Reihe äußerer Einflüsse wie etwa den Sonnenschein und die Bodenfeuchtigkeit. Gemeint sind damit die Wirkungen der sinnlichen Wahrnehmungen auf das im *ālaya* aufbewahrte Grundbewußtsein, die *bījas* dort werden ständig *durchtränkt* von den neuen Wahrnehmungen und Empfindungen.
- *Der Grund des Wachsens.* Gründe, welche das Wachsen ermöglichen. Aus dem Keim werden Stengel, aus den Stengeln werden Blätter.
- *Der Grund der Homogenität.* Trotz der Unterschiede zwischen Gründen und Folgen sind Folgen die Folgen der Gründe, wie aus einem Melonenkern nur Melonen und nicht Bohnen entstehen werden.
- *Der allgemeine Grund.* Gemeint ist das Zusammenwirken aller oben genannten Gründe außer Punkt 1. Sie alle sorgen gemeinsam dafür, daß eine Gegebenheit enstehen kann.
- *Der Grund der Inkompatibilität.* Solche Gründe laufen einem Entstehen zuwider und verhindern es. Auch Nicht-Gründe sind eine Art von Gründen, wie die Dunkelheit für das Sehen. Sie ist der Grund des Nicht-sehen-Könnens, sie ist auch der verhindernde Grund des Sehen-Könnens.
- *Der Grund des Nicht-Zuwiderlaufens.* Damit werden alle Gründe bezeichnet, die ein Entstehen nicht verhindern und ihm nicht widersprechen, wie das Licht für das Sehen.

In deutlichem Unterschied zu der Lehre des bedingten Entstehens in zwölf Gliedern, deren Ausgangspunkt die Annahme der Wiedergeburt verlangt, betrifft die

Lehre der *hetu* und *pratyaya* hauptsächlich geistige Vorgänge und ihre Begleitumstände. Dies ist vor allem im Großen Fahrzeug der Fall.
Die Lehre über *hetu* und *pratyaya* besagt nicht in erster Linie, daß alles kausal strukturiert und gegebenenfalls auch notwendig sei. Vielmehr betont sie die Bedingtheit der Gegebenheiten – Dinge, Phänomene, Gedanken und Ideen. Anders formuliert: Hätten Gründe und Ursachen einander nicht getroffen und zusammen gewirkt, hätte es das, was wir Folge nennen, nicht gegeben. Die Botschaft lautet vielmehr: Alles ist von allem abhängig, besitzt kein Selbstsein und ist insofern zum einen leer und zum anderen unbeständig.
Infolge der Bedingtheit der Gegebenheiten zum einen und deren Unbeständigkeit zum anderen kann eigentlich weder vom Determinismus noch von der Freiheit des Willens sprechen. Der Verlauf der Dinge wie auch der Begleitumstände der geistigen Verfassung ist vielmehr stets offen. Der Determinismus wird dadurch aufgehoben, daß einige der Bedingungen, deren *Gesamtheit* die Entstehung einer Gegebenheit ermöglicht, wegbleiben können oder aber auch neue Bedingungen hinzukommen; von einer Freiheit des Willens und der Entscheidung kann insofern nicht die Rede sein, als wir eigentlich nie in der Lage sein können, diese Gesamtheit der Bedingungen zu kennen.[1]

1 Darauf hat Ed. Conze bereits hingewiesen; *Buddhistisches Denken,* S. 206-207, Anm.

VIII Die hundert Dharmas

Das in den vorangegangenen drei Kapiteln Gesagte läßt sich mit folgenden zwei Sätzen zusammenfassen: Der Buddhismus betrachtet das Ich als eine Zusammensetzung aus den fünf Daseinsgruppen, keine von ihnen hat einen persönlichen Charakter. Diese Gruppen, wir können auch von Faktoren sprechen, wirken unter bestimmten Bedingungen zusammen und werden von ihnen jeweils reaktiviert.

Nun ist das Leben des Menschen allerdings viel komplizierter, als daß man es in fünf Gruppen teilen könnte. Dieser Aspekt muß also noch vertieft werden.

Damit sind wir an eine Lehre gelangt, vor deren ermüdender Analyse wir bereits gewarnt sind. Aber wir haben auch gesagt, daß wir bereit sind, zumindest Geduld mitzubringen. Gemeint ist mit dieser Lehre die der hundert *dharmas*.

Da wir es hier mit einem der wichtigsten aber auch schwierigen Begriffe im Buddhismus zu tun haben, müssen wir zuerst klarstellen, was mit dem Begriff *dharma*[1] gemeint bzw. nicht gemeint ist, denn schließlich wird auch die Lehre des Buddhas insgesamt als *dharma* bezeichnet. Was wir hier mit dem Begriff *dharma* meinen, sind weder allgemeine Gesetze noch die Lehre des Buddhas als solche, noch konkrete Dinge, sondern Grundgegebenheiten, die miteinander die gesamte Wirklichkeit bilden. Wir wollen deshalb statt von *dharmas* von Grundgegebenheiten sprechen. Diese Grundgegebenheiten haben folgende Bedeutungen:

- Sie sind ihrerseits nicht mehr weiter reduzierbar.
- Sie hängen funktional voneinander ab, ihre Verknüpfung bringt konkrete Phänomene zustande.
- Sie besitzen gewisse unveränderbare Eigenschaften und können bestimmte Wahrnehmungen hervorrufen, daher sind sie für uns faßbar und erkennbar.

Die Nur-Bewußtseins-Schule, der wir hier folgen, spricht von sagenhaften genau 100 Grundgegebenheiten und teilt sie in fünf Gruppen ein:

- Gegebenheiten des Geistes
- Gegebenheiten der Bewußtseinsaktivitäten
- Gegebenheiten der Körperlichkeit
- Gegebenheiten, die weder der Körperlichkeit noch dem Geist eindeutig zugehören, und schließlich noch
- die unbedingten Gegebenheiten

1 Das Wort *dharma* geht auf die Wurzel *dhṛ/dhara* (halten, stützen, tragen) zurück und bezeichnet so die die Wirklichkeit konstituierenden, sie tragenden Gegebenheiten. Vgl. Zotz, *Geschichte der buddhistischen Philosophie*, S. 69-70; Ed. Conze, *Buddhistisches Denken*, S. 125-146.

Der Ursprung dieser Aufteilung geht auf die *sarvastivāda*-Schule im Kleinen Fahrzeug zurück. Die Reihenfolge dort lautet: Gegebenheiten der Körperlichkeit, Gegebenheiten des Geistes, Gegebenheiten der Bewußtseinsaktivität, Gegebenheiten, die weder der Körperlichkeit noch dem Geist zugehören, die unbedingten Gegebenheiten. Statt der 100 werden dort insgesamt 75 Punkte genannt.[1]

Die im Großen Fahrzeug gewählte neue Reihenfolge bedeutet mehr als nur eine formale Änderung; denn während das Kleine Fahrzeug die Auffassung vertritt, diese Grundgegebenheiten, die sich ja nicht mehr weiter in noch kleinere Bausteine reduzieren lassen, als letzten Endes existent und seiend anzunehmen, neigt man im Großen Fahrzeug eher dazu, selbst die Grundgegebenheiten zu Transformationen des Geistes zu erklären. In einem *Kommentar* zur Abhandlung der *Hundert dharmas* heißt es dementsprechend:

"Unter sämtlichen Gegebenheiten sind die des Geistes am wichtigsten. Dieser Geist entscheidet, ob der Mensch am Kreis von Leben und Tod festhält oder aber ob er das *nirvāṇa* bestätigt sieht. Deshalb werden die Gegebenheiten des Geistes an die erste Stelle gestellt. Den Gegebenheiten des Geistes folgen die Gegebenheiten der Bewußtseinsaktivität, weil sie den Geist begleiten und mit ihm entstehen. Bewegt sich der Geist, entstehen die Gegebenheiten der Bewußtseinsaktivität; bleibt der Geist still, verschwinden die Gegebenheiten der Bewußtseinsaktivität; die Gegebenheiten der Körperlichkeit stehen hinter denen des Geistes und denen der Bewußtseinsaktivität. Dies bedeutet, daß auch die Gegebenheiten der Körperlichkeit nicht von sich aus entstehen können. Sie entstehen in Abhängigkeit vom Geist und von der Bewußtseinsaktivität. An vierter Stelle werden diejenigen Gegebenheiten genannt, die weder der Körperlichkeit noch dem Geist eindeutig zugehören. Der Grund dafür ist, daß diese Gegebenheiten keine eigenen Träger haben. Mit Hilfe der ersten drei Gruppen der Gegebenheiten entstehen sie so, als ob sie da wären. Deshalb bilden sie das Ende der geschaffenen Gegebenheiten. Am Schluß stehen die unbedingten Gegebenheiten, weil sie sich nicht zeigen. Sie kommen erst zustande, nachdem der Mensch sich von den ersten vier Gruppen der Gegebenheiten befreit hat."[2]

1 Siehe Vasubandhu, *Abhidharmakośaśāstra*, Kap. 4; Ed. Conze, *Buddhistisches Denken*, S. 254.

2 *Baifa lunshu* (Kommentar zur Abhandlung der hundert dharmas), Kap. 1; zitiert nach Ren Jiyu, *Zongjiao cidian* (Lexikon der Religionen), Shanghai 1981, S. 178.

1. Gegebenheiten des Geistes

Diese Gegebenheiten sind die Grundelemente und Werkzeuge des Geistes. Sie umfassen die fünf Sinnesorgane, das *mano-Bewußtsein*, das (falsche) Ich-Bewußtsein und das Schatzkammerbewußtsein:

1) der Gesichtssinn – *caksur-vijñāna*
2) der Gehörsinn – *srotra-vijñāna*
3) der Geruchssinn – *jihva-vijñāna*
4) der Geschmackssinn – *gharana-vijñāna*
5) der Tastsinn – *kāya-vijñāna*
6) das Denken – *mano-vijñāna*
7) die Ich-Perspektive – *māna-vijñāna*
8) das Schatzkammerbewußtsein – *ālaya-vijñāna*[1]

2. Gegebenheiten der Bewußtseinsaktivitäten

Die Tätigkeiten des Geistes bestehen im Wahrnehmen, Erkennen und Unterscheiden mit Hilfe der oben genannten Gegebenheiten. Gleichzeitig mit ihnen entsteht im Geist selbst eine Reihe psychischer Prozessen wie Gefühls- und Willensgegebenheiten.
Die Gegebenheiten der Bewußtseinsaktivitäten werden ihrerseits in sechs Gruppen geteilt und umfassen insgesamt 46 Punkte. Wir zählen sie mit kurzen Erläuterungen auf:

A) Gegebenheiten, die in jedem Wahrnehmungsprozeß zu beobachten und insofern allgemein wirksam sind. Diese sind:

9) Berühren und Streben – Wahrnehmung ist nicht ein einfaches Zusammenkommen von Wurzeln und Sphären. Vielmehr ist es so, daß aus den Sinnesorganen eine bestimmte Kraft ausgeht, die nach der Sphäre strebt und diese berührt.
10) Empfindungen in Form von Lust, Unlust und weder Lust noch Unlust als Ergebnisse aus Berührungen
11) die Absicht, etwas zu tun oder auch zu lassen, und zwar meistens aus der Gewohnheit heraus
12) Denken, Vorstellen, Begriffs- oder auch Meinungsbildung
13) Wachsamkeit des Geistes in bezug auf das Wahrzunehmende und Veranlassungen zu weiteren Tätigkeiten

1 Siehe oben, Kap. VI *Mano, māna und ālaya.*

B) Gegebenheiten, die nur in besonderen Fällen und Situationen aufkommen. Diese sind z.B.:

14) Wollen oder Begierden, Hoffen auf das Freudige und Angenehme
15) Richtiges Urteil, klare Einsicht
16) Gedenken und Vergegenwärtigung
17) Konzentration und Stillhalten
18) (Richtige) Schlußfolgerung, Weisheit, Fähigkeit zur richtigen Einsicht

C) Gute und positive (*kuśala*) Gegebenheiten, die durch die jeweilige Wahrnehmung verursacht werden können. Sie müssen nicht in erster Linie moralisch normativ gut sein. "Gut" bedeutet hier lediglich, daß diese Gegebenheiten in der Praxis für die Erlangung der Erleuchtung günstig und fördernd sein könnten. In diesem Sinne werden sie auch *Gegebenheiten des großen guten Bodens* genannt. Dazu gehören:

19) der unerschütterliche Glaube an die klärende Kraft des Geistes und Bemühungen um die Pflege der als gut empfundenen Gegebenheiten
20) Schamgefühl als eine Reaktion auf eigene Verfehlungen – Diese Gegebenheit kommt durch Betrachtung von dem, was andere Menschen tun oder getan haben, im Vergleich zu eigenen Verfehlungen zustande.
21) Reuegefühl, tiefes Bedauern über eigene Verfehlungen – Beides kommt, im Unterschied zu Schamgefühl, durch Selbstbesinnung zustande.
22) Gierlosigkeit – Diese Gegebenheit kommt vor allem in jenen Situationen vor, die einem günstig und angenehm zu sein scheinen, und hat das Tun des Guten zu Folge.[1]
23) Ruhe, Sanftmut, geduldiges Ertragen von dem, was einem unangenehm zu sein scheint
24) Leidenschaftslosigkeit, Selbstbeherrschung
25) Unermüdlichkeit und Ernsthaftigkeit
26) Gelassenheit, Lockerheit, Heiterkeit
27) der unermüdliche Versuch, Gier und Haßgefühle zu zähmen
28) innere Ruhe und inneres Gleichgewicht, Indifferenz gegenüber Dingen, die einem Freude oder auch Kummer bereiten würden, Affektlosigkeit
29) Mitgefühl, Mitleid und Mitfreude – Diese Gegebenheit führt dazu, andere Menschen vom Leiden zu befreien, ihnen Freude zu bereiten oder zumindest ihnen keinen Schaden zuzufügen.

1 22, 23 und 24 werden die drei guten Wurzeln, *trini kuśala-mulani* genannt, sie bilden das Gegenteil zu 30, 31 und 32.

D) Laster, Verblendung, Gegenteil zu C). Die unten aufgeführten Gegebenheiten verwirren den Geist wie den Körper gleichermaßen, sie wirken nicht fördernd für die Erleuchtung und gelten insofern als "lasterhaft" (*kleśa*):

30) Gier – Gier stammt aus der Zuneigung zu den wahrgenommenen Sphären einschließlich Vorstellungen wie Ruhm und Karriere, bedeutet ein ungezügeltes Verlangen nach Wunscherfüllung und hat viele Formen: Gier nach sich selbst (Egoismus, Selbsterhaltung), Gier nach der Unsterblichkeit, Gier nach der Fortpflanzung (Geschlechtstrieb), Gier nach Reichtum, Gier nach Vergangenem und Gegenwärtigem. Gier ist das Zeichen von Festhaltung und Anhaftung, hat Leiden zur Folge.

31) Neid, Eifersucht und Mißgunst, verursacht durch Interessenskollision und Meinungsverschiedenheit – Dazu gehören Neid auf andere Menschen ebenso wie Haß auf Naturphänomene wie Hitze und Kälte.

32) Unwissenheit, Einsichtslosigkeit – Im Grund gehören alle weltlichen Meinungen, das Für-wahr-Halten, zur Unwissenheit und Einsichtslosigkeit.[1]

33) Hochmut, egozentrische Überheblichkeit (*māna*), Besserwisserei, Wichtigtuerei, Engstirnigkeit, aber auch Minderwertigkeitsgefühl[2]

34) Zweifel, Unschlüssigkeit, Zögern – Gemeint ist freilich der Zweifel an dem, was nach dem buddhistischen Verständnis richtig sei.

35) Festhalten an falschen Ansichten, eine Steigerung von 34) – Zu solchen Ansichten gehören vor allem:

35.1) die Ansicht vom Ich und Mein: das ist mein Körper, mein Hab und Gut, einschließlich der Glaube an die Ewigkeit *meiner* Seele.

35.2) einseitige Ansichten wie: alles ist, alles ist nicht; Denken in Entweder–Oder.

35.3) an sich falsche Ansichten wie: man akzeptiert nur die Gegenwart und verneint das Kommende, das vom Gegenwärtigen verursacht ist.

35.4) die Ansicht, eigene Ansichten seien die besten

35.5) Geboten anderer (nicht-buddhistischer) Gruppierungen Folge zu leisten[3]

1 30, 31 und 32 werden die drei nicht-guten Wurzeln *trini akuśala-mulani* oder drei Gifte genannt, häufig verglichen mit Feuer, das sowohl den Körper als auch den Geist verbrennt.

2 Siehe oben, Kap. VI *Mano, māna und ālaya*.

3 Die außerbuddhistischen Schulen werden *anya-tīrthya* oder *tīrthavāda* genannt. Es wurde normalerweise sogar von 96 solchen Schulen oder Meinungen gesprochen. Eine gute Zusammenfassung in 13 Punkten liefert der *Kommentar* von Kui Ji: 1) die Annahme sowohl der Seele im Menschen, *puruṣa*, als auch der Selbstnatur in den Dingen, *prakṛti*, die Lehre der *samkhya*-Schule; 2) die *vaisesika*-Lehre, welche alles Erkennbare nach folgenden sechs Kategorien, *ṣaṭ padārthāh*, ordnet: Substanz (*dravya*), Qualität (*guṇa*), Aktivität (*karma*), Allgemeinheit (*sāmānya*), Besonderheit (*viśeṣa*) und Verknüpfung (*samavāya*); 3) Gottheit *Mahā-iśvara* sei der Schöpfer; 4) der alleinige Schöpfer sei *Brahma*; 5) nur die Zeit sei das einzig Wirkliche und Ursache für alles Existierende; 6) Raum sei die alleinige Ursache für alles; 7) die Annahme eines absoluten Anfangs in der

E) Gegebenheiten, die häufig als negativ (*upakleśa*) angesehen werden und in Abhängigkeit von D) wirken:

36) Zorn, Unzufriedenheit und Unwille über das, was einem zuwiderläuft und für einen ungünstig zu sein scheint
37) Haß, Intoleranz und Feindschaft gegenüber dem Unangenehmen, Steigerung von 36)
38) Verschönerung und Verdecken eigener Verfehlungen aus Eitelkeit und Vorteilssucht, wirkt in Abhängigkeit von Gier und Unwissenheit, hat Gefühle wie Reue und *pradāśa* (39) zur Folge
39) Verleumdung, Rachegefühl (*pradāśa*) – Pradasa gehen Zorn (36) und Haß (37) voraus. Unter bestimmten Umständen werden diese zu Schadenfreude, Genugtuung und Rachegelüsten.
40) Ruhm- und Vorteilssucht für sich, Neid auf Erfolge von anderen
41) Geiz und Habsucht materieller wie geistiger Art
42) Lügen, Schwindeln, Betrügen aus Vorteilssucht
43) Unaufrichtigkeit, Schmeichelei
44) die Absicht, anderen Menschen oder Wesen Schaden zuzufügen
45) Hochmut, Selbstzufriedenheit und Überheblichkeit
46) Schamlosigkeit, Unbescheidenheit, Mangel an Scheu und Zurückhaltung

Vergangenheit; 8) alles sei aus sich selbst entstanden, die sogenannte *svabhāvavāda*-Lehre; 9) Leerheit sei die Ursache des Entstehens; 10) die Annahme eines einzigen Gottes; 11) Dinge (wie Laute und Geräusche) seien zwar infolge von Ursachen und Bedingungen hörbar und sichtbar, existierten aber bereits vorher, und zwar unabhängig von Ursachen und Bedingungen, die sogenannte *śabda-abhivyaktiv*-Lehre; 12) Dinge (wie Laute) seien nicht, entstünden infolge von Ursachen und Bedingungen, nach der Entstehung seien sie aber ewig; 13) alle Lebewesen existierten aus den vier Elementen und kehrten nach dem Tod zu ihnen zurück, verneint wird die Existenz eines Schöpfers. Kui Ji, *Cheng weishi lun*, Kap. 1. In *Yujia shidi lun* (= *Saptadasabhūmiśāstra yogācārya*, aufgezeichnet von Asaṅga, ins Chinesische übersetzt von Xu Zang), Kap. 6 und 7, werden 16 außerbuddhistische Schulen genannt: 1) Ursachen seien wirklich, in den Ursachen seien Folgen enthalten. (Buddha lehre hingegen: Seiden sind nicht Kleidungsstücke, Seiden sind nicht nicht Kleidungsstücke); 2) Gegebenheiten seien immer da, schienen aber erst infolge von Ursachen und Bedingungen; 3) wie das Gegenwärtige seien auch das Vergangene und das Kommende wirklich; 4) wirklich seiend sei nur das Ich; 5) sowohl das Ich als auch die Welt seien ewig; 6) Leiden in diesem Leben hätten ihre Ursachen in den karmas des vergangenen Lebens; 7) der Glaube an die Gottheit Mahā-iśvara; 8) Lebewesen zu töten, um ihr Fleisch zu verzehren und zu opfern; 9) die Welt sei begrenzt oder auch nicht begrenzt; 10) alles sei, sei nicht, alles sei und sei nicht, alles sei nicht und sei nicht nicht; 11) alle Gegebenheiten seien ohne Ursachen; 12) mit dem Tod sei alles zu Ende und vernichtet; 13) es gebe keine kausalen Verhältnisse zwischen den Dingen, denn alles sei leer; 14) wie die Brahmane betrachtet man sich als edel und aus dem Kopf des Brahmas geboren, andere seien minderwertig; 15) der Glaube, daß ein Bad im Fluß Ganga das Böse entfernen und den Badenden von Verfehlungen reinigen würde; 16) Sonnenkult, Mondkult und andere Kultformen.

47) Reuelosigkeit gegen Schaden, den man anderen zugefügt hat, Gegenteil von 21)
48) Unstetigkeit, Leichtfertigkeit und Flatterhaftigkeit des Geistes (Fehlverhalten bei Meditationsübungen)
49) Unaufmerksamkeit, Unwachsamkeit und Unklarheit
50) Skrupellosigkeit
51) Trägheit
52) Sich-treiben-Lassen, Passivität
53) die Unfähigkeit, sich an das Gute, das Gelernte und Gelehrte zu erinnern
54) Zerstreutheit und Oberflächlichkeit des Geistes, gelenkt durch Gier, Haß usw.
55) falsche Ansichten, die zum Verletzen der Verbote und Gebote führen

F) Unbestimmte Gegebenheiten. Sie lassen sich nicht eindeutig als *gut* oder *nicht gut* bestimmen:

56) Bedauern über das Nicht-Gute, das getan wurde, und über das Gute, das unterlassen wurde, wirkt mit Vergegenwärtigung (16) und *mati* (18) zusammen und ist von ihnen abhängig
57) ein gewisser Bewußtseinszustand zwischen Schlaf und wachsamer Ruhe
58) Grübeln, Erwägen
59) genaue Beobachtung und Analyse, Steigerung von 58)

3. Gegebenheiten der Körperlichkeit[1]

Dazu gehören wahrnehmbare Dinge und die mit ihnen korrespondierenden Sinnesorgane, jedoch nicht die Sinne selbst, welche zu den Gegebenheiten des Geistes gehören. Im Unterschied zu der Lehre der fünf Daseinsgruppen wird hier (im Großen Fahrzeug) noch eine Reihe von Qualitäten hinzugefügt, die sinnlich nicht wahrnehmbar sind und nur durch das Denken erfaßt werden können. Der Grund dafür mag darin liegen, daß selbst das Abstrakteste als ein Bild, ja als eine Größe erscheint, sollte es vom Geist erfaßt und vorgestellt werden. Insgesamt umfaßt diese Gruppe dann folgende Gegebenheiten:

60) das Gesichtsorgan, das Auge
61) das Gehörorgan
62) das Geruchsorgan
63) das Geschmacksorgan
64) das Tastorgan, den Körper[2]

1 Siehe oben, Kap. V *Die fünf Daseinsgruppen*.
2 Punkte 1–6 beziehen sich auf das Wahrnehmungsvermögen (z.B. die Sehkraft), hier sind die Wahrnehmungsorgane (das Auge) gemeint.

Die mit ihnen korrespondierenden äußeren Gegebenheiten sind:

65) das vom Auge Wahrgenommene, Farben und Formen, auch Körperlichkeiten im engeren Sinne genannt
66) Laute, Geräusche, Töne
67) Düfte, Gerüche
68) Geschmäcker
69) was durch den Tastsinn wahrgenommen werden kann
70 was nicht durch die Sinne (60–64) wahrzunehmen, sondern nur durch das Denken erfaßbar ist. Im Unterschied zu den oben genannten Gegebenheiten der Körperlichkeit werden die durch die Sinne nicht direkt wahrnehmbaren Gegebenheiten *avijñaptirūpa* genannt. *Vijñapti* bedeutet "sich zeigen", "sichtbar sein". *Avijñaptirūpa* sind also unsichtbare Körperlichkeiten. Zu ihnen gehören:

70,1) das Kleinste
70,2) das, was in weiter Ferne liegt
70,3) das durch die Empfindungen Verursachte
70,4) das Momentane, durch gedankliches Festhalten Entstandene
70,5) das im Zustand der tiefen Meditation Erreichte[1]

4. Gegebenheiten, die nach der buddhistischen Ansicht nicht eindeutig zum Geist gehören aber auch nicht zur Körperlichkeit zu zählen sind

In gewissem Sinne beziehen sich diese Gegebenheiten, europäisch gesagt, auf Formen der Anschauung des Verstandes oder Denkkategorien und bringen folgende Momente zum Ausdruck: Bewegung und Veränderung, Relationen, gewisse Eigenschaften, sprachliche Elemente, bestimmte (buddhistische) Vorstellungen.

71) Jedes einzelne Lebewesen besitzt gewisse Eigenschaften, die es von anderen Lebewesen unterscheiden. Die Aneignung dieser ihm bestimmten, dem jeweiligen Lebewesen eigentümlichen Merkmale wie Charakterzüge wird durch die Gegebenheit *prāpti* (Erlangung, Besitz) ermöglicht und bewirkt.
72) Sämtliche Lebewesen einer bestimmten Gattung verfügen über bestimmte Grundlagen oder Faktoren, die ihre jeweils begrenzten Eigentümlichkeiten

1 Körperlichkeiten (*rūpa*) werden dann in vier Gruppen geteilt: 1) sichtbare bzw. scheinbare *rūpas*, die bestimmte wahrnehmbare Farben und Formen besitzen; 2) unsichtbare, abstrakte und geistige *rūpas*, z.B. bestimmte Energien; 3) die kleinsten Atomteilchen; 4) die weitesten *rūpas*, z.B. *rūpas*, welche außerhalb unserer Weltsphäre liegen. Im *Dazhidu lun* (= *Mahāprajñāpāramitāsūtra*), Kap. 36, wird noch von folgenden *rūpas* gesprochen: grobe *rūpas* wie Stein, Holz; bewegliche *rūpas* wie magnetische Kräfte; täuschende *rūpas* wie Fata Morgana; widerspiegelnde *rūpas* wie Schatten eines Gegenstandes.

in diesem Leben bestimmen und den Lebensmechanismus das ganze Leben hindurch lebendig und funktionsfähig halten. Diese Gegebenheit wird *jivitaindriya* genannt, vergleichbar etwa mit der *differentia specifica.* Im Buddhismus werden diese Faktoren auf die Wirkung des *karmas* zurückgeführt. *Prāpti* bewirkt die Aneignung, während *jīvitaindriya* das Wirken durch das Angeeignete betont.

73) Jede Gattung unterscheidet sich von den anderen Gattungen durch bestimmte Eigenschaften, *sabhāgata* genannt, vergleichbar etwa mit dem *genus proximum.*

74) Menschen, die die Buddhaschaft nicht erlangen können, fehlen sozusagen gewisse Eigenschaften, deren Besitz das Heilige ausmacht, und eben dieser Mangel wird durch eine bestimmte Gegebenheit bewirkt. Diese Gegebenheit wird Weltlichkeit (*pṛthagjana*) genannt.[1]

75) Gegebenheit, die zur Ausschaltung von Vorstellungen und anderen geistigen Tätigkeiten führt (*asaṃjñisamāpatti*)

76) Meditation durch Kontrolle der geistigen Tätigkeiten, ähnlich wie 75)

77) Zustand, der durch 75) erreicht wird, wird durch die Gegebenheit *āsaṃjñika* bewirkt

78) Begriffe, Namen und Bezeichnungen (*nāmakāya*). Mit ihrer Hilfe werden Dinge benannt.

79) Satz oder Satzgefüge (*padakāya*), die etwas Ganzes zum Ausdruck bringen. Begriffe bringen die Eigenschaften einzelner Dinge zum Ausdruck, Satzgefüge machen die Unterschiede oder auch die Gemeinsamkeit der Dinge untereinander deutlich.

80) Begriffe und somit auch Satzgefüge bestehen aus Buchstaben und Silben (*vyañjanakāya*).

81) Geburt und Entstehung. Was vorher nicht da war, erscheint jetzt.

82) Altern und Sterben. Was da ist, verändert sich und geht zugrunde.

83) Zeitweiliges Bestehen trotz Veränderungen

84) Schnelles Entstehen und Vergehen, Unbeständigkeit

85) Fortsetzung und neue Entstehung (*saṃsāra*), Kontinuität. Aus Ursachen werden Folgen, die ihrerseits als neue Ursachen fungieren.

86) Determiniertheit und Differenz. Ursachen und Folgen sind voneinander different und trotzdem kausal bedingt.

87) Abhängigkeit bzw. Homogenität zwischen Ursachen und Folgen.

88) Tempo und Schnelligkeit (*java*) der Veränderungen.

89) Gegebenheit der Reihenfolge, Ursachen und Folgen existieren nicht gleichzeitig. Ein Ding kann nicht gleichzeitig entstehen und vergehen.

90) Raum, Lage und Richtung (*dīs*) wie oben, unten, links, rechts, Ost und West

1 Siehe dazu Frauwallner, *Die Philosophie des Buddhismus*, S. 117.

91) Zeit, Vergangenheit, Gegenwart, Zukunft, Jahres- und Tageszeiten. Veränderungen werden durch die Gegebenheit der Zeit ermöglicht und bewirkt.
92) Gegebenheit der Relationen zwischen den Phänomenen wie Zeit, Lage, Zahl, Reihenfolge, Entsprechung, Menge
93) Kompatibilität der Bedingungen. Dinge entstehen, weil die notwendigen Bedingungen durch diese Gegebenheit ermöglicht worden sind.
94) Inkompatibilität der Bedingungen. Diese Gegebenheit macht die Entstehung unmöglich oder bewirkt das Ende eines bereits vorhandenen Dinges. Buddhistisch gesagt: Bedingungen fallen auseinander.

5. Die Unbedingten Gegebenheiten

Das Unbedingte ist dem Entstehen und Vergehen nicht unterworfen und unabhängig von Gründen und Ursachen. Die unbedingten Gegebenheiten gelten als ungeschaffen und als das einzig Wahre in den bedingten und geschaffenen Gegebenheiten. Ein Beispiel: Eine Gegebenheit ist bedingt. Da sie bedingt ist, ist sie, buddhistisch gesagt, leer. Diese Leerheit wäre dann die wahre unbedingte Beschaffenheit des Bedingten. Es handelt sich, wie die folgende Auflistung zeigt, im Grunde nur um die eine Gegebenheit, sie wird bloß durch unterschiedliche Wege erreicht und offenbart, läßt sich aber nicht argumentativ beweisen. Vielleicht wurde sie in sechs Punkte geteilt, nur damit man am Ende auf die runde Zahl 100 kommt.

95) die Leerheit. Das Unbedingte ist frei von aller Einseitigkeit, Bedingtheit, Dualität.
96) das Unbedingte, offengelegt durch richtiges Urteilen, wie die Sonne den Nebel vertreibt, sichtbar wird nachher die Klarheit des Himmels. Die Leerheit ist die Klarheit.
97) das Unbedingte, das an sich klar ist und die Klarheit zeigt
98) das Unbedingte, erreicht durch Meditationen
99) das Unbedingte, erreicht durch Ausschalten von Aussagen und Begriffen sowie durch Negationen
100) die wahre So-heit

Aus den obigen Darstellungen sind folgende Konsequenzen zu ziehen:

- Alles ist der Geist. Konkret: Gegebenheiten des Geistes sind des Geistes Grundausstattung; Gegebenheiten der Bewußtseinsaktivitäten entstehen infolge und in Abhängigkeit vom Geist; Gegebenheiten der Körperlichkeit sind Transformationen des Geistes; Gegebenheiten, die weder der Körperlichkeit noch dem Geist zugehören, sind Anschauungsformen des Geistes und unbedingte Gegebenheiten sind eigentliche Zustände des Geistes.

- Diese Gegebenheiten gestalten miteinander die Wirklichkeit, Wirklichkeit geschieht durch das Wirken der Gegebenheiten. In ihnen findet sich aber kein beständiges Subjekt.

IX Die Welt ist eine Schöpfung des Gedankens

Nachdem wir die Grundgegebenheiten des Geistes behandelt haben, gilt es nun die daraus resultierende These zu erörtern: Alles ist Geist, die Welt ist eine Schöpfung des Gedankens.[1] Wir meiden zuerst eine allgemeine Antwort und wollen statt dessen die These von einigen Teilaspekten her beleuchten.
Als erstes betrachten wir einen ganz alltäglichen Wahrnehmungsprozeß. Um sehen zu können, brauchen wir mindestens zwei Dinge: das Auge mit dem Sehvermögen und einen bestimmten Gegenstand – wir haben bewußt Begriffe wie Subjekt und Objekt vermieden, denn im Buddhismus wird etwas vorsichtiger von Wurzel und Sphäre (*viṣaya)* gesprochen. Was die jeweilige Sphäre betrifft, so muß sie bestimmte Eigenschaften haben, die wahrnehmbar, in diesem Fall, sichtbar sind. Nun hat das Auge diese Sphäre gesehen, aber was hat es dabei gesehen? Sagen wir mal, etwas Rotes. *Rot* wird hier als Eigenschaft eines Gegenstandes bezeichnet. Aber woher wissen wir, daß dieses Etwas rot *ist*. Ist es nicht vielmehr der Fall, daß das Rote an dem Gegenstand nur eine Vorstellung und ein Nebenprodukt des Geistes (des *ālaya*) ist? Handelt es sich dabei nicht um eine Projektion unserer Vorstellung auf etwas Äußeres, das nun durch das Sehen erst *rot geworden* ist? Ist das Rot an dem Gegenstand nicht eine Widerspiegelung des Roten in unserem Geist? Auch hier läßt sich eine Metapher einfügen, die den Sachverhalt sehr gut veranschaulicht: Jemand hält einen Spiegel in der Hand und sieht im Spiegel ein Gesicht, das eigentlich sein eigenes Gesicht ist. Er glaubt aber, daß es ein fremdes Gesicht sei. Er wirft den Spiegel fort und läuft weg, weil er Angst vor dem “fremden” Gesicht im Spiegel hat. Nachdem er aber weggelaufen ist, ist das Spiegelbild auch nicht mehr da. Alle Gegebenheiten entstehen durch den Geist im Geist; indem wir einen Gegenstand als rot wahrnehmen, *sprechen* wir ihm die Eigenschaft rot *zu*. Diese Erkenntnis ist nichts Neues. Der Buddhismus will aber mehr, indem er Konsequenzen fordert: Stellt der Geist seine Tätigkeiten ein, verschwinden alle Gegebenheiten.
Beschränken wir uns nun auf den Geist selbst und schauen wir uns seine Beschaffenheit etwas genauer an. Mit dem Geist ist hier weiterhin in erster Linie die Wahrnehmung gemeint, und der Buddhismus beruft sich durchaus auf unsere Erfahrungen oder vielmehr auf die Unzulänglichkeit der Erfahrungen. Je

1 Vasubandhu: *Weishi ershi lun* (Zwanzig Stanzen des Nur-Bewußtseins, *Viṃśatikakārikaprakarṇa*), ins Chinesische übersetzt von Xuan Zang; ders.: *Weishi sanshi song* (Dreißig Stanzen des Nur-Bewußtseins, *Triṃsikavijñāpti*), ins Chinesische übersetzt von Xuan Zang. Louis de La Vallée Poussin: *Vasubandhu, Viṃśatikakārikaprakarṇa*, Traité des vingt ślokas avec le commentaire de l'auteur, in: Le Muséon 13 (1912), S. 53–90; Hermann G. Jacobi: *Triṃsikavijñāpti des Vasubandhu*, Stuttgart 1932 (= *Beiträge zur indischen Sprachwissenschaft und Religionsgeschichte* 7); Sitamsu Sekhar Bagchi: *Vijñāptimātrasiddhi*, in: *Nava-Nālandā Mahāvihāra Research Publication* 1 (1957), S. 367–389.

nach der Entfernung zwischen dem Auge und dem äußeren Gegenstand und je nach der Lage, von wo aus der Gegenstand gesehen wird, und je nach der Stärke der Sehkraft, abhängig vom Alter des Sehenden, sieht das Auge (bzw. jeder von uns) bekanntlich immer jeweils Unterschiedliches. Diese Unterschiede werden deutlicher und größer, wenn unterschiedliche Menschen mit unterschiedlichen Sehkräften aus unterschiedlichen Entfernungen von unterschiedlicher Lage her ein und denselben Gegenstand betrachten. Man könnte in diesem Fall sogar behaupten, daß jeder Mensch bzw. jedes Auge nur sich selbst, seine eigene Beschränktheit und nicht den Gegenstand gesehen hat. Alle Gegebenheiten erscheinen in Abhängigkeit des Geistes und haben an sich keine Selbständigkeit. Ihre Größe und Eigenschaften verändern sich mit der Veränderung des Geistes. Daß wir dies nicht einsehen oder gar übersehen, ist darauf zurückzuführen, daß wir häufig unterschätzen oder uns gar nicht bewußt sind, wieviel wir selbst in einen Gegenstand hineinprojizieren, wenn wir über ihn streiten. Daß alles Geist ist, bedeutet, daß alles Vorurteil ist, weil ein Urteil nicht möglich ist. Das klingt wieder nach Haarspalterei und Streitsucht. Deshalb wollen wir uns mit Begriffen wie Vorurteil und Urteil nicht weiter beschäftigen. Wir ziehen uns zurück auf folgende Aussage, die allgemeine Akzeptanz finden würde: Daß etwas weiß sei, gibt nur einen gewissen gemeinsamen Nenner der Wahrnehmung wieder, in Wirklichkeit nimmt jedes Auge (jeder Mensch) dieses Weiß unterschiedlich wahr. Im alltäglichen Sprachgebrauch spielt dieser Unterschied allerdings keine Rolle, im Gegenteil, seine Betonung würde sogar die Kommunikation unmöglich machen.

Auch die äußere Sphäre, von der der Geist bei der Wahrnehmung abhängig ist, ist der Geist selbst und erscheint dem Wahrnehmenden entsprechend jeweils anders. So gesehen ist die Sphäre nicht der Gegenstand selbst, sondern bereits dessen Widerspiegelung durch die Wahrnehmung. Um die Sache deutlicher werden zu lassen, vergleicht der Buddhismus die Wahrnehmung des Menschen oft mit der Wahrnehmung anderer Lebewesen und kommt dann zu dem Ergebnis, daß die Sphäre etwas ist, was keineswegs eindeutig ist. Je nach der Beschaffenheit des Wahrnehmenden, buddhistisch gesagt: der im Wahrnehmenden wirkenden *karma*-Kräfte, ändert sich die Beschaffenheit der Sphäre. Was für Fische, denen wir die Wahrnehmungsfähigkeit nicht absprechen wollen, ein angenehmes Zuhause ist, ist für die Menschen bloß kaltes Wasser. Was wir als groß bezeichnen, kann im Auge anderer Lebewesen durchaus ziemlich klein erscheinen. Hätten wir die Facettenaugen wie die Bienen, würden (könnten) wir die Welt ganz anders sehen als wir sie jetzt beobachten.[1] Das buddhistische Beispiel ist die Wahrnehmungsart der sogenannten Hungergeister (*preta*). Diese Geister müßten ständig hungern und unter Durst leiden, weil sie Wasser nicht als Wasser wahrnehmen können. Wasser, das den Durst des Menschen wie den der Geister stillt, wird von den Hungergeistern als ungenießbares Blut wahrge-

1 Das Bild habe ich von Conze, *Buddhistisches Denken*, S. 204, übernommen.

nommen. Es wird (leider) nicht gesagt, wie Hungergeister das Blut dann wahrnehmen, aber das Beispiel macht unser Anliegen hinreichend deutlich.
Wie wir bereits bemerkt haben, bedeutet die buddhistische Behauptung, alles sei die Schöpfung des Gedankens, (Gott sei Dank) nicht, daß eine Übereinstimmung unter den Menschen bzw. Angehörigen einer Gattung nicht möglich wäre. Daß die Welt eine Schöpfung des Gedankens ist, soll uns vielmehr deutlich und besser bewußt machen, daß all unsere Kenntnisse und Erkenntnisse zum einen für uns Menschen gelten – andere Lebewesen mögen durchaus anderer Meinung sein – und zum anderen relativ, vom Geist abhängig sind und nur unter einem bestimmten Konsens funktionieren können. Daß etwas blau ist, heißt nicht, daß dieses Etwas tatsächlich blau ist, sondern nur, daß wir, und zwar wir gemeinsam, dieses Etwas als blau bezeichnen. *Verrückt* sind dann für uns diejenigen, welche den Konsens nicht akzeptieren und die Normen verletzen. Konsens, Übereinkunft, ein gemeinsamer Nenner, *prajati* genannt, stellt eine Art kommunikationsnotwendiger und lebensnützlicher Hypothese dar.

Daß die Welt eine Schöpfung des Gedankens ist, bedeutet, daß der Geist das Maß aller Dinge ist und daß die Dinge, indem wir uns sie vorstellen, Konstruktionen unseres Geistes geworden sind. Der Buddhismus analysiert diesen Vorgang dadurch, daß er ihn in vier Teile zerlegt.[1] Bevor wir uns mit ihnen auseinandersetzen, sei ein alltägliches Beispiel vorausgeschickt.
Gesetzt den Fall, wir hätten vor, etwas zu messen. Dabei sind folgende Dinge notwendig:

- ein Gegenstand, der gemessen werden kann und sich messen läßt, z.B. ein Tisch
- ein Meßgerät, im gegebenen Fall ein Zollstock
- jemand, der mit dem Zollstock umgehen kann und die Meßdaten liest
- Wenn man will, kann man noch ein viertes hinzufügen: etwa eine höhere Instanz, die die Richtigkeit des Meßergebnisses überprüft und bestätigt.

Ohne den Gegenstand kann nicht gemessen werden, ebensowenig ohne das Meßgerät. Auch mit den beiden allein geht es nicht, wie wenn ein Kind mit dem Zollstock und einem Stück Legostein herumspielt und immer noch nicht weiß, wie groß der Legostein ist. Das Kind muß also noch in der Lage sein, mit dem Zollstock umzugehen und die Meßdaten zu lesen. Die Richtigkeit des Meßergebnisses wird nochmals kontrolliert, z.B. von einem Erwachsenen.
Ähnlich verhält es sich mit unserem Erkenntnisvorgang. Notwendig dabei sind:

- Etwas, das der Geist wahrnehmen kann, denn es gibt schließlich Dinge, die für uns nicht wahrnehmbar sind. Dieses Etwas wird nun *Erscheinungsform* oder *Bild* genannt und entspricht etwa der äußeren Sphäre (*viṣaya*) in der Lehre der fünf Daseinsgruppen. Die Bezeichnung *Form* macht hier deutlich,

1 Siehe Frauwallner, *Die Philosophie des Buddhismus*, S. 391–407.

daß sie bereits eine Vorstellung, buddhistisch gesagt: eine Transformation des Geistes ist. Dieser Teil wird *Bildteil* genannt.[1]

- Unterscheidungsfähigkeit oder ein geistiger Zollstock. In dem Augenblick, da das Auge etwas Blaues wahrnimmt, muß im Geist bereits die Vorstellung von der Farbe blau vorhanden sein. Sonst hätte das Auge das Blau nicht sehen können, auch wenn alles ringsum blau ist. Insofern ist das Blau, das jetzt wahrgenommen wird, eine Übertragung des Geistes, der bereits weiß, was blau ist. Dieser Teil wird *Blickteil* genannt.
- Der dritte Teil heißt *Bewußtseinsteil*. Er ist in gewissem Sinne die Einheit von den ersten beiden Teilen. Diese Einheit kommt durch einen Vergleich des momentan Wahrgenommenen, des *Bildteils*, mit den bereits gespeicherten Daten, dem *Blickteil*, zustande.
- Trotzdem kann das Meßergebnis falsch sein. Demnach muß noch etwas angenommen werden, das das Meßergebnis nochmals verifiziert. Dieser Teil wird dementsprechend *Bewußtsein des Bewußtseins* genannt.[2]

Gibt es nun überhaupt keine objektive Welt und keinerlei Substanzen, die der Geist sich doch als an sich seiend vorstellen kann und muß? Die Antworten des Großen Fahrzeuges[3] wollen wir nun anhand einer Gegenüberstellung mit einigen klassischen Einwänden veranschaulichen:

Die Erfahrung oder vielmehr die Gewohnheit lehrt uns, daß eine objektive, von meinem Geist unabhängige Welt durchaus vorhanden ist. Ich sehe einen Krug, der ist hart und einfach da.[4]
Eine objektive Welt gibt es nicht, die Welt ist erst durch die Tätigkeit des Geistes eine Welt geworden. Im Fall des Kruges läßt sich zur Entkräftung des oben angegebenen Einwandes folgendes sagen: Betrachte ich dieses Etwas, das Krug *genannt* wird, sehe ich bloß eine Farbe (z.B. weiß). Einen Krug gibt es (sehe ich) nicht; berühre ich dieses Etwas, fühle ich eine gewisse Härte. Auch hier gibt es (fühle ich) den Krug nicht. Der Krug entsteht, indem der Geist das Gesehene und das Getastete und alle anderen Wahrnehmungen zusammenfaßt und

1 Normalerweise wird von drei Arten von Bildteilen gesprochen: a) wirklich existierende Gegenstände. Sie werden vom Geist wahrgenommen, sind aber nicht, im Unterschied von b), von diesem geschaffen worden; b) nur im Geist selbst existierende Gegenstände. Sie sind nicht wirklich existierend, sondern vom Geist selbst geschaffen worden, als ob sie etwas außerhalb des Geistes seien. Beispiele: Pegasus, Schildkrötenhaar; c) Sinnestäuschungen. Sie entstehen infolge des Geistes, insofern ähnlich wie b), werden aber durch bestimmte wirklich existierende Gegenstände verursacht, insofern ähnlich wie a). Beispiel: In der Dunkelheit wird ein Stuhl für einen Menschen gehalten.

2 Siehe Frauwallner, *Die Philosophie des Buddhismus*, S. 395.

3 Siehe Frauwallner, *Die Philosophie des Buddhismus*, S. 356–363.

4 Zu dieser und folgenden Thesen siehe: M. Walleser, *Die Sekten des alten Buddhismus*, Heidelberg 1927.

dieses Etwas dann insgesamt Krug nennt. Der Krug ist also nicht ein objektives, von meinem Geist unabhängiges Ding, sondern ein synthetisches Urteil. Auch die Eigenschaften wie Weiß und Härte sind nicht objektive, d.h. äußere Qualitäten. Denn wenn es so wäre, müßte dieses Weiß selbst bestimmte, für sich existierende Eigenschaften haben. Die Erfahrung sagt uns aber, daß das Weiß sich jeweils ändert, je nachdem, welches Auge es sieht und aus welcher Entfernung. Das Weiß ändert sich also mit dem Auge und ist insofern von ihm abhängig. Ähnliches gilt auch für die Härte.

Die Welt und auch jedes Ding in ihr bestehen jeweils aus einer Unmenge von Elementarteilchen, paramāṇu *genannt, und sind insofern, eben als Elementarteilchen, wenn auch nicht als Ding, objektiv und vom Geist unabhängig. Alle Teilchen sind rund, je sieben Teilchen bilden eine kleine Einheit, nämlich: eins in der Mitte, und dann je eins in den vier Richtungen sowie oben eins und unten eins. Diese sieben Teilchen stehen einerseits in enger Verbindung mit anderen Einheiten und sind andererseits durch bestimmte Entfernungen von ihnen getrennt. Jedes Ding, das wir erfahrungsgemäß wahrnehmen können, ist demnach eine Zusammensetzung aus einer bestimmten Anzahl von Elementareinheiten. Kurz: Objektiv seiend sind zwar die Dinge nicht, jedoch die unteilbaren Atomteilchen in ihnen. Das Zusammenrücken der Teilchen in den Dingen macht die Teilchen selbst für uns wahrnehmbar.*[1]

Haben die Teilchen bestimmte Formen, Größen und Gestalten? Wenn ja, müßten sie weiter teilbar sein; denn alles, was Größe und Gestalten hat, ist weiter teilbar. Sind die Teilchen weiter teilbar, wären sie nicht die kleinsten Teilchen.

Sollten die Teilchen bar jeder Form und Gestalt sein, sind sie nicht materiell und können keinen bestimmten Raum in Anspruch nehmen. Auch eine Lagebestimmung über sie ist nicht möglich. Dies würde aber bedeuten, daß die sogenannten groben Dinge in Wirklichkeit bloß Atomteilchen und insofern ebenfalls unkörperlich sind. Demnach dürfen sie auch weder *grob* noch *groß* sein, weil die Teilchen, aus deren Zusammensetzung sich Dinge ergeben, weder *grob* noch *groß* sind. Versuche ich nun, einen Tisch anzufassen, müßte dieser unfaßbar sein.

Natürlich spricht diese Schlußfolgerung gegen unsere Erfahrungen und ist nicht evident. Dies bedeutet nun nicht, daß diese Schlußfolgerung nicht korrekt wäre, sondern nur, daß die sogenannten kleinsten Teilchen bestimmte Formen und Gestalten haben müssen, was allerdings dann heißt: Sie müssen teilbar sein und sind insofern nicht Elementarteilchen.

Die kleinsten Teilchen können visuell wahrgenommen werden. Es ist demnach falsch, zu sagen, daß das Auge etwa einen Krug sieht. Richtig heißt es, daß das Auge nur die einzelnen Teilchen sieht. Scheinbar seiend und vom Geist abhän-

1 Dies ist die sogenannte Atomlehre.

gig ist der Krug, wahrhaft-existierend vom Geist unabhängig sind die Teilchen, aus denen der Krug zusammengesetzt ist.[1]

Wird das Auge von der Sphäre zum Sehen veranlaßt, muß im Geist eine bestimmte Vorstellung von dieser Sphäre entstehen, bzw. diese Sphäre muß in bestimmter Form erscheinen. Dies kann hier aber nicht der Fall sein; denn es ist evident, daß das Auge keinerlei Form von den Teilchen sehen kann. Insofern können die Teilchen auch nicht als Sphären für die Wahrnehmung fungieren und wahrgenommen werden.

Einzelne Teilchen sind wohl nicht wahrnehmbar. Wenn sich aber viele Teilchen an einem Ort sammeln und miteinander bestimmte Entfernungen bewahren, wird jedes von ihnen wahrnehmbar sein, und zwar mit Hilfe der anderen. Sehen wir einen Berg vor uns, so glauben wir, daß es ein Berg ist. In Wirklichkeit ist dieser Berg nur etwas Zusammengesetztes und insofern nicht wirklich seiend. Gerade weil er aber zusammengesetzt ist, bzw. gerade weil viele (Berg-)Teilchen sich hier gesammelt haben, wird jedes Bergteilchen für uns sichtbar. Einen Berg zu sehen bedeutet dann, unzählige (Berg-)Teilchen zu sehen. Die Teilchen sind also doch, d.h. unter bestimmten Bedingungen, wahrnehmbar und insofern auch wahrhaft-existierend.

Die Teilchen sind klein und nicht wahrnehmbar, bevor sie sich in einem Ort sammeln; da sie aber unveränderlich sind, werden sie auch nicht größer, wenn sie sich sammeln. Ein (Berg-)Teilchen ist nicht wahrnehmbar; eine Menge unzähliger nicht wahrnehmbarer Teilchen wird ebenfalls nicht wahrnehmbar sein. Es ist also nicht logisch, zu behaupten, einzelne nicht wahrnehmbare Teilchen würden wahrnehmbar, wenn sie sich sammelten und einander wahrnehmbar machten.

1 Die Lehre wird vertreten von der *Sarvastivāda*-Schule. Den Hintergrund dieser These bildet die altindische Teilung der Gegebenheiten in wahre und scheinbare. Die scheinbaren sind z.B.:

1) das Zusammengesetzte. Dinge bestehen aus Elementarteilchen, Elementarteilchen bilden zusammen Dinge. Dinge selbst sind nicht wahr, denn unabhängig von den Teilchen würden Dinge nicht mehr existieren. Insofern sind Dinge Zusammengesetzte und gelten als scheinbar;

2) akzidentelle Eigenschaften, die immer von Dingen abhängig sind wie lang, kurz, rund, quadratisch. Man kann wohl sagen, daß ein bestimmtes Etwas kurz oder lang sei. Man kann aber nicht behaupten, daß unabhängig von einem bestimmten Ding, das kurz oder lang sein kann, es so etwas wie kurz oder lang gäbe;

3) das Frastus bzw. Dinge, die nur in den Vorstellungen existieren; Beispiele: Pegasus, ein viereckiger Kreis, Schildkrötenhaar, Hasenhörner.

Was das Auge zur Wahrnehmung veranlaßt, sind demnach nicht die groben, scheinbar sichtbaren Dinge, sondern die einzelnen Teilchen. Vereinfacht gesagt: Bei der Wahrnehmung eines Tisches sehen wir eigentlich nicht den Tisch, sondern nur die Teilchen, aus denen der Tisch zusammengesetzt worden ist.

Die These, alles ist der Geist, bedeutet, daß es letztlich nur den Geist oder nur das Bewußtsein gibt. Ob objektive, vom Bewußtsein des Geistes unabhängige Dinge existieren, ist schlechthin unbeweisbar. Denn sobald ich beginne, mir solche Existenzen auch nur vorzustellen, werden sie zu meinen Bewußtseinsinhalten, zu Erlebnissen, die von meinem Geist mitgestaltet sind. Konsequenterweise wird dann behauptet, daß selbst die So-heit[1] nicht haltbar sei und keine objektive Gültigkeit habe; denn auch die Aussage, daß die So-heit anders sei, als sie uns erscheint, ist bereits ein Produkt des Geistes. Die Frage nach einer vom Erkennen unabhängigen Existenz der Welt kann also nicht einmal gestellt werden.

1 So-heit – *tathāgata*; *tathā* entspricht etwa dem Wörtchen "so" und dem englischen "such". Es ist unbeschreibbar und daher eben *so*; *āgata* bedeutet gekommen; *tathāgata* also: *das aus der So-heit Gekommene*.

X Weder–Noch

Im zweiten Kapitel haben wir kurz darauf hingewiesen, daß gemäß dem Zieldenken eine Reihe von Fragen im Buddhismus nicht behandelt wird. Warum wurden sie nicht behandelt? Die Begründung lautet: Derartige Fragen haben mit dem Leiden des Menschen wenig zu tun. Sie sind also nicht dringend und nicht vorrangig. Insofern sind sie Streit-, buddhistisch gesagt: Spielfragen, zu denen es sowieso keine eindeutigen und überzeugenden Antworten gibt.[1]
Hierzu gehören z.B. folgende Fragen:

1) Ist die Welt ewig?
2) Oder nicht ewig?
3) Oder ewig und nicht ewig?
4) Oder nicht ewig und nicht nicht-ewig?
5) Ist die Welt (räumlich) begrenzt?
6) Oder nicht begrenzt?
7) Oder begrenzt und nicht begrenzt?
8) Oder nicht begrenzt und nicht nicht-begrenzt?
9) Existiert (lebt) der Buddha nach dem Tod weiter?
10 Oder existiert er dann nicht mehr?
11) Oder existiert er und existiert nicht?
12) Oder existiert er nicht und nicht-existiert nicht?
13) Ist das Ich mit dem Leib identisch?
14) Oder anders, also nicht identisch?

Dies sind in der Tat die berühmten 14 Fragen, zu denen der Buddha keine Antwort gab. Im Grunde sind es nur vier: die Frage nach der Ewigkeit (Zeitlichkeit) der Welt, nach der Begrenztheit (Räumlichkeit) der Welt, nach der Unsterblichkeit der Seele und nach der Relation von Leib und Seele. Jedoch sollten wir uns davor hüten, diese 14 Fragen auf die vier einfach zu reduzieren; denn hier haben wir es mit einer für uns ungewöhnlichen, jedoch in den buddhistischen Texten und Diskussionen oft vorzufindenden Aussageform zu tun. Diese Aussageform wird *catuṣkoṭi* genannt. Sie unterscheidet sich von unserer dualistische Ja-oder-nein-Form dadurch, daß sie vier Schichten hat:

- einseitige Position: Die Welt ist ewig. A ist B.
- einseitige Negation: Die Welt ist nicht ewig. A ist -B.
- doppelte Position: Die Welt ist ewig und nicht ewig. A ist B und -B.
- doppelte Negation: Die Welt ist nicht ewig und nicht nicht-ewig. A ist -B und -(-B).

1 Siehe K. E. Neumann, *Längere Sammlung*, S. 42; vgl. *Mahāprajñāpāramitāsūtra*, Kap. 2.

Daß derartige Fragen unser Denkvermögen übersteigen und daher nicht beantwortet werden können, wissen auch wir, spätestens seit Kants Dichotomie-Lehre in der *Kritik der reinen Vernunft*: Über bestimmte Gegenstände kann die menschliche Vernunft zwei (in unserem Fall hier sogar vier) entgegengesetzte Aussagen machen, die, jede für sich genommen, erwiesenermaßen richtig und wahr sein können.[1]
Um so interessanter ist nun die buddhistische Begründung, daß diese Fragen mit dem Leiden des Menschen wenig zu tun haben. Denn bei Kant lesen wir nicht nur, daß diese Fragen unmöglich zu beantworten sind, sondern auch, daß wir durch solche Fragen geradezu "belästigt" werden, weil sie uns "durch die Natur der Vernunft", die wir nicht ohne Stolz besitzen, "aufgegeben" sind.[2] Ist denn dieses ständige "Belästigt-Werden" nicht auch eine Art Leiden? Nach buddhistischem Verständnis anscheinend: nein! Leiden, welche der Buddhismus meint, sind nicht metaphysischer Natur, sie sind viel profaner, weltlicher, realitätsbezogener und viel persönlicher.
In einem Punkt hat Kant doch recht: Solche Fragen lassen sich nicht eindeutig beantworten, man ist aber gezwungen, sich mit ihnen auseinanderzusetzen. Mit einer Ablehnung der Anwort lassen sich die Fragen selbst also nicht aus der Welt schaffen. Dies gilt auch für den Buddha und den Buddhismus. Im Gegenteil, gerade weil der Buddha zu Lebzeiten auf viele, unter anderem auch diese Fragen keine eindeutigen Antworten gab, wurden solche Fragen nach seinem Tod um so interessanter und brennender. Manche Gelehrte wollen allerdings gerade im zunehmenden Interesse an theoretischen Fragen ein Anzeichen des Verfalls des eigentlichen Buddhismus erblickt haben. Denn konzentriert man sich auf theoretisch-spekulative Fragen, werden mehr Meinungen als Bemühungen um eigene Erlösung gefragt.

Auch wir werden keine Antwort zu diesen Fragen abliefern. Ihre Erwähnung soll uns ermöglichen, einen Zugang zu einem der bedeutendsten buddhistischen Denker zu finden. Karl Jaspers nennt seinen Namen mit Anaximander, Heraklit, Parmenides, Plotin, Anselm, Spinoza und Laotse in einem Atemzug und bezeichnet sie alle als "aus dem Ursprung denkende Metaphysiker"[3].
Der Name dieses Denkers heißt Nāgārjuna. Das ist aber fast schon alles, was wir über ihn und sein Leben wissen; denn bisher ist nicht einmal klar, wann und wo er geboren worden war. Was wir sicher wissen, ist also nur der Name, und der hat eine interessante Bedeutung. *Nāgā* bedeutet *Schlange* und *Arjuna* ist eine *Baumart*. Es wurde überliefert, daß Nāgārjuna unter einem Baum geboren worden sei und später im Reich der Schlange *Naga* unter dem Meer bislang unbe-

1 Eine komparatistische Studie liefert T. R. V. Murti: *The Central Philosophy of Buddhism*, London 1955.

2 Kant, *Werke*, a. a. O., Bd. III, hier, S. 11.

3 Karl Jaspers: *Die großen Philosophen*, München, Zürich [6]1991.

kannte Schriften entdeckt habe. Nun können wir allerdings spekulieren: Hat sein Name zu dieser Entdeckungsreise geführt? Oder aber hat erst diese Reise dem Denker seinen Namen gegeben? Wir wissen es nicht.[1]
Kommen wir nun zu Nāgārjunas Denken. Wir wollen nur einen kleinen Teil aus einer der zahlreichen Nāgārjuna zugeschriebenen Abhandlungen vornehmen. Diese Abhandlung trägt den Titel *Über die Mittlere Lehre* und ist mehrmals erfolgreich und wenig erfolgreich in die europäischen Sprachen übersetzt worden.[2] Die Abhandlung beginnt mit einem Spruch des "achtmal Nicht" bzw. "viermal Weder–Noch", der lautet:

> "Alle Gegebenheiten sind
> weder entstanden noch vergangen
> weder beständig noch unterbrochen
> weder eins noch verschieden
> weder hergekommen noch weggegangen".[3]

Insgesamt sind es acht Eigenschaften, die jeder Gegebenheit abgesprochen werden: 1. Entstehen, 2. Vergehen, 3. unmittelbares Aufhören, 4. ewige Existenz, 5. Vielheit, 6. Einheit, 7. Hinzukommen und 8. Weggehen.[4]

Das erste Weder–Noch, mit dem wir uns nun näher beschäftigen wollen, hat den Ursprung, genauer gesagt den Anfang und das Ende der Gegebenheiten, einschließlich der Welt, zum Thema und besagt, daß in dieser Frage eine positive Aussage nicht möglich ist und die Erkenntnis negativ bleiben muß. Wir können weder behaupten, daß die Welt entstanden ist, noch, daß sie vergehen wird. Die Gründe sind zwei: Erstens ist, so Nāgārjuna, keine der bisher gegebe-

1 Siehe Zotz, *Geschichte der buddhistischen Philosophie*, S. 125; Max Walleser: *The Life of Nāgārjuna from Tibetan and Chinese sources*, Delhi 1923.

2 *Mādhyamikaśāstra*, Sanskrit-Text in: Louis de La Vallée Poussin: *Mulamādhyamakakārikas (Mādhyamikasūtras) de Nāgārjuna avec la Prasannapada commentaire de Candrakirti*, St. Petersburg 1903–1913; englisch: Kenneth Inada: *Nāgārjuna. A Translation of his mulamādhyamakakārika*, Tokyo 1970; deutsch: Max Walleser: *Die Mittlere Lehre des Nāgārjuna*, Heidelberg 1912. Weitere Literatur: Chr. Lindtner: *Studies in the Writings and Philosophy of Nāgārjuna*, Delhi 1982, 1987; E. Frauwallner, *Die Philosophie des Buddhismus*, S. 171–217.

3 Alternativ: nicht Vergehen und nicht Entstehen, nicht Ende und nicht Dauer, nicht Einheit und nicht Vielfalt, nicht Kommen und nicht Gehen. Nach H. von Glasenapp, *Pfad zur Erleuchtung*, S. 165:

> "Die Welt des abhängig entstandnen Scheins
> Ist mit dem seligen *nirvāṇa* eins,
> Weil nichts jemals entsteht und untergeht,
> Spurlos verschwindet oder stets besteht.
> Nicht eins noch vieles ist, kein Gehen und kein Kommen."

4 Siehe H. von Glasenapp, *Pfad zur Erleuchtung*, S. 165.

nen Antworten befriedigend, zweitens besteht eine unüberbrückbare Differenz zwischen den Begriffen, die wir gebrauchen, und den Gegebenheiten, die durch die Begriffe erfaßt werden sollten. Dies hat zur Folge, daß positive und adäquate Aussagen grundsätzlich nicht möglich sind.

Es ist nichts Neues in der Geistes- und Menschheitsgeschichte, daß wir uns Gedanken über den eigentlichen Ursprung der Welt machen. Woher und wodurch ist diese Welt und dies alles entstanden? Darauf werden auch verschiedene Antworten gegeben. Manche Gelehrte meinen, alles sei von einem allmächtigen Gott erschaffen worden und durch ihn entstanden. Manche sind der Überzeugung, daß die Zeit die Entstehung der Welt und der Dinge ermöglicht habe. Es gibt auch welche, die behaupten, daß alle Dinge durch ihre eigene Natur entstanden seien, und welche, die sagen, daß Dinge durch Veränderungen, durch ihr eigenes Wesen oder auch aus Atomen entstanden seien.[1] Nāgārjuna ist der Meinung, daß aber keine der Antworten überzeugend und zutreffend ist. Es handelt sich jeweils um Behauptungen, Vermutungen, Hypothesen und Glaubensartikel, die keiner Kritik standhalten können. Diese Kritik richtet sich nicht konkret gegen einzelne Meinungen, sie ist von grundsätzlicher Art und sieht folgendermaßen aus:

Es *mag* durchaus richtig und wahr sein, so Nāgārjuna, daß die Welt insgesamt kausal strukturiert ist – Alle oben genannten Thesen gehen von der Annahme der Kausalität aus. Begrifflich läßt sich diese Kausalität nicht erfassen. Wir sind aber auf Begriffe angewiesen. Indem wir begrifflich operieren, geraten wir in begrifflichen Selbstwiderspruch. Die Negation, die nicht sagt, was ist, sondern nur feststellt, was nicht ist, wird dann zur einzigen Möglichkeit der Erkenntnis. Nāgārjuna erläutert dieses Dilemma durch das Beispiel von Ursachen und Folgen. Er räumt ein, daß wir ohne Kausalitätsdenken jegliche Orientierung im Leben verlieren. Keine unserer Handlungen wäre möglich gewesen. Ist die Welt aber tatsächlich so und so beschaffen, wie wir mit unseren Begriffen meinen und denken?

Nāgārjuna weist auf folgende Tatsache hin und führt uns anschließend die Schwierigkeiten vor Augen: Ursachen werden für uns Ursachen, *nachdem* bestimmte Folgen aus ihnen aufgetreten sind. Folgen sind ihrerseits erst für uns Folgen, wenn wir sagen können, aus was für Ursachen sie entstanden sind. Nun tauchen aber Probleme auf, und zwar folgender Art:

- Sind die Folgen bereits in den Ursachen (und Bedingungen) enthalten oder nicht? Sind sie bereits in den Ursachen und Bedingungen enthalten, dann kann man nicht mehr sagen, Folgen seien aus Ursachen und Bedingungen *entstanden*, denn sie sind schon immer da gewesen.

1 All diese Behauptungen finden sich in *Rgveda*, z.B. X, 90,12; II, 12,5; VIII, 100,3; I, 164,46; X, 72; X, 129; V, 85.

- Sind Folgen nicht in Ursachen und Bedingungen bereits vorhanden, hätten sie auch nicht aus ihnen entstehen können, denn aus dem Nichts kommt nichts.
- Auch geht es nicht an, zu sagen, daß Ursachen ihre Folgen zuerst nicht in sich enthalten und sie dann hervorbringen. Denn wenn die Ursachen die Möglichkeit einer Hervorbringung der Folgen haben, dann sollte es auch möglich sein, daß die Ursachen ihre Folgen jeder Zeit und ewig ununterbrochen hervorbringen. Dies ist aber bekanntlich nicht der Fall. Das Korn hat die Möglichkeit zu keimen. Warum keimt das Korn nicht jederzeit?

Wir können daher weder sagen, Folgen seien in den Ursachen und Bedingungen enthalten, noch dürfen wir behaupten, Folgen seien nicht in den Ursachen und Bedingungen enthalten. Demnach gibt es keine Folgen, die aus Ursachen und Bedingungen entstanden sind, und ebensowenig Ursachen und Bedingungen. Denn gäbe es die Folgen nicht mehr, würden auch Ursachen und Bedingungen ihre Bezugspunkte verlieren und wären gegenstandslos, wie ohne Höhe auch eine Tiefe nicht denkbar wäre.
Wir können dann nur sagen, so Nāgārjuna: Weder die Folgen noch die Ursachen noch die Bedingungen besitzen ein *Selbst*, das die einen zu Folgen und die anderen zu Ursachen bestimmt hätte. Kausalität ist nur eine von uns aufgestellte Hypothese, welche der Realität nicht entspricht, wie nützlich diese Hypothese auch sein mag.
Im Zusammenhang mit der Frage nach der Entstehung der Gegebenheiten bedeutet dies dann konsequent:
Gegebenheiten entstehen weder durch sich selbst, noch durch andere, noch durch sich und andere, noch sind sie überhaupt entstanden.[1]
Gibt es das Entstehen nicht, wird es auch das Vergehen nicht geben.

Die übrigen drei *Weder–Noch* betreffen die Aussagen bezüglich Kontinuität und Diskontinuität, Identität und Differenz sowie über die Frage, ob eine Entwicklung der Dinge möglich ist, wobei der Gedankengang derselbe ist. Der Übersicht halber wollen wir uns einer Metapher bedienen: der eines Korns und eines aus dem Korn entstandenen Keimes.
Es leuchtet ein, daß das Korn nicht der Keim ist und der Keim anders ist als das Korn. Insofern können wir sagen, daß das Korn aufgehört hat, Korn zu sein, sobald aus ihm der Keim entsteht; andererseits müssen wir aber auch zugeben, daß das Korn nicht *aufgehört* hat, Korn zu sein, denn dann wäre eine Entstehung des Keimes aus dem Korn nicht möglich gewesen – Der Keim entsteht aus dem Korn, wenn das Korn ein Korn ist. Hört das Korn auf, Korn zu sein, woher

1 Bereits im sogenannten *Salistambasūtra* heißt es, nach Frauwallner, *Die Philosophie des Buddhismus*, S. 51: "Auch ist dieser Keim nicht durch sich geschaffen, nicht durch anderes geschaffen, nicht durch beides geschaffen, nicht durch Gott geschaffen, nicht durch die Zeit umgestaltet, nicht aus einer Urmaterie hervorgegangen, nicht von einem einzelnen Anlaß abhängig, und auch nicht ohne Grund entstanden."

kann der Keim denn sonst kommen? Die Relation zwischen dem Korn und dem Keim ist also weder Kontinuität, denn Keim ist anders als das Korn, noch Diskontinuität, denn dann wäre das Keimen nicht möglich.
Was Identität und Differenz anbelangt, so ist dazu folgendes zu sagen: Ursachen und Folgen sind voneinander different. Die Ursache ist aber die Ursache der Folge, und die Folge ist die Folge der Ursache. Das Korn und der Keim sind nicht miteinander identisch; aber andererseits ist es evident, daß Keim, Blätter und Stengel ein und demselben Korn entstammen, insofern läßt sich sagen, der Keim und das Korn sind nicht voneinander different. Ursachen und Folgen sind also weder miteinander identisch noch voneinander different.
Ähnlich verhält es sich mit der Entwicklung der Dinge. Im Fall von Korn und Keim bedeutet dies: Aus einem Keim, der seinerseits aus einem Korn entstanden ist, werden später neue Körner hervorgehen, was nicht bedeutet, daß diese Körner aus dem Keim *hergekommen* wären; denn *kommen* oder *herkommen* bedeutet, darauf legen die Kommentatoren ausdrücklich großen Wert, daß etwas aus einem Ort zu einem anderen Ort gekommen ist, wie etwa ein Vogel zu einem Baum geflogen ist und nun dort auf einem Ast bleibt. Die Entstehung eines Keimes aus dem Korn läßt sich andererseits auch nicht als Weggehen des Keimes aus dem Korn bezeichnen; denn *weggehen* bedeutet, daß etwas einen Ort verlassen hat, wie etwa eine Schlange aus ihrem Loch herausgekrochen und anderswohin gegangen ist.[1]

Der Gedankengang Nāgārjunas scheint schwer nachvollziehbar zu sein, spitzfindig ist er allemal. Folgende Denkanleitungen, die ebenfalls spitzfindig sind, könnten uns Nāgārjuna näher bringen. Nehmen wir weiterhin das Bild von Korn und Keim:
Wir haben ein Reiskorn vor uns und fragen, woher dieses Korn gekommen ist. Wir müssen dann ein anfänglich erstes Korn annehmen. Was dieses Korn betrifft, müßten wir sagen, daß es weder *entstanden* war noch *vergangen* ist; denn wäre es jemals entstanden, wäre es nicht mehr das anfänglich erste, als das wir es angenommen haben. Wir hätten uns selbst widerlegt. Wäre es jemals *vergangen*, so wäre das Korn, das wir jetzt vor uns haben, gar nicht möglich gewesen; denn gerade dieses Korn wäre der beste Beweis dafür, daß es das anfänglich erste Korn geben muß und daß dieses Korn noch nicht vergangen ist, sondern in diesem vor uns liegenden Korn weiterlebt.
Der Keim wächst aus dem Korn, was jeder von uns sehen kann. Begrifflich läßt sich dieses Wachsen aber unmöglich bestimmen. Dabei stellen sich folgende Fragen: Wann hat das Korn begonnen zu keimen? Ab welchem Zeitpunkt ist aus dem Korn der Keim geworden? Kann man dieses Werden als einen Punkt bezeichnen?

1 Alle Metaphern sind hier original bzw. nicht von mir. Es kann manchmal auch ein Genuß sein, buddhistische Kommentare zu lesen.

Versteht man unter diesem Werden (oder auch dem Beginn des Werdens) einen *Punkt*, so muß man nach dem *Vorher* und dem *Nachher* fragen. Wir können diesen Punkt dann nicht mehr als einen realen Trennungspunkt bezeichnen; denn Trennung bedeutet, daß das Vorher und das Nachher voneinander getrennt sind und miteinander nichts mehr zu tun haben. Das kann aber nicht richtig sein. Vielmehr verhält es sich so, daß das Nachher bereits im Vorher enthalten ist, und daß das Vorher im Nachher weiter wirkt. Der Punkt wäre dann nichts weiter als ein *gedachter* Punkt, der dem Werden nicht entspricht.

Nāgārjunas Theorem des Weder–Noch ist vermutlich aus dem Streit um die einzelnen Buddhalehren entstanden. Seine Stärke liegt darin, daß es versucht, jede positive Aussage als unzureichend, nur unter bestimmten Voraussetzungen als richtig und an sich als einseitig und falsch zu entlarven. Diese Lehre behauptet im Unterschied zu Kant nicht, daß beide Aussagen gleichzeitig wahr und richtig wären. Im Gegenteil, sie bedeutet, daß beide Aussagen einander widersprechen und keine von ihnen wahr und richtig ist.
Die Widersprüchlichkeit und die Falschheit solcher Aussagen bedeuten nicht, daß man nun auf sie verzichten und nach anderen richtigeren suchen sollte. Der einzige Ausweg besteht darin, diese Aussagen, die alle falsch sind, paarweise zu verneinen, also: weder–noch.
Der Widerspruch ist durch Begriffe selbst verursacht, spiegelt aber auch den Widerspruch zwischen dem begriffsbildenden Subjekt und dem Objekt wider. Daß der Mensch nicht in der Lage ist, objektive Wahrheiten zu finden oder zumindest zu formulieren, ist eben mehr oder weniger auf die Beschaffenheit der Begriffe selbst zurückzuführen: Begriffe haben ihre starren Bestimmungen, während ihre Gegenstände, die Dinge, entstehen und vergehen. Begriffe grenzen ab, während ihre Gegenstände sich immer in Zusammenhängen mit Bedingungen und Faktoren befinden. Begrenztheit der Erkenntnis ist insofern vor allem eine Begrenztheit der Begriffe und der Sprache. Es sei denn, man sagt überhaupt nichts. Sobald man irgend etwas sagt, läßt es sich immer widerlegen. Weil es aber widerlegbar ist, ist es leer.
Wäre die von Nāgārjuna vertretene *Mittlere Schule* dabei geblieben, wäre sie ihrem Namen nicht gerecht geworden. Das Schweigen ist deshalb nicht das letzte Gebot, und Nāgārjuna gehört zu denjenigen buddhistischen Gelehrten, die wahrscheinlich lebenslang ununterbrochen geschrieben und daher geredet haben. Den Ausweg haben seine Anhänger darin gefunden, daß sie zu Anfang sagen, daß alle Erkenntnisse, Begriffe und Aussagen *relativ* und nicht absolut, *praktisch* und nicht objektiv sind. Dasselbe gilt auch für sämtliche Buddha-Lehren, wie die Vier Edlen Wahrheiten, die Lehre der fünf Daseinsgruppen und nicht zuletzt die Theorie der bedingten Entstehung. In seiner *Abhandlung über die Mittlere Lehre* hat Nāgārjuna sie alle zu widerlegen und zumindest zu relativieren versucht.

Soll man nun nach Nāgārjuna alle Buddha-Lehre über Bord werfen? Durchaus nicht. Wichtig ist aber der Hinweis, daß jede Aussage, wenn sie richtig und wahr ist, nur in einem bestimmten Zusammenhang und unter bestimmten Umständen es ist. Es ist richtig, den Ringfinger als lang zu bezeichnen; das Gegenteil ist aber auch nicht falsch, denn im Vergleich zum kleinen Finger ist er lang und im Vergleich zum Mittelfinger ist er kurz. Eine bestimmte Pflanze ist ein Heilmittel, sofern sie eine bestimmte Krankheit heilt, für andere Krankheiten ist sie aber kein Heilmittel. Demnach läßt sich diese Pflanze sowohl als Heilmittel als auch als Nicht-Heilmittel bezeichnen, wobei beide Aussagen jeweils richtig sind, und keine von beiden an sich wahr ist.
Die Konsequenz ist, daß der Mensch sich der Unzulänglichkeit, des Hypothesencharakters der Begriffe ständig bewußt sein soll, zum einen wegen der Relation der Begriffe zu den Gegenständen und zum anderen infolge der Bedingtheit der Begriffe untereinander. Leer sind die Gegebenheiten, künstlich sind die Begriffe.
In diesem Zusammenhang spricht die Mittlere Schule gerne von zwei Arten von Wahrheiten, *satya-dvaya*: von der weltlichen, *saṃvṛti-satya,* und der absoluten, *pāramartha-satya.*[1] Weltliche Wahrheiten sind Erkenntnisse, die wir im alltäglichen Leben gemäß unserem Sprachgebrauch für wahr halten. Absolute Wahrheit ist die Wahrheit, daß alles, also auch die weltlichen Wahrheiten und die absolute Wahrheit selbst, *leer* ist. Absolute Wahrheit negiert weltliche Wahrheiten, was nicht bedeutet, daß diese nicht relativ wahr und vor allem nicht nützlich wären. Moralisches Handeln setzt eine Unterscheidung von *Ich* und *Du* voraus, damit *ich dir* überhaupt helfen kann und umgekehrt *du mir*. Gerade diese Hypothese ermöglicht uns das Handeln. Helfen bedeutet aber, daß ich *über mich hinaus* gehe und ich mich *mit dir* identifiziere.[2]

Zusammengefaßt läßt sich folgendes sagen:

- Nāgārjuna verneint die Realität nicht direkt, vielmehr bezweifelt er die Möglichkeit, daß wir diese Realität erkennen und unsere Erkenntnisse sprachlich und begrifflich zum Ausdruck bringen können.
- Sämtliche Anschauungen lassen sich nach Nāgārjuna durch konsequentes Analysieren als inkonsistent und alle Theorien als unhaltbar erweisen.
- Jede Theorie ist insofern unzulänglich, relativ und hypothetisch.
- Nāgārjunas Hauptinteresse liegt darin, Begriffe, die wir als etwas Selbstverständliches alltäglich gebrauchen, auf ihre Adäquatheit in bezug auf das Bezeichnete hin zu überprüfen. Wäre der Begriff *Feuer* Feuer, müßte er brennen. Der Begriff *Feuer* brennt aber nicht.

1 Siehe dazu Chr. Lindtner, *Atisa's Introduction to the Two Truths and it's Sources*, in: *Journal of Indian Philosophy* 9 (1980), S. 161–214.

2 Z.B. für das Verständnis der Ethik als regulative Idee und Arbeitshypothese. Vgl. Zotz, *Geschichte der buddhistischen Philosophie*, S. 127.

XI Die So-heit

Die Ausführungen Nāgārjunas machen deutlich, daß unsere begrifflichen Konstruktionen zwar nützlich, aber nicht in der Lage sind, die Gegebenheiten so zu erfassen, wie sie sind. Sowohl die Welt als das Ganze als auch die einzelnen Gegebenheiten haben eine gewisse *So-heit* oder *Derartigkeit*[1], die unserem rational-begrifflichen Zugriff unzugänglich ist und sich ihm ständig entzieht.
Jedoch geht es mit der Frage nach dieser So-heit weder um metaphysische Spekulationen noch um unaussprechliche mystische Erfahrungen. Die Bekanntschaft mit der So-heit machen wir alltäglich. Daher möchten wir hier mit einem alltäglichen Beispiel beginnen.
Es gibt ein paar Wörter – so unser Beispiel – , die zu beschreiben ein Lexikograph große Schwierigkeiten hat. Zu solchen Wörtern zählen Begriffe wie “links”, “rechts”, “oben”, “unten” oder auch “Mitte”. Sehen wir uns zuerst die Erläuterungen im *Duden* an:

> links... <Adj.> / Ggs. rechts.../: *sich auf der Seite befindend, auf der das Herz ist und die der rechten Seite entgegengesetzt ist*
> rechts... <Adj.> / Ggs. links.../: *sich auf derjenigen Seite befindend, die der Seite, auf der das Herz ist, entgegengesetzt ist*
> oben <Adverb> / Ggs. unten /: *an einer (vom Sprecher aus betrachtet) höher gelegenen Stelle*
> unten <Adverb> / Ggs. oben /: *an einer (vom Sprecher aus betrachtet) tiefer gelegenen Stelle*

Wir wissen alle, was *links* bedeutet, aber um seine Bedeutung lexikographisch zu beschreiben, brauchen wir, wie das Duden-Beispiel zeigt, mindestens zwei Bezugspunkte: erstens das Gegenteil, wobei eine solche Beschreibung eigentlich nicht sinnvoll ist; denn wüßte ich die Bedeutung des Gegenteils nicht, würde ich ebenfalls auf dessen Gegenteil verwiesen, also auf das, dessen Bedeutung ich anhand des Wörterbuches gerade zu verstehen versuche.
Zweitens brauchen wir einen bestimmten Orientierungspunkt, im Fall von links und rechts – nach Duden – das Herz. Unser Körper ist symmetrisch gebaut, aber Gott sei Dank liegt das Herz nicht mitten in der Brust, sonst hätten wir echte Schwierigkeiten, die Wörter wie links oder rechts verständlich zu machen.

1 *Tathāgata*: tathā + āgata, “so gekommen”, oder tathā + gata, “so gegangen”. Im Mahāyāna scheint sich jedoch eine Substantivierung des Wortes durchgesetzt zu haben. So wird der Buddha u.a. als Tathagata bezeichnet, Gegebenheiten wird auch ein gewisses So-Sein zugesprochen. Siehe Frauwallner, *Die Philosophie des Buddhismus*, S. 258–264.

Was ist die Mitte oder der Mittelpunkt? *Duden*:

> Mitte: *Punkt in einem Raum, auf einer Strecke oder in einem Zeitraum, von dem aus die Enden gleich weit entfernt sind*: die M. eines Kreises <...> sinnv.: Mittelpunkt
> Mittelpunkt: *Punkt in der Mitte eines Kreises oder einer Kugel, von dem aus alle Punkte des Umfangs oder der Oberfläche gleich weit entfernt sind*: der M. des Kreises, der Erde

Mitte wird also definiert im Bezug auf etwas, das außerhalb der Mitte und selbst nicht die Mitte ist. Wir können auch sagen, Mitte wird definiert durch Negationen von Gegensätzen: Mitte ist weder links noch rechts, weder oben noch unten, Mitte liegt genau zwischen links und rechts, unten und oben.

Im Philosophieren verhält es sich noch komplizierter als in der Lexikographie. Aber das, was über die Mitte und über die Duden-Definition der Mitte gesagt worden ist, gilt auch hier: Mitte ist weder falsch noch richtig, weder seiend noch nicht-seiend, weder nicht-seiend noch nicht nicht-seiend, weder Ich noch Du, weder Subjekt noch Objekt, weder Gewinn noch Verlust, weder Fülle noch Leere. Die Mitte liegt genau dazwischen und die Mitte negiert alle Gegensätze und Dualitäten.
Nun wollen wir die Frage stellen, wie es mit der Wahrheit steht? Wie steht es mit der *wahren* Beschaffenheit der Gegebenheiten? Wollten wir die Redensart "Die Wahrheit liegt in der Mitte." oder das Sprichwort "In der Mitte ist das Beste." wörtlich nehmen, dann wäre Wahrheit eine Negation unserer normalen Aussagen über sie. Die *wahre* Beschaffenheit jeder Gegebenheit wäre dann das, was wir nach der Negation von dem, was wir über sie sagen, gewonnen haben. Wahrheit wäre gerade Nicht-Wahrheit.
Nun ein alltägliches buddhistisches Beispiel: Wie allgemein bekannt, ist die Aussage über die Länge des Ringfingers etwas Logisch-Weltliches und hängt davon ab, welcher von den übrigen Fingern mit ihm verglichen wird. Im Vergleich zum kleinen Finger ist der Ringfinger sichtlich *lang*, im Vergleich zum Mittelfinger ist er hingegen als *kurz* zu bezeichnen. Zum einen ist die Länge oder Kürze etwas Bedingtes und Relatives, und zum anderen ist die Aussage überhaupt etwas Begriffliches, das das Ding selbst nicht erfaßt. Daß auch unsere Messung ein "Maß nehmen" und daher eine Setzung ist, darauf wurde bereits hingewiesen.[1] *Wie lang ist eigentlich der Ringfinger?* Der Ringfinger ist *so* lang. Die wahre Beschaffenheit des Ringfingers ist ein gewisses unaussagbares *So-Sein*.

"Bei seiner Predigt auf dem Geierberg drehte einst der erhabene Buddha eine Blume und zeigte sie der versammelten Schar. Damals schwiegen alle. Nur der erhabene Kāśyapa verzog sein Gesicht und lächelte. Der Buddha sprach: Ich

1 Siehe oben, Kap. IX *Die Welt ist eine Schöpfung des Gedankens*.

besitze das Auge der rechten Lehre, das wunderbare *nirvāṇa*-Bewußtsein: die Wirklichkeit ist ohne Gestalt, dies ist die wunderbare Lehre. Die besondere Überlieferung außer der Schriftenlehre, nicht in Worten niedergelegt, vertraue ich dem Mahā-Kāśyapa an."[1]

Nur der erhabene Kāśyapa allein hat anscheinend des Buddhas wunderbare Lehre verstanden; denn er hat dem Buddha zugelächelt und die Lehre anschließend auch anvertraut bekommen. Da weder Kāśyapa noch der Buddha dabei irgend etwas gesagt hat, können wir diese Lehre, so wunderbar sie auch sein mag, nicht nachvollziehen. Wir müssen einen anderen Weg gehen, um über das Unaussagbare doch auszusagen.

Wir halten einen Moment inne und versuchen, einen Faden zu finden:

Gehen wir von einer bestimmten Gegebenheit aus, ist sie für uns ein Gegen-Stand. Das, was uns mit diesem Gegenstand verbindet, ist nicht der Gegenstand selbst, sondern unsere Bezeichnung für ihn: wir geben ihm einen *Namen.*

Wir müssen ferner davon ausgehen, daß dieser benannte Gegenstand bestimmte *Eigenschaften* hat. Mit einem eigenschaftslosen Gegenstand können wir wenig anfangen, er wäre für uns unfaßbar, und wir können ihn nicht einmal benennen. Des weiteren müssen sich diese zuerst angenommenen Eigenschaften uns *zeigen*, damit wir sie wahrnehmen können. Das Wahrnehmbare an einer Gegebenheit nennen wir ihr Merkmal (*lakṣaṇa*). Also: Wir nehmen bestimmte Merkmale wahr, diese zeigen bestimmte Eigenschaften, zeigbare Eigenschaften machen für uns einen Gegenstand aus, dem Gegenstand geben wir einen Namen.

Dazu ein Beispiel aus dem *Mahāprajñāpāramitāsūtra*[2]:

Wir nennen etwas, das brennt, *Feuer*. Aus der Erfahrung, buddhistisch gesagt: aus der Zusammenkunft des Körpers mit der äußeren Sphäre (in diesem Fall dem Brennenden), wissen wir, daß das Feuer *heiß* ist. Diese Hitze nennen wir die *Eigenschaft* des Feuers. *Merkmale* der Hitze sind z.B. Rauch und Helligkeit.

Es gibt verschiedene Arten von Merkmalen:

- Alle geschaffenen Gegebenheiten sind dadurch gekenn*zeichnet*, daß sie entstehen, eine Zeitlang bestehenbleiben, sich verändern und vergehen.[3] Diese vier Merkmale sind *allgemeine*, weil sie allen Gegebenheiten zukommen.
- Des weiteren wird von *besonderen* Merkmalen gesprochen. Demnach zeigt jede Gegebenheit Zeichen, die ihr eigentümlich sind: Die Erde hat das Zeichen der Härte, das Feuer hat das Zeichen der Hitze und das Wasser das Zeichen der Kälte.

1 Zitiert nach: G. Debon u. W. Speiser: *Chinesische Geisteswelt, Zeugnisse aus drei Jahrtausenden*, Hanau 1987, S. 215.

2 *Dazhidu lun* (= *Mahāprajñāpāramitāsūtra*), Kap. 31.

3 Dies wird *saṃskṛta- lakṣaṇi* genannt.

- Alle Gegebenheiten sind voneinander abhängig, wie Pflanzen von der Erde und die Erde ihrerseits wiederum vom Wasser usw. Diese Zeichen sind Zeichen der *Abhängigkeit*.

Alle Merkmale haben die Eigenschaft von Sichtbar- oder Wahrnehmbarkeit. Insofern sind unsere Wahrnehmungen Wahrnehmungen von Zeichen. Das Ergebnis der Wahrnehmungen ist normalerweise die Dualität und Unterscheidung. Diese Dualität äußert sich z.B. in folgenden entgegengesetzten Kategorien: Ich und Nicht-Ich, innen und außen, angenehm und unangenehm, lang und kurz, oben und unten etc.

So weit, so gut. Was uns die buddhistischen Texte zu bieten haben, ist also nichts Neues. Aber der Buddhismus begnügt sich auch nicht mit derartigen allgemein verständlichen Feststellungen. Er geht weiter und weist auf folgende Sachverhalte hin:

- Zeichen ändern sich.
- Zeichen sind Schein.
- Der Schein trügt.

Der erste Sachverhalt macht darauf aufmerksam, daß die Gegebenheiten keine ewigen und unveränderbaren Zeichen haben. Wachs ist hart und hat somit das Zeichen der Erde. Wenn es aber erhitzt wird, wird es flüssig und trägt ein anderes Zeichen, nämlich das Zeichen des Wassers. Das Wasser ist flüssig, wird es aber zu Eis gefroren, hat es ein anderes Zeichen, nämlich das der Erde. Wir würden nun argumentieren, daß trotz der Zeichenänderungen Wachs nach wie vor Wachs und Wasser immer noch Wasser ist. Problematisch werden allerdings unsere Argumente, sobald wir mit komplexeren Gegebenheiten wie dem Gefühlsleben oder auch unserer Geistestätigkeit zu tun haben. Was wir heute für gut erklären, kann schon morgen von uns für schlecht gehalten werden. Hier sind Änderungen der Zeichen mehr als Zustandsänderungen. Denkt man nun, wie der Buddhismus verlangt, das An-sich-Sein des Substantiellen – eine Erde, die an sich hart wäre oder auch eine Seele, welche allen Zustandsänderungen zugrunde läge – weg, blieben uns nur Zeichen übrig, die sich aber stets ändern.

Der zweite Sachverhalt bringt eine gewisse Umkehr hervor: Zeichen sind häufig Schein, und erst mit dem Verlust der Zeichen wird eine Gegebenheit das, was sie ist – Ist sie aber überhaupt noch etwas? Was der Buddhismus damit meint, muß nicht unverständlich tiefsinnig sein. Um es zu verstehen, dürfen wir durchaus auf unsere alltäglichen Erfahrungen und Lebensweisheit zurückgreifen. Bellende Hunde beißen nicht, stille Wasser sind tief. Viel zu wissen ist ein Zeichen der Gelehrsamkeit und Weisheit. Ist ein Mensch aber gelehrsam und in die Weisheit eingetreten, hat er das Zeichen der Gelehrsamkeit nicht mehr. Er wird sehr bescheiden wirken; denn nur ein sehr gelehrter Mensch kann wissen, daß es viel mehr Dinge gibt, die er nicht weiß. Wissen zeigt sich im Wissen um die Unwissenheit – *docta ignorantia*. Diese Formulierung ist nicht leicht zu verstehen, der Sinn ist hingegen relativ einfach: Die Aussage in der negativen Theologie, Gott denke nicht, bedeutet nicht, daß Gott in Wirklichkeit nicht denkt, sondern, daß er anders und auf vollkommene Weise denkt. Gott hat das Zeichen des Denkens nicht. Im Daoismus spricht man davon, daß ein wirklich weiser Mensch so weise sein soll, daß ihn die anderen für nicht weise halten. Die Sache ist recht kompliziert. Hätte ein Weiser das Zeichen der Weisheit nicht, würden wir ihn nicht als einen Weisen erkennen können; hätten wir ihn als einen solchen erkannt, wäre er nicht mehr weise, denn dann sind wir genauso weise wir er. Hätte Thomas von Aquin seine *Summa theologicae* und andere Schriften nicht geschrieben, könnten wir sein Schweigen im Unterricht während der Studienzeit durchaus anders interpretieren.[1]

An den Gegebenheiten nehmen wir deren Zeichen wahr; veränderlich und nicht immer wahr sind aber diese Zeichen, und sie trügen sogar. Was sind die wahren Zeichen? Die wahren Zeichen sind nicht benennbar – wenn es sie überhaupt gibt. Die wahren Zeichen sind Negationen von Aussagen und entziehen sich unserem begrifflichen und sprachlichen Zugriff. Die wahren Zeichen sind eine gewisse So-heit. Geheimnisvoll sind sie trotzdem nicht; denn wenn wir eine Aussage machen und zugleich einen Zusatz hinzufügen, der die Gültigkeit der Aussage beschränkt und relativiert, haben wir bereits geahnt, daß das, was wir sagen, nicht das ist, was wir meinen und was wir aussagen wollten.
Von den angenommenen wahren Zeichen der Gegebenheiten läßt sich deshalb folgendes sagen:

- Sichtbar sind wohl die besonderen Zeichen, wie die Erde hart und das Feuer warm ist. In den besonderen, einzelnen Zeichen ist aber das wahre Zeichen nicht zu sehen und auch nicht zu finden. Insofern ist auch das wahre Zeichen leer, und die Leerheit ist das wahre Zeichen einer jeden Gegebenheit, wie die Gegebenheit selbst leer ist.
- Das wahre Zeichen ist das Gegenteil von den sichtbaren einzelnen Zeichen und insofern deren Eigenschaften nicht unterworfen. Alle Kategorien, mit denen wir die einzelnen Zeichen beschreiben, verlieren ihre Gültigkeit. Mit anderen Worten: In den wahren Zeichen der Gegebenheiten gibt es keine Entstehung, kein Bestehen, kein Vergehen, keine Veränderung, keine Freude, kein Leiden, kein Ich, kein Nicht-Ich, ja kein wahres Zeichen. Wahre Zeichen und die wahre Beschaffenheit der Gegebenheiten fallen hier zusammen.
- Trotzdem führen alle einzelnen Zeichen zum wahren Zeichen, indem sie sich selbst aufgeben und sich in einer unterschiedslosen Einheit auflösen, wie alle Flüsse abwärts fließen und sich in ein und demselben Meer vereinigen.

1 In seinen Kölner Jahren scheint sich Thomas unter den disputierfreudigen Mitstudenten durch schweigsame Zurückhaltung ausgezeichnet zu haben und wurde im Scherz, wohl in Anspielung auf seine körperliche Gestalt, “der stumme Ochse” genannt.

Nach diesen Erörterungen läßt sich die Lehre der sogenannten Trinität der Beschaffenheit[1] leicht verstehen. Wieder wollen wir zuerst ein buddhistisches Gleichnis vorausschicken, das Gleichnis vom Hanf, dem Hanfseil und der Schlange:

Da ist Hanf, aus dem Hanf besteht ein Seil, das Seil wird aber, aus welchem Grund auch immer, irrtümlich für eine Schlange gehalten.

Nun kommen wir zu der oben genannten Lehre der Trinität. Sie besagt, daß jede Gegebenheit drei Arten von Beschaffenheiten besitzt:

- eine relativ-abhängige Beschaffenheit (*paratantra-svabhāva*)
- eine vorgestellte Beschaffenheit (*parikalpita-svabhāva*) und
- eine vorstellungsfreie, vollkommene Beschaffenheit (*pariniṣpanna-svabhāva*)

Zu der ersten Beschaffenheit: Gegebenheiten ergeben sich aus den für ihre Entstehung notwendigen Ursachen, Bedingungen und Faktoren. Diese Abhängigkeit und Bedingtheit machen die Unselbständigkeit und die Leerheit der Dinge aus. Leerheit bedeutet daher nicht, daß etwas nicht da sei, sondern daß das Da-Sein von diesem Etwas kein absolutes Selbstsein ist. Man kann diesen Gedankengang nachvollziehen, wenn man das Begriffspaar Schein – Sein als eins betrachtet: Schein ist die Seinsweise des Seins, Sein ist Scheinsein. Dinge sind, indem sie als etwas scheinen; Dinge scheinen, weil ein Sein außer Scheinen nicht denkbar ist. Dinge sind nicht, scheinen aber so, als ob sie seiend wären. Sie sind für uns erfaßbar, gerade weil sie scheinen, dabei bestimmte Eigenschaften bzw. Zeichen aufweisen und eine *relativ-abhängige* Beschaffenheit haben, wie wir etwas, das aus Hanf besteht und eine bestimmte Form zeigt, als Seil bezeichnen. Insofern weist jede Gegebenheit, die von uns einen Namen bekommen hat, bereits eine durch den Anteil der geistigen Projektion vorgestellte Natur auf. Ein namenloses Ding ist für uns ein Unding.

Diese Projektion, entstanden aus dem Geist des Menschen in Abhängigkeit von der relativ-abhängigen Beschaffenheit der Dinge, ist im Grunde eine geistig notwendige und auch sehr ökonomische Hypothese, wie wir eine Holzplatte mit vier Stützen als Tisch bezeichnen, damit wir dieses Ding nicht jedesmal mit “einer Platte, vier Beinen, einigen Schrauben” beschreiben müssen. Jedoch geschieht es häufig, daß die Hypothese mit der “Wahrheit” gleichgesetzt wird, wie das Ich als eine ökonomische Bezeichnung für ein Ich als Selbstsein gehalten wird, so, als ob es in der Wirklichkeit auch eine genaue Entsprechung gäbe.

Mit der vorgestellten Beschaffenheit, der zweiten Art, ist in erster Linie nun nicht die sprachliche Ökonomie, sondern die beschriebene täuschende Wandlung gemeint: der Geist beginnt, das von ihm Vorgestellte und Zusammengefaßte als wahre *objektive* Eigenschaften der Dinge zu mißdeuten und an dem Mißdeuteten festzuhalten. Das buddhistische Beispiel ist hier das Beispiel von dem Seil und der Schlange. Wenn man will, kann man beide Begriffe, Seil und

1 *Trilakṣaṇāni* oder *svabhāva-traya*.

Schlange, als Produkte oder synthetische Urteile des Geistes betrachten, verursacht durch die jeweilige *relativ-abhängige* Beschaffenheit des Seils und der Schlange. Geht nun ein Mensch, der diese Vorstellungen hat, in einen schlecht beleuchteten Keller und sieht ein Stück Seil vor sich auf dem Boden liegen, so könnte es sein, daß er das Seil als Seil, wenn nicht schon als Hanf, erkennt. Es könnte aber auch sein – und das ist die buddhistische Pointe –, daß er dieses Stück Seil für eine Schlange hält. Wenn er dann seine Entdeckung weitererzählt, würden alle Menschen eine Schlange dort vermuten, wo bloß ein Stück Seil ist. Natürlich können wir, nicht nur die Philosophen unter uns, darauf hinweisen, daß es sich hier bloß um eine Sinnestäuschung und einen Fehlschluß handelt, die zu beseitigen wir nur das Seil in die Hand zu nehmen bräuchten. Die Frage ist nur, wie bereits erläutert, was nach buddhistischem Verständnis keine Täuschung ist!
Die zweite Beschaffenheit wird vom Geist vorgestellt und ist eine Steigerung der relativ-abhängigen Beschaffenheit. Die relativ-abhängige Beschaffenheit ist von bestimmten, vorhandenen Wahrnehmungsmengen abhängig und braucht ihrerseits nicht unbedingt den Namen, während die vorgestellte Beschaffenheit mit einem bestimmten Namen beginnt und, unabhängig von den vorhandenen Mengen, etwas Selbständiges vom Namen her *setzt*. In der ersten Art haben wir sozusagen nur die Wahrnehmung von Farben. Nachdem wir aber, in der zweiten Art, eine bestimmte Farbe als weiß und eine andere als schwarz bezeichnet haben, setzen wir fest, dies sei weiß und jenes sei schwarz.
Unsere Vorstellung ist in diesem Fall nicht mehr direkt von der relativ-abhängigen Beschaffenheit abhängig, sondern sie wird mehr und mehr vom gegebenen Namen her bestimmt und gesetzt. Dabei ist vor allem folgendes zu beachten:
Die Namensgebung ist etwas Willkürliches, nicht mehr jedoch der Name.[1] Wir hätten durchaus eine Platte mit vier Beinen als Farbe bezeichnen können und nicht als Tisch, aber dann werden wir, wenn wir von Farben sprechen, nicht mehr die Wahrnehmung von schwarz und weiß haben, sondern eben das, was wir uns nach wie vor unter einem Tisch vorstellen. Das ist der Unterschied zur ersten Art. Unsere vorgestellte Wahrnehmung wird hier sozusagen vorgeschrieben, und zwar vom Namen.
Der Name ist trotzdem etwas Unbestimmtes. Für ein einziges Ding kann es viele Namen geben, die Vielheit der Namen ändert nichts an der Einzigartigkeit des Dings; umgekehrt könnte sich ein Name auch auf mehrere Dinge beziehen. Schließlich: Unterschiedliche Menschen und unterschiedliche Kulturen können unter einem Namen Unterschiedliches verstehen.
Die vollkommene Beschaffenheit der Gegebenheiten als eine gewisse So-heit ist hingegen vorstellungsfrei. Diese Beschaffenheit erkennt der Geist, indem er die

1 An Stelle philosophischer Abhandlungen werden die *Kindergeschichten* von Peter Bichsel hier empfohlen, Darmstadt u. Neuwied 1974.

ersten zwei Arten der Beschaffenheiten negiert und die gewöhnlichen Festhaltensmechanismen aufgibt.
Alle drei Arten der Beschaffenheiten sind Transformationen des Geistes und verhalten sich deshalb wie folgt: Alle Beschaffenheiten sind aus dem Geist entstanden und insofern nicht wirklich seiend. Das Nicht-Seiende für objektiv seiend zu halten, verursacht Unterscheidungen wie Ich und Du, Sein und Nicht-Sein, identisch und different. Die vollkommene Beschaffenheit der Dinge entpuppt sich somit nicht als eine Aussage über die Dinge, sondern als ein geistiger Zustand, eine zu erreichende Beschaffenheit unseres Bewußtseins.

Die Lehre über die So-heit erlaubt zugleich, die Gegebenheiten unter verschiedenen Aspekten zu betrachten. Wahrheiten sind stets Stufenwahrheiten, Aspektwahrheiten und nie absolute Wahrheiten. Über die oben erläuterten drei Arten der Beschaffenheit hinaus wird in diesem Sinne im Großen Fahrzeug von den fünf Augen gesprochen: dem weltlichen Auge, dem himmlischen Auge, dem Weisheitsauge, dem Dharmaauge und schließlich dem Buddhaauge.

- Das weltliche Auge sieht einseitig und nur das, was nah, vorn, oben, hell ist, und nicht das, was fern, hinten, unten und dunkel ist. Damit ist eindeutig unsere alltäglich gewöhnliche Wahrnehmung gemeint.
- Das himmlische Auge dringt in die Tiefe und erkennt, daß alle Gegebenheiten nur momentane Aggregate aus Ursachen und Bedingungen sind. Insofern ist alles leer, entsteht und vergeht.
- Das Weisheitsauge überwindet alle Unterschiede und Dualitäten, die infolge des weltlichen Auges entstanden sind. Es erblickt die Dinge in ihrer So-heit und Derartigkeit.
- Das Weisheitsauge kann die Lebewesen aber nicht retten und ans andere Ufer übersetzen, weil in ihm die Lebewesen nicht einmal existieren und sich die Dinge in ihrer So-heit nicht voneinander unterscheiden. Deshalb wird nach dem Dharmaauge gesucht. Das Dharmaauge ist das Auge des Geschicks, des Kunstgriffs, und ermöglicht das praktische Handeln.
- Das Buddhaauge sieht schließlich alles.

Dementsprechend könnte man auch vom weltlichen Ohr, himmlischen Ohr, Weisheitsohr, Dharmaohr und Buddhaohr sprechen.

Die So-heit als das Wahre negiert die weltlichen Eigenschaften nicht, wie auch die Widerlegung der Kausalität durch Nāgārjuna uns keineswegs daran hindern soll, weiterhin logisch-kausal zu denken und zu handeln. Jedoch haben wir etwas Neues dazugelernt:

Wir sind wie "kleine Kinder, welche (die Widerspiegelung des) Mondes im Wasser sehen. Daraufhin entsteht in ihnen die Liebe zu und die Begierde nach diesem Mond. Sie strecken die Hände aus und wollen den Mond an sich reißen. Da sie aber den Mond nicht bekommen, entsteht in ihnen Zorn und Sorge. Da kommt ein Weiser herbei und belehrt die Kinder: Der Mond ist mit den Augen zu sehen, läßt sich aber mit der Hand nicht fangen. Was widerlegt werden soll, ist dieses Greifen, nicht aber das Sehen".[1]

1 *Dazhidu lun* (= *Mahāprajñāpāramitāsūtra*), Kap. 32.

XII Eins und alles

Bei der Untersuchung der Frage nach dem Ich in Kapitel IV haben wir die dort dargestellte buddhistische Denkweise als "zerlegend" und "Zwiebel-schälend" bezeichnet. Nach diesem klassischen frühbuddhistischen Denkmuster läßt sich alles, was zusammengesetzt ist, auf Bedingungen und Elemente reduzieren, die ihrerseits entweder selbst bedingt oder aber nicht weiter hinterfragbar sind.

Das Ergebnis der "Zerlegung" ist bekannt: nichts ist so, wie es ist, alles ist bedingt. Eine Linie erweist sich als Punkte, aus einer Zwiebel werden lauter Häute, aus einem kräftigen Körper werden Fleisch, Sehnen, Haare und Knochen. Die Leerheit ist also doch etwas Schreckliches und Deprimierendes, vor allem für die Chinesen, die als pflichtbewußte Konfuzianer aktiv in die Gesellschaft eingreifen oder aber als Anhänger des Daoismus gemäß den Pulsschlägen der Natur leben wollen. Nicht von ungefähr kritisiert der chinesische Buddhist Zhi Yi (538–597) diese Methode der analytischen Zerlegung deshalb als *ungeschickt* und wirft dem Kleinen Fahrzeug Nihilismus und Pessimismus vor. Zhi Yi bestreitet die Bedingtheit der Dinge nicht, weist aber auf die Ermöglichung der Entstehung gerade durch die Bedingtheit hin. Nicht mehr die Erscheinung wird im Hinblick auf ihre Bedingtheit und somit die Leerheit betrachtet, sondern die Bedingtheit wird im Hinblick auf ihre Potenz für die Entstehung interpretiert. Diese Umkehr ist sehr chinesisch und chinesisch praktisch. Davon am Ende dieses Kapitels mehr.

Des weiteren haben wir im vorangegangenen Kapitel festgestellt, daß sowohl der Bedingtheit der Phänomene als auch unserer Wahrnehmung über sie etwas zugrunde liegt, das sich unserem begrifflichen Zugriff entzieht, die So-heit. Alles Entstandene läßt sich somit als Modifikationen der So-heit verstehen.

Der Gedanke der Ganzheit der Gegebenheiten zum einen und die Hervorhebung der So-heit in den Gegebenheiten erlauben nun eine neue und gelassener eingestimmte Einstellung dem Leben und der Welt gegenüber. Dinge werden nicht mehr auf ihre eigenen Elemente reduziert, sondern in ihren Zusammenhängen miteinander betrachtet. Nichts steht für sich allein da, jedes ist mit jedem verbunden, alles drückt die So-heit, und sei es die des menschlichen Bewußtseins, aus.[1]

Diese Lehre der Universaleinheit wird insbesondere vom chinesischen Buddhismus vertreten. Bevor wir uns ihren Thesen zuwenden, sei eine Episode aus dem Leben des Meisters Fa Zang (634–712) kurz erzählt.

Es war einmal in der chinesischen Tang-Dynastie. Kaiserin Wuzetian höchstpersönlich interessierte sich für den Buddhismus und bat eines Tages Meister Fa Zang zu sich. Dieser sollte ihr die Lehre der Universaleinheit erläutern. Der

1 Literatur: Garma C. C. Chang: *The Buddhist Teaching of Totality. The Philosophy of Hwa Yen Buddhism*, University Park (Pennsylvania) 1971; Francis H. Cook: *Hua-yen Buddhism. The Jewel Net of Indra*, University Park (Pennsylvania) 1977.

ganze Vormittag verging, die interessierte Kaiserin hatte anscheinend noch nichts verstanden. Ganz frustriert war auch der Meister. Als er den Palast zu verlassen im Begriff war, sah er eine goldene Löwenstatue vor dem Palasttor stehen. Die Augen des Meisters leuchteten. Er ließ die Kaiserin zum Löwen bitten, zeigte ihr die goldene Statue und fing mit der Erläuterung nochmals von vorne an. An diesem Tag wurde eine sinnbildliche Beschreibung der Universaleinheit geboren: Alles ist Gold und goldig; betrachtet man die Goldene Löwenstatue unter dem Aspekt Gold, ist alles am Löwen Gold. Das Auge ist nicht different vom Ohr, das Ohr ist nicht anders als das Haar; betrachtet man die Statue hingegen unter dem Aspekt der Erscheinungsformen, ist jedes Organ am Löwen anders als alle anderen. Die Statue mag sich so oder so ändern, das Gold wird sich weder vermehren noch vermindern.[1]

Versuchen wir nun, diese Goldene Löwenstatue stets im Auge behaltend, die Welt und ihre Erscheinungen in vier Bereiche zu teilen, bevor wir sie zusammen unter verschiedenen Aspekten betrachten.

- Der erste Bereich wird der Bereich des *Dinglichen* oder des Konkreten genannt. Er umfaßt alle einzelnen Dinge in allen möglichen Erscheinungsformen und ist durch Partikularität, Differenz, Einzigartigkeit, Vielfalt und Mannigfaltigkeit gekennzeichnet. In diesem Bereich ist jedes Ding jeweils anders als alle anderen.
- Dem Bereich des Konkreten folgt der Bereich des *Prinzips*, wir können auch vom Bereich der So-heit oder des Goldes sprechen. In diesem Bereich ist nur das eine Prinzip denkbar. Dieses Prinzip bleibt ewig gleich und universal, es vermehrt sich nicht und es vermindert sich nicht. Das ist der Bereich der Unterschiedslosigkeit, der Einheit, des Universalen, des mit sich Identischen und des Einen.
- Der dritte Bereich umfaßt das Dingliche aus dem ersten Bereich *und* das eine Prinzip aus dem zweiten Bereich. Vielfalt wird dabei zu Modifikationen und Manifestationen des einen Prinzips erklärt, wie etwa alle wirklichen und möglichen Löwenstatuen aus ein und demselben Gold bestehen. Universalität und Partikularität haben sich in diesem Bereich ineinander durchdrungen und sind miteinander kompatibel. Jede Blüte, poetisch formuliert, wird zum Ausdruck der Einen.
- Es bleibt nun noch ein Bereich, der die *Relationen* zwischen den Partikularitäten regeln soll. Hier haben wir es mit der Mannigfaltigkeit der konkreten und möglichen Dinge zu tun und müssen feststellen, daß jedes Dingliche anders ist. Da aber jedes von ihnen eine Modifikation des Einen ist, sind alle Dinge zwar durch einander bedingt, aber auch miteinander vernetzt und, vom Prinzip (vom Gold) her gesehen, miteinander identisch. Diese Mannigfaltigkeit wird häufig mit der Vielfalt der Wellen verglichen: jede Welle spiegelt das

1 Siehe Anhang: *Abschnitt über den Goldenen Löwen.*

Wasser wider, das allen Wellen zugrunde liegt und in jeder Welle ist. Dieser Bereich wird daher auch Bereich der Hindernislosigkeit (zwischen den Dingen) genannt.

Mit der Lehre der vier Bereiche ausgerüstet, können wir nun der Lehre der zehn Gesichtspunkte folgen, unter denen jedes Ding und die Welt als das Ganze betrachtet werden:

- Jedes einzelne Ding ist vollkommen und verkörpert das Ganze. In einem einzigen Tropfen Wasser ist das ganze Wasser enthalten, jeder Tropfen Wasser ist ja das ganze Wasser.
- Alle Dinge, die jeweils für sich vollkommen sind, sind miteinander kompatibel und behindern sich nicht. In einem Raum sind viele Lichter. Jedes Licht ist anders, alle Lichter beleuchten den einen Raum.
- Eins ist alles, alles ist eins. Alles ist eins, sofern das Eine in Allem und Jedem enthalten ist; eins ist alles, sofern alles im Einen enthalten ist. Jedes steht für sich, alle sind identisch.
- Alle Dinge sind eng miteinander vernetzt. Sie stehen zueinander wie unzählige Spiegel.[1] In dem Spiegel sind Spiegelbilder von anderen enthalten. Insofern birgt jedes kleinste Ding die gesamte So-heit in sich und enthält die gesamte Wirklichkeit.
- Die Relation zwischen dem Dinglichen und der So-heit läßt sich als eine Relation zwischen Offenheit und Verborgenheit verstehen. Und dies hängt wiederum davon ab, unter welchem Aspekt, dem Aspekt der Offenheit oder dem der Verborgenheit, das Dingliche betrachtet wird. Als ein Beispiel können wir wieder unsere Goldene Löwenstatue nehmen: Betrachten wir unsere Statue unter dem Aspekt, sie stelle einen Löwen dar, dann haben wir nur den Löwen im Auge, der Aspekt Gold bleibt verborgen. Betrachten wir die Statue hingegen unter dem Aspekt des Goldes, haben wir nur das Gold im Auge, erscheint das Gold, und der Löwe bleibt verborgen.
- Jedes Dingliche ist insofern nicht nur vollkommen, es ist gerade das Ganze selbst. Dieses ist jenes, jenes ist dieses. In jedem Tropfen Wasser sehen wir das Meer. Nichts bleibt verborgen, das Dingliche und die So-heit erscheinen gleichzeitig.
- Es gibt daher keinen Widerspruch zwischen Einheit und Vielheit. Spricht man von der Einheit, bildet die Vielheit eine Einheit; spricht man von der Vielfalt, erscheint die Welt als bunt und vielfältig.
- Halten wir an der Vielfältigkeit fest und verlieren wir dabei die Einheit aus dem Auge, werden wir von der Vielfältigkeit verblendet. Das wird im Buddhismus die Unwissenheit genannt.
- Jedoch ist das Dingliche nicht das Dingliche, sondern unsere Vorstellung von ihm. Das Dingliche als unsere Vorstellung bedeutet nicht allein, daß wir eine

1 Vgl. die interessanten Bild-Metaphern bei Cusanus, *De visione Dei*.

Gedankenwelt konstruieren können und in dieser Welt leben müssen, sondern auch, daß es uns möglich ist, diese Welt zu durchschauen und das Festhalten an ihr aufzugeben.
- Sowohl die So-heit als auch das Dingliche haben insofern kein eigenes Selbstsein, mögen sie verborgen oder offenbar sein, mögen sie eins oder voneinander different sein. Alles sind Transformationen und Projektionen unseres Geistes.[1]

Betrachten wir nun die Welt mit ihrer Vielfältigkeit als etwas Ganzes, können wir sie uns als ein Haus vorstellen. Dieses Haus läßt sich mit folgenden sechs Kategorien beschreiben:

- Ganzheit und Teile: In der Ganzheit sind Teile enthalten; Teile bilden gemeinsam die Ganzheit. Die Ganzheit ist das Haus, Balken und Ziegel sind ihre Teile.
- Einheit und Differenz: Zwischen den Teilen herrscht Differenz. Diese Differenz ermöglicht, daß die Teile aufeinander angewiesen sind. Einheit ist die Einheit von Differenzen, wie Balken und Ziegel ein Haus bilden; Differenz bedeutet, daß trotzdem Balken Balken und Ziegel Ziegel sind.
- Entstehung und Vernichtung: Entstehung kommt zustande, wenn Differenzen eine Einheit und Teile eine Ganzheit bilden, wie eben ein Haus zustande kommt; Vernichtung tritt auf, wenn Differenzen und Teile nicht mehr zueinanderfinden und wenn jeder Teil bei sich bleibt.

Diese sechs Kategorien lassen sich in zwei Gruppen zusammenfassen: Ganzheit, Einheit und Entstehung auf der einen und Teile, Differenz und Vernichtung auf der anderen Seite. Ohne Ganzheit verlieren die Teile ihre Bedeutung. Gibt es die Einheit nicht, gibt es auch die Differenzen nicht mehr. Unabhängig von der Entstehung ist die Vernichtung nicht denkbar. Ganzheit ist (Ganzheit der) Teile, Teile sind (Teile der) Ganzheit. Einheit ist (Einheit von) Differenzen, Differenzen sind (Differenzen einer) Einheit. Entstehung ist (Entstehung nach einer) Vernichtung, Vernichtung ist (Vernichtung einer) Entstehung.

Die oben skizzierten Thesen stellten gewisse Herausforderungen für den traditionellen Buddhismus dar.

- Die These, daß alles bedingt und daher leer sei, wird zwar aufrechterhalten, aber indem man die Leerheit zur So-heit uminterpretiert, hat die Leerheit ihre Funktion als eine der Ursachen des Leidens verloren.
- Die Behauptung, daß alles eins sei, hat schwere Folgen für das Verständnis mancher buddhistischer Lehren. Sollte man nun sagen, der Buddha sei ein normaler Mensch gewesen, wir alle seien Buddhas? Sollte man nun sagen, *nirvāṇa* sei Verblendung, Verblendung sei *nirvāṇa*? Geht man vom Gedanken der So-heit aus, dann wäre die Verblendung in der Tat keine wahre Verblen-

1 Vgl. V. Zotz, *Geschichte der buddhistischen Philosophie*, S. 188-189.

dung mehr, sondern die Verblendung des Wahren, wie das Wellenschlagen Wellenschlagen des Wassers ist, ganz gleich, ob es Wind gibt oder nicht.

- Die Dualität zwischen der Erscheinung und dem Erscheinenden wird hier überwunden. Die Bemängelung, daß Dinge kein Selbstsein besitzen, wird nicht mehr als ein Defizit empfunden; denn hätten sie eins, würden sie nicht zueinander finden können.

Wie kommt die So-heit aber zu denjenigen Erscheinungen, die in mancher Hinsicht eindeutig als störend und negativ zu bewerten sind, denn zu ihnen gehören schließlich auch die drei schlechten und als besonders leidvoll geltenden Wiedergeburtsmöglichkeiten.[1] Der chinesische Buddhismus beantwortet diese Frage mit einer Art "Verblendungstheorie": Die Buddha-Natur, das Absolute, sei an sich rein, hell und vollkommen. Bevor ein Mensch von den Erleuchteten belehrt werde, sei aus dieser an sich vollkommenen Buddha-Natur das (falsche) Denken entstanden. Die empirische Wirklichkeit, die eigentlich ein traumhaft verwobenes Bild ist, wird für wahr und different gehalten. Die dabei entstandenen Begierden und Wünsche führen dann zu Taten, und die Taten führen zur Vergeltung. Das Grundbewußtsein (*ālaya-vijñāna*) hat zwei ambivalente Funktionen: Erleuchtung und Verblendung. Im Fall der Verblendung führt das anfängliche Denken zu *karma*. Bemerkt der Mensch nicht, daß dieses Denken eigentlich gegenstandslos ist, verwandelt es sich zu vermeintlicher Erkenntnis; damit entsteht die Sphäre der Phänomene, die sich der Erkennende vorstellt. Erkennt er nicht, daß diese Phänomene bloße Vorstellungen sind, betrachtet er sie als an sich seiend. Das nennt man Festhalten an äußeren Gegebenheiten. Hält er daran fest, glaubt er, daß das Ich verschieden sei von anderen Dingen. Das Festhalten an den äußeren Gegebenheiten verwandelt sich zum Festhalten am Ich. Hält er am Ich fest, entstehen in ihm Wünsche, Begierden und Ängste wie Liebe zu dem, was dem Ich gefällt, Abneigung gegen das, was dem Ich mißfällt, und Sorge über das, was das Ich gefährden könnte. Die Buddhas sind (erleuchtete) normale Menschen, normale Menschen sind (verblendete) Buddhas. Leiden ist *nirvāṇa*. Außerhalb des Leidens ist kein *nirvāṇa* zu finden; Welt ist Weltflucht, außerhalb der Welt gibt es keine Fluchtmöglichkeit. Durch die Erleuchtung wird der So-heit nichts hinzugefügt, in der Verblendung wird nichts an ihr eingebüßt. *Nirvāṇa* und Leiden, Verblendung und Erleuchtung sind dann zwei Erlebnisdimensionen der einen Wirklichkeit. In diesem Zusammenhang und in diesem Sinne ist eben das Symbol der Lotusblumen zu verstehen. Aus dem Schlamm stammend und im Schlamm verwurzelt und trotzdem schön und über den Schlamm erhaben. Erst unter diesen geistigen Bedingungen kann das Ideal des *bodhisattvas* blühen.

Die Erlösung sieht man dementsprechend im Verzicht auf die Verblendung und in der Rückkehr zur Einheit mit dem Absoluten. "Hat man den goldenen Löwen

1 Diese sind Tier, Hungergeister und Höllenwesen.

vor Augen, sieht man sowohl das Gold als auch den Löwen vergehen. Kummer und Sorgen werden nicht entstehen. Mögen das Schöne wie das Häßliche erscheinen, der Geist bleibt klar und ruhig wie das tiefe Meer. Haben wir alle willkürlichen Gedanken aufgegeben, allen Zwang abgelegt und die Quelle des Leidens für immer verlassen, sind wir ins *nirvāṇa* eingetreten."[1]

Die Umkehr der "Zerlegung" zugunsten der Entstehung und die Betrachtung der Welt als eine vollkommene Ganzheit, wie dies gerade im chinesischen Buddhismus zum Ausdruck kommt, haben tiefgreifende Konsequenzen, die der Buddhismus vor allem auf dem chinesischen Boden und vor dem chinesischen kulturellen Hintergrund erfahren hat. Der Frühbuddhismus ist gegen jegliche Annahme einer Substanz hinter der empirischen Wirklichkeit. Im *mahāyāna*-Buddhismus, der sich in China durchgesetzt hatte, wird diese Annahme zum Teil aufgehoben. Die Welt wird zur Erscheinung des Absoluten erklärt. Während aber im indischen Buddhismus dieses Absolute, *Tathatā, Bhūtatathatā* oder auch *Dharmadhāta* genannt, mehr abstrakt gedacht wird, verliert es im chinesischen Buddhismus an ontologischer Bedeutung und wird, an die Tradition des Konfuzianismus anknüpfend, mehr und mehr auf den konkreten, subjektiven, individuellen und einzelnen Geist verlegt. Die empirische Wirklichkeit, die als unbeständig zu bezeichnen ist, sind dann weniger Erscheinungen eines *Dharmadhata*, sondern lediglich Vorstellung des menschlichen, individuellen Geistes, chinesisch gesagt: des Herzens. Der extreme Punkt dieser Subjektivierung und Idealisierung wird im Chan-Buddhismus erreicht: "Alle Gegebenheiten erscheinen in Abhängigkeit des Geistes und haben an sich keine Selbständigkeit. Ihre Größe und Eigenschaften verändern sich mit der Veränderung des Geistes."[2]
Das Motiv des Leidens verliert im chinesischen Buddhismus an Bedeutung, und an seine Stelle tritt der Gedanke der Barmherzigkeit.[3] Die Erlösung wird dem Konfuzianismus entsprechend im Sinne einer positiven, kultivierten Selbsterhebung und Selbstvervollkommnung verstanden und als Aufgabe des Ich rezipiert. Die Grenzen zwischen Diesseits und Jenseits, zwischen Realität und *nirvāṇa* werden fast unkenntlich gemacht. Der Zustand *nirvāṇa* wird mehr und ausschließlich als geistiger Zustand verstanden, der zu jeder Zeit und bei jedem Menschen eintreten kann.

1 Siehe Anhang: *Abschnitt über den Goldenen Löwen.*

2 Fa Zang, *Huayan jingzhi gui* (Grundprinzipien der Huayan-Schule), zitiert nach Lai Yonghai, *Zhongguo Foxing lun* (Geschichte der Entwicklung der Buddhanatur-Lehre in China), S. 307.

3 Die Person des Buddhas wird entsprechend einerseits in eine unerreichbare Höhe zurückgestellt und andererseits im Geist verinnerlicht. Die Verbreitung der Schule des "Reinen Landes" hat eine Zwischenstufe zwischen Buddha und die zu erlösenden Lebewesen eingeschoben. Die Bodhisattvas nehmen die Stellung des Buddhas ein und werden wegen ihrer Barmherzigkeit und ihrer Ansprechbarkeit mehr geliebt und verehrt.

XIII Die “Buddhismen”

In seiner *Naturgeschichte der Religion* weist David Hume darauf hin, daß der Theismus oft intoleranter sei als der Götzendienst oder Polytheismus. “Indem ein einziger Gegenstand der Verehrung anerkannt wird,” so Hume, “wird die Anbetung anderer Gottheiten für absurd und gottlos gehalten. Ja diese Einheit des Gegenstandes scheint natürlicherweise die Einheit des Glaubens und der Zeremonien zu verlangen und liefert somit intriganten Menschen einen Vorwand, ihre Gegner als Religionsschänder und als Objekte göttlicher wie menschlicher Rache hinzustellen.” Der Götzendiener sei hingegen durch “toleranten Geist” gekennzeichnet.[1]

An der Diskussion, ob der Buddhismus eine Religion, womöglich gar eine atheistische sei, wollen wir nicht teilnehmen. Nicht zu bestreiten ist es jedoch, daß der Buddhismus oft so “weitherzig” ist, daß man den Eindruck hat, er nehme “die Wahrheit”, geschweige denn Gott, gar nicht ernst. Tolerant ist der Buddhismus nicht nur den “Nichtgläubigen” gegenüber, sondern auch innerhalb seiner “Schulen” und unter den “Gläubigen”. Es gibt keine unfehlbare Instanz, die für uns bestimmte Schriften als Kanontexte und einige Glaubenssätze als unantastbare Dogmen festlegt.

Dies bedeutet nicht, daß es einen gewissen Konkurrenzkampf innerhalb der buddhistischen Schulen nicht gegeben hätte. Gibt es Schulen, muß jede Schule ihre eigene Position bestimmen; gibt es Lehre, muß man eine Geschichtsschreibung betreiben. Diese Beschäftigung nennt man im Buddhismus “Bewertung der Lehren” oder “Unterscheidungen der Schulen”. Je nach der Schulzugehörigkeit, den inhaltlichen Aspekten und der geschichtlichen Entwicklung wird der Buddhismus in unterschiedliche Zeitstufen und Schulen unterteilt. Dabei werden folgende Ziele verfolgt:

- Die eigenen Schulmeinungen werden in die geschichtlichen Gesamtzusammenhänge des Buddhismus gestellt. Dadurch sollen zum einem der besondere Standort und zum anderen die besonderen Bedeutungen der eigenen Schule festgelegt und deutlich gemacht werden. Es ist insofern kein Wunder, daß sich fast jede Schule als Vertreterin der höchsten Stufe der Lehre des Buddhas versteht.
- Die unterschiedlichen Lehren und Texte aus unterschiedlicher Zeitepochen sollten miteinander kompatibel gemacht werden.
- Die Widersprüchlichkeiten, die nicht zu bestreiten sind, werden dabei nicht auf die Lehren selbst, sondern auf die Zeitpunkte der Verkündung und nicht zuletzt auf die Zuhörer bzw. deren Fassungsvermögen zurückgeführt.[2] So

1 D. Hume: *Die Naturgeschichte der Religion*, übersetzt u. hrsg. v. L. Kreimendahl, Hamburg 1984, 9. Abschnitt bzw. S. 36f.

2 Siehe hierzu Frauwallner, *Die Philosophie des Buddhismus*, S. 146.

wird behauptet, der Buddha habe zu unterschiedlichen Zeiten und gegenüber unterschiedlichen Zuhörern eben Unterschiedliches, d.h. aber jeweils Angemessenes und Richtiges verkündet, entsprechend der Auffassung der Lehre als Fahrzeug.

Stellvertretend für diese Bestrebungen wollen wir im folgenden Bewertungen dreier Schulen darstellen: der Nur-Bewußtseins-Schule, der Lotus-Schule und der Huayan-Schule. Es sei jedoch gesagt, daß diese Bestrebungen bereits in den indischen Texten festzustellen waren. Das bekannte *Lotussūtra* spricht vom Kleinen und vom Großen Fahrzeug. In der sogenannten Schule des *Reinen Landes*[1] wird vom schwierigen und vom einfachen Weg gesprochen. Der feste Glaube an eine Wiedergeburt im Reinen Lande des Westens und an die Barmherzigkeit der Buddhas stellt demnach einen relativ einfachen Weg der Erlösung dar im Vergleich zu anderen Schulen, die mehr Wert auf die Kraft einzelner Menschen legen. Nāgārjuna schreibt: "Wer den schwierigeren Weg geht, [...] ist auf seine eigene Kraft angewiesen und bekommt keine Unterstützung von fremden Kräften. Es ist so, wie wenn ein Hinkender zu Fuß geht. An einem Tag legt er höchstens ein paar Kilometer zurück, und zwar noch unter großen Anstrengungen. Wer den leichteren Weg geht, glaubt an die Worte der Buddhas. Er übt *samādhi* (Konzentration, Stillhalten) und will unbedingt im Land der Reinen Erde wiedergeboren werden. Er glaubt fest daran und zweifelt nicht an die helfende Kraft des *Amitābha*. Es ist so, wie wenn ein Mensch den Wasserweg gewählt hat. Mit Hilfe der Schiffe erreicht er schnell das ferne Ziel."[2] Der chinesische Buddhist Hui Hai meint hingegen: "Sich ans andere Ufer übersetzen muß der Mensch selbst. Andere überzusetzen können die Buddhas nicht. Wären die Buddhas dazu in der Lage, wären alle Lebewesen schon längst übergesetzt worden, hat es doch in der Vergangenheit so viele Buddhas gegeben wie es Staubkörnchen gibt. Warum müssen Menschen wie wir noch bis heute warten? Warum müssen wir immer noch leben und sterben und sind nicht Buddhas geworden? Man muß wissen, daß jeder sich selbst retten muß. Die Buddhas können uns nicht retten."[3]

1 Die Schule des Reinen Landes plädiert für die Existenz eines Buddha-Reiches im Jenseits, das als das "Reine Land des Westens" (sukhāvati) bezeichnet wird. Der Buddha, der hier wohnt, heißt Amitābha. In diesem Land seien die drei als leidvoll geltenden Wiedergeburtsmöglichkeiten abgeschafft worden, und es gebe weder seelische noch körperliche Leiden. Wie kann man nun in dieses Buddha-Land gelangen? Die Schule des Reinen Landes spricht von Glauben, Willen und Werk. Man muß glauben bzw. für wahr halten, daß es dieses Land im Jenseits gibt und daß Amitābha alle Lebewesen retten wird; man muß den Willen haben, in dieses Land zu gelangen und man muß handeln, d.h. den Namen des Amitābha rezitieren, meditieren und gute Taten vollbringen.

2 Zitiert nach Lai Yonghai: *Zhongguo Foxing lun* (Geschichte der Entwicklung der Buddhanatur-Lehre in China), S. 287.

3 Hui Hai: *Dazhu chanshi yulu* (Aufzeichnung der Gespräche mit dem Chan-Meister Dazu, d.i. Hui Hai); zitiert nach Shi Jun, a. a. O., II/4, S. 187.

1. Die Nur-Bewußtseins-Schule

Diese Schule[1] versteht sich als Nachfolgerin der indischen *Yogācāra*-Lehre[2] und betrachtet die Kommentare zu den *Dreißig Stanzen des Nur-Bewußtseins*[3] als die wichtigsten Kanonwerke.[4] Die Entwicklung des Buddhismus wird von dieser Schule in drei Zeitstufen unterteilt:

- Seit Ewigkeit hält der Mensch das Ich – *ātman* – für etwas Wahres und an sich Seiendes. Um diesen Irrtum zu widerlegen, zeigt der Buddha, daß das sogenannte Ich bloß ein Aggregat aus den fünf Daseinsgruppen ist und daß es ein Ich im Sinne der Substanz oder Seele nicht gibt *(anātman)*. Diese Lehre des Nicht-Ich verkündete der Buddha kurz nach seiner Erleuchtung in Mṛgadāva[5], vermutlich seinem ersten Wirkungsort nach der Erlangung der Buddhaschaft. Die zu diesem Bereich gehörenden Reden, im wesentlichen Lehrgespräche über die Vier Edlen Wahrheiten, die bedingte Entstehung und über die fünf Daseinsgruppen sind in den *āgama-Texten*[6] enthalten.
- Nachdem die Zuhörer die Lehre des Nicht-Ich vernommen haben, halten sie zwar das Ich für leer, um so mehr aber die äußeren Gegebenheiten für wirklich und seiend. Daraufhin hat der Buddha die Lehre über die Bedingtheit und Substanzlosigkeit auch dieser Gegebenheiten verkündet, und zwar in Gṛdhrakūṭa[7]. Diese Lehre der Leerheit, sowohl des Ich als auch anderer Gegebenheiten, ist enthalten in den sogenannten *prajñā*-Texten.[8]

1 Begründet wurde sie von Xuan Zang und seinem Schüler Kui Ji. Siehe D. Ikeda: *Der chinesische Buddhismus*, S. 123–137; A. L. Mayer: *Xuangzangs Leben und Werk*, Wiesbaden 1991 (= *Veröffentlichungen der Societas Uralo-Altaica* 34).

2 Siehe dazu H. W. Schumann, *Buddhismus, Philosophie zur Erlösung*, Bern u. München 1963, S. 95–102.

3 *Vijñaptimātrasiddhitriṃśaikakārikāśāstra*, verfaßt von Vasubandhu, ins Chinesische übersetzt von Xuan Zang. Die Grundthese des Textes: Die Welt ist eine Schöpfung des Gedankens bzw. des Bewußtseins.

4 Die Kommentare zu den 30 Stanzen hat Xuan Zang in seinem Hauptwerk *Cheng weishi lun* zusammengestellt und mit eigenen Kommentaren versehen.

5 Wörtlich: Gazellenhain, bedeutet eigentlich: wo die Unsterblichen leben und diskutieren. Hier sammelte der Buddha seine ersten fünf Anhänger.

6 *āgama*, heilige Überlieferungen. Gemeint sind die Aufzeichnungen der Lehrgespräche Buddhas, also Texte, die im südlichen Buddhismus unter den Titeln *Dīgya-nikāya*, *Majihima-nikāya*, *Saṃyutta-nikāya*, *Aṅguttara-nikāya* und *Khuddaka-nikāya* bekannt sind. Hier ist allerdings die chinesische Version gemeint. Diese besteht aus *Längere Sammlung* (32 Texte), *Mittere Sammlung* (222 Texte), *Angereihte Sammlung* (51 Kapitel) und *Gemischte Sammlung*. Dieses Korpus ist allgemein zugänglich.

7 Wörtlich: Geierberg, liegt in der Nähe des heutigen Tilaya.

8 Siehe E. Conze, *Buddhist Wisdom Books. The Diamond Sūtra and the Heart Sūtra*, a. a. O.; ders.: *The Prajnaparamita Literature*, 's-Gravenhage 1960, Tokio 1978; ders., *Im Zeichen Buddhas, Buddhistische Texte*, Berlin, Darmstadt, Wien 1961.

- Schließlich wird die Lehre des Mittleren Weges bekanntgemacht. Die Welt wird hier ausschließlich als Summe der Wahrnehmungen und Schöpfung des menschlichen Geistes erkannt. Unabhängig von Wahrnehmung und Geist ist für den Menschen keine andere Welt möglich, der Geist selbst und seine Produkte sind trotz ihrer Bedingtheit nicht nicht. Die Erkenntnis der Leerheit der Welt zum einen und der Bedingtheit des Geistes und dessen Produkte als scheinbares Sein ermöglicht den Mittleren Weg.[1]

Die thematische Entwicklung des Buddhismus wird in folgende acht Lehrmeinungen eingeteilt. Sie stellen insgesamt eine Entwicklung zur Vollkommenheit der Lehre dar.

- Real und wirklich sind die fünf Daseinsgruppen. Darüber, ob ein Selbst, das Ich, existent sei, läßt sich keine Aussage machen, denn das Ich ist weder mit den Daseinsgruppen identisch noch von ihnen different. Sie sind nicht das Ich, unabhängig und außerhalb von ihnen ist auch das Ich nicht auszumachen.[2]
- Alle Gegebenheiten sind wirklich, darunter findet sich aber kein dauerndes Subjekt. Keine Gegebenheit besitzt eine Selbstnatur.[3]
- Nur das Gegenwärtig-Momentane findet statt, weder das Vergangene noch das Zukünftige sind real und wirklich.[4]
- Wirklichkeit sind bloß die Gedankenkonstruktionen, real ist daher nur das erlebte Erfahren, aus dem die Gedankenkonstruktionen hervorgehen.[5]

1 Vgl. Zotz, *Geschichte der buddhistischen Philosophie*, S. 89.

2 Diese Lehre vertrat die *Vātsīputrīva*-Gruppe, eine Gruppierung aus der *Sārvastivāda*-Schule. Siehe Zotz, *Geschichte der buddhistischen Philosophie*, S. 66f.

3 Diese Ansicht wurde von der *Sarvastivāda*-Schule vertreten, einer Gruppierung aus der *Sthaviravāda* (*Theravāda*). Die wichtigsten Standpunkte sind in Vasubandhus *Abhidharmakośaśāstra* zusammengefaßt. Auch die Lehre der hundert Dharmas (siehe oben) geht ursprünglich auf diese Schule zurück. Vgl. Zotz, *Geschichte der buddhistischen Philosophie*, S. 68f.

4 Dafür plädierte die (eigentliche) *Mahāsaṅghika*-Schule. Die Mahāsaṅghika-Schule, etwa 100 Jahre nach des Buddhas Tod entstanden, gilt als die Hauptgegnerin der *Theravāda*. Die Auseinandersetzungen zwischen *Theravāda* und *Mahāsaṅghika* bestanden aus folgenden Punkten: 1) Theravāda: Der Buddha ist zwar die Autorität des Buddhismus, aber eine Gottheit war er nicht. Auch der Erhabene hat Meinungen gesagt, die dem Sinne der Lehre nicht entsprechen. – Mahāsaṅghika: Alle Buddhas und alle Erhabenen sind eine Wiedergeburt der bereits Erleuchteten, unbegrenzt ist ihre Macht, unbegrenzt ist ihr Lebensalter. 2) Sowohl das Vergangene als auch das Gegenwärtige als auch das Zukünftige sind wirklich. – Wirklich ist nur das Gegenwärtige. 3) Der Geist (der Lebewesen) ist ursprünglich unrein. – Rein ist der Geist eigentlich, jeder Mensch verfügt daher über die Möglichkeit der Erleuchtung.

5 Lehre der *Sautrāntika*-Schule, einer Gruppierung angeblich 400 Jahre nach des Buddhas Tod aus der *Sarvāstivāda*-Schule. Aus Unzufriedenheit mit den Abhidharma-Texten der Sarvastivad-Schule werden die *āgama*-Texte, also die Lehrgespräche, zur Grundlage erklärt. Vgl. Zotz, *Geschichte der buddhistischen Philosophie*, S. 76-77.

- Die weltlich verstandene Wirklichkeit sind Gedankenkonstruktionen ohne entsprechendes reales Dasein. Wirklich sind daher nur jene geistigen Zustände, die diese Scheinwirklichkeit aufheben und über sie hinausgehen. Zu ihnen gehört das *nirvāṇa*.[1]
- Alle Gegebenheiten sind nur ihrem Namen nach existent, Namen sind aber Konventionen für allgemeinen Gebrauch, sind verbale Bezeichnungen ohne das Bezeichnete.[2]
- Alles ist bedingt. Sofern es bedingt ist, ist es nichts als leer. Der Körper ist Leerheit, Leerheit ist der Körper. Desgleichen gilt auch für die Wahrnehmung, die Empfindung, für die Vorstellung und für das Denken.[3]
- Alle Gegebenheiten sind bedingt. Als bedingte Erscheinungen sind sie aber existent und miteinander kompatibel, jede Gegebenheit ist vollkommen und widerspiegelt das Ganze. Sein ist Sein in Bedingungen, ohne Bedingungen würde es das Sein nicht mehr geben. Insofern ist jede Gegebenheit eine Erscheinung, gerade weil ihr kein Selbstsein zukommt.[4]

2. Die Lotus-Schule

Die Lotus-Schule[5] spricht von fünf Zeitstufen und ebenfalls acht Lehrmeinungen. Besonders interessant ist die Vorverlegung des *Huayan-sūtra* des *mahāyāna*-Buddhismus in die Anfangsphase.

Die fünf Zeitstufen

- Die *Zeit des Huayan-sūtra*. Gleich in den ersten 21 Tagen nach seiner Erleuchtung hat der Buddha das *Huayan-sūtra* verkündet, das bereits die höchste erreichbare Lehrstufe verkörpert und seinem Inhalt nach hohe Anforderungen an die Zuhörer stellt. Der Buddha wollte auf diese Weise die Aufnahmefähigkeit und Fassungskraft der Zuhörer testen, um eine angemessene Art und Weise des Lehrens herauszufinden. Diese Zeitstufe wird deshalb auch *Probe-* oder *Testphase* genannt.

1 Die *Lokottaravāda*-Schule, wörtlich etwa "Schule der über die Weltlichkeit Erhabenen", ebenfalls eine Gruppierung aus der *Mahāsaṅghika*-Schule.

2 Gemeint ist die *Ekavyavahārika*-Schule. Der Name bedeutet etwa "alleiniges Festhalten an Rede und Sprache". Die Schule spaltete sich 200 Jahre nach des Buddhas Tod von der Mahāsaṅghika ab.

3 Die sogenannte *prajñā*-Lehre. Siehe dazu Anhang: *Das Herz-Sūtra*.

4 Wie die Lehre der *Huayan*-Schule. Siehe Anhang: *Abschnitt über den Goldenen Löwen*.

5 Auch *Tiantai*-Schule genannt. Die Schule ging auf Zhi Yi (538–597) zurück. Siehe L. Hurvitz: *Chi-i (538–597). An Introduction to the Life and the Ideas of a Chinese Monk*, Bruxelles 1962 (= *Mélanges chinois et bouddhiques* 12); Paul L. Swanson: *Foundations of T'ien-t'ai Philosophy. The Flowering of the Two Truths Theory in Chinese Buddhism*, Berkeley 1989.

- Die *Zeit der āgama-Texte*. Der Buddha mußte feststellen, daß seine Verkündigung der höchsten Lehre nicht selten auf taube Ohren stieß. Die Aufnahmefähigkeit der Zuhörer mußte also noch ausgebildet und entwickelt werden. Verkündet wurden daraufhin in den folgenden zwölf Jahren die *āgama-Texte* und die in diesen Texten enthaltenen Lehren wie die der fünf Daseinsgruppen und die der Vier Edlen Wahrheiten. Diese Zeit wird auch *Phase des Lockens* genannt.
- Der *Anfang des Großen Fahrzeugs*. Wie bereits erwähnt, wollte der Buddha ursprünglich gleich das Große Fahrzeug lehren, konnte aber nur das Kleine Fahrzeug (āgama-Texte) verkünden. Da dies nicht seine eigentliche Absicht war, verkündete er in den folgenden acht Jahren eine Reihe Texte aus dem Großen Fahrzeug, und zwar für die, welche das Kleine Fahrzeug gehört hatten. Zu diesen Texten gehören etwa das *Vimalakīrtinirdeśasūtra*[1], das *Laṅkāvatārasūtra*[2], und das *Suvarṇaprabhāsottamasūtra*[3]. Da hier das Kleine Fahrzeug kritisiert wurde, wird diese Zeit *Phase der Kritik* genannt.
- Die *Zeit der prajñā-Lehre*. In den folgenden 22 Jahren wurden die sogenannten *sūtras* der *prajña*-Lehre wie *Prajñāpradīpaśāstrakārika*,[4] *Prajñāpāramitāhṛdayasūtra*[5] und nicht zuletzt *Mahāprajñāpāramitāśāstra*[6] verkündet.

1 Das Werk wurde mehrmals ins Chinesische übersetzt, u.a. von Kumārajiva und von Xuan Zang. Vimalakīrti war ein Buddha-Anhänger und gleichzeitig reicher Kaufmann in Vaiśāl. Dic von ihm vertretene Auffassung, daß ein Mensch die Erleuchtung auch erlangen kann, ohne daß er die Familie verlassen und auf seinen Reichtum verzichten müsse – es kommt auf die geistige Verfassung und auf eine richtige Einstellung zum weltlichen Lebcn an, hat in China großes Echo gefunden. J. Fischer/T. Yokota: *Das Sūtra des Vimalakīrti. Das Sūtra der Erlösung*, Tokyo 1944; Robert A. F. Thurman: *The Holy Teaching of Vimalakīrti*, Pennsylvania, London 1976. Eine gute Einführung und eine Übersetzung der wichtigsten Kapitel bieten Dalai Lama/Michael von Brück: *Weisheit der Leere*, München 1992, S. 213–245.

2 *Lengjia jing,* ins Chinesische übersetzt von Guṇabhadra (367-431). Kerngedanken: Die Welt ist eine Schöpfung des Geistes; die Erkenntnisgegenstände liegen nicht in der äußeren Welt, sondern im Geist selbst und werden von diesem geschaffen. D. T. Suzuki: *The Laṅkāvatārasūtra. A Mahāyāna Text*, translated for the first time from the original Sanskrit, London 1932, Neudruck Taipei 1991.

3 *Jin guangming jing*, ins Chinesische übersetzt von Tan Wuchen (385-433). Siehe *Suvarṇaprabhāsottamasūtra. Das Goldglanz-Sūtra. Ein Sanskrittext des Mahāyāna-Buddhismus, I-tsing's chinesische Version und ihre tibetischen Übersetzungen* (mit dt. Übers.), I–II, ed. by J. Nobel, Leiden 1958.

4 Chinesisch: *Banruo denglun*. Die Mittlere Lehre des Nāgājuna wird kommentiert, kritisiert werden das Kleine Fahrzeug und die nicht-buddhistischen Schulen.

5 Siehe Anhang: *Das Herz-Sūtra*.

6 Ed. Conze, *The Prajnaparamita Literature*; L. Lancaster (ed.): *Prajnaparamita and Related Systems. Studies in Honor of E. Conze*, Berkeley Calif. 1977, 1980; M. Walleser: *Prajnaparamita. Die Vollkommenheit der Erkenntnis nach indischen, tibetischen und chinesischen Quellen*, Göttingen, Leipzig 1919.

Verworfen wird das Kleine Fahrzeug. Diese Zeit wird deshalb auch *Phase des Ablehnens* genannt.

- Die *Zeit des Lotus-sūtras* und des *Nirvāṇa-sūtras*. In den letzten acht Jahren verkündete der Buddha das *Lotus-sūtra*[1] und faßte seine Lehren hier zusammen. Überwunden und aufgehoben werden alle Lehren in der einen vollkommenen Lehre. Am Vorabend des Eintritts in das *nirvāṇa* wurde das *Nirvāṇa-sūtra*[2] verkündet.

Die acht Lehren werden ihrerseits in zwei Gruppen geteilt. Vier betreffen die Lehren selbst, vier betreffen die Lehrmethoden und die Wirkung. Unübersehbar ist dabei die chinesisch-daoistische Auslegung des Buddhismus, z.B. bei der Kritik der Vier Edlen Wahrheiten.

Die vier Lehren

- Die *anfängliche Lehre*. Diese Lehre ist enthalten in den sogenannten *tripiṭaka*. Ihren wichtigsten Teil bilden die Lehre über die Entstehung in Abhängigkeit und die der Vier Edlen Wahrheiten.
  Die Vier Edlen Wahrheiten bilden zusammen eine logische Kette und stellen einen Entwicklungsprozeß dar. Die Wahrheit über das Leiden führt zu einer Untersuchung der Ursachen des Leidens. Die Ursachenforschung ermöglicht eine Vernichtung des Leidens, und zwar durch konkrete Wege, die aus dem Leiden führen. Das Ziel heißt *nirvāṇa*. Das *nirvāṇa* erreicht man aber erst durch die Wiedergeburt in einem späteren Leben. Die Leerheit der Gegebenheiten wie Gier, Durst, Begierde, Verlangen und schließlich das Leiden selbst wird durch das Aufzeigen ihrer Bedingtheit erkannt. Nach Zhi Yi ist diese Methodik der Deduktion der Gegebenheiten in Ursachen und Bedingungen einseitig und die Lehre selbst pessimistisch orientiert.[3] Die Bedingtheit der Gegebenheiten macht zwar deren Leerheit aus, ohne die Bedingtheit wäre aber keine Entstehung möglich.
- Die *allgemeine Lehre*. Diese Lehre geht durch alle Fahrzeuge hindurch und ist in allen Texten mehr oder weniger enthalten. Sie gilt daher als allgemein und generell. Der Gedanke der *Weltflucht* und der Jenseitsglaube werden aufgegeben. Statt dessen wird gerade die Wichtigkeit des weltlichen Lebens, der Diesseitigkeit und des Verweilens in ihr hervorgehoben, damit der Mensch nicht nur sich selbst zu retten trachtet, sondern auch anderen Menschen helfen und sie erlösen kann.

1 Zu den Übersetzungen siehe Literaturverzeichnis.

2 Der Text wurde zum ersten Mal von Tan Wuchen im Jahre 414 ins Chinesische übersetzt. Folgende Thesen werden aufgestellt: Ewig und nicht vergänglich ist das *nirvāṇa*; der Buddha hat ein wahres Selbst; jedes Lebewesen trägt die Buddha-Natur in sich.

3 Siehe oben, Kap. *Eins und alles*.

Den Grundgedanken dieser Lehre bildet die Lehre der Leerheit, aber neu interpretiert im Sinne des Mittleren Weges des Nāgārjuna. Unter dem Gesichtspunkt der Leerheit betrachtet, sind Entstehen und Vergehen in Bedingtheit kein wirkliches Entstehen und Vergehen. Die dadurch entstandenen Gegebenheiten sind nur scheinbar seiend. Sofern sie aber scheinen, sind sie doch etwas und nicht nichts. Konkrete Handlungen, die in der Welt zur Befreiung von der Welt führen, werden durch die Akzeptanz der Gegebenheiten ermöglicht; der Gedanke der Leerheit verlangt aber, daß der Handelnde letzten Endes weder an den Gegebenheiten noch an eigenen (guten) Handlungen haften darf.

- Die *spezielle Lehre*. Diese Lehre findet man nur im Großen Fahrzeug, und es heißt, sie sei ausschließlich an die *bodhisattvas* gerichtet. Diese Lehre besagt, Ursachen und Bedingungen, aus denen alle Gegebenheiten entstehen, seien im Grunde nichts weiter als begriffliche Gedankenstützen, die der Realität nicht entsprechen.[1] Das Besondere an dieser Lehre ist des weiteren die Annahme einer Buddha-Natur, welche allen Lebewesen zu eigen ist, allerdings in den meisten Menschen verborgen bleibt. Diese Annahme ist insofern von großer Bedeutung, als sie eine neue Interpretation der Verblendungslehre ermöglicht. Verblendung läßt sich unter diesem Aspekt als Verblendung des ursprünglich Klaren, d.i. der immanenten und jedem Lebewesen innewohnenden Buddha-Natur auffassen. Die Möglichkeit zur Erleuchtung besteht demnach in einer stufenweisen Offenlegung der verborgenen Buddha-Natur. Aus dem Buddha wird ein erleuchteter *normaler* Mensch; jedes Lebewesen wird zu einem potentiellen Buddha, da es die Buddhaschaft in sich trägt.
- Die *vollkommene Lehre*. Diese Lehre betont nicht mehr die tiefe Verborgenheit der Buddha-Natur. Verzichtet wird somit auch auf eine stufenweise Offenlegung des Verborgenen. Die Buddha-Natur, so wird behauptet, erscheint jeder Zeit, ist in jedem Ding vorhanden und in jedem Gedanken erfaßbar. Leerheit, scheinbares Sein und die Mitte erscheinen gleichzeitig und werden vom Geist jeweils aspektbezogen erkannt.[2]

Eine Lehre ist immer in bezug auf die Lernenden gedacht und wird ihnen verkündet. Ohne die Lernenden ist die Lehre überflüssig, gegenstands- und wirkungslos; ebensowenig sind Lernende ohne die Lehre denkbar. Lehre und Lernende bedingen also einander, und die spannungsvolle Relation zwischen beiden kommt auf unterschiedliche Weise zum Ausdruck:

1 Siehe oben, Kap. X *Weder–Noch*.

2 Die Grundlage dafür bietet Zhi Yis Lehre der dreifachen Wahrheit: Alle Dharmas sind leer, als Phänomene sind sie, die Wahrheit liegt in der Mitte.

- *Plötzliche Erleuchtung*. Denjenigen Zuhörern, die als besonders "inspiriert" und aufnahmefähig gelten, hat der Buddha direkt das Große Fahrzeug verkündet. Diese Lernenden erfassen gleich das Wesentliche und erlangen die Erleuchtung stufenlos. Man ist sozusagen auf einmal "erleuchtet".
- *Stufenweise Erleuchtung*. Für einen Teil der Zuhörer hat der Buddha zuerst das Kleine und daraufhin das Große Fahrzeug erklärt. Die Lehre wird sozusagen allmählich und stufenweise aufgenommen, entsprechend läßt sich die Erlangung der Erleuchtung als ein langsamer Prozeß und nicht als ein einmaliges Erlebnis verstehen.
- *Unsagbarkeit*. Gleiches wird verkündet, erfahren wird hingegen von den Zuhörern jeweils anderes. Da es aber stets auf die Erleuchtung und Erfahrungen des Einzelnen ankommt, ist eine Kommunikation über das Erfahrene weder möglich noch nötig. Was jeder gehört hat, bleiben seine eigene Erfahrung und sein eigenes Geheimnis, in diesem Sinne wirkt die Lehre geheimnisvoll, unsagbar ist das Erfahrene.
- *Unbestimmtheit*. Gleiches wird verkündet, Gleiches wird auch vernommen, das Gehörte wird aber jeweils anders verstanden und interpretiert. Allein von der Lehre aus ist deren Kraft und Wirkung unbestimmbar. Entscheidend ist dabei das Fassungsvermögen des Einzelnen. Wirft man einen Stein in einen Teich, so die beliebte Metapher, werden die Vögel hoch fliegen und die Fische untertauchen.

3. Die Huayan-Schule

Deutlicher und entschiedener als andere Schulen geht die Huayan-Schule von der Annahme eines Absoluten aus, das, *Tathatā* oder *Bhūtatathata* genannt, als das Erscheinende aller Erscheinungen gedacht wird. Die frühbuddhistische Theorie der Substanzlosigkeit wird hier mit aller Entschiedenheit aufgegeben, um so radikaler wird der Gedanke der Leerheit verfochten. Die Relation zwischen dem Absoluten und den Gegebenheiten ist eine Relation zwischen Einheit und Vielheit. Diese "So-heit" ist sozusagen einem großen Teich gleich: Alle Flußwasser fließen aus ihm her, und trotz der Unterschiede der Flüsse bleibt das Wasser immer ein und dasselbe. Alles Existierende befindet sich in der "All-Einheit" und alles, was besteht, ist eng miteinander verwoben.[1]
Dieser Grundlehre entsprechend spricht die Huayan-Schule von fünf Lehrstufen und zehn Thesen.[2] Während die Lehrstufen sich mehr auf die Praxis beziehen, fassen die zehn Thesen die wichtigsten theoretischen Standpunkte in der Geschichte des Buddhismus zusammen.

1 Siehe oben, Kap. XII *Eins und alles*.
2 Siehe Shi Jun, II,2, S. 141-142.

Die fünf Lehrstufen

- Die *Lehre des Kleinen Fahrzeugs* bildet die erste Stufe. Verkündet werden hier die Lehre über die Leerheit des Ich, die Vier Edlen Wahrheiten und die Entstehung in Abhängigkeit.
- Die *Anfangslehre des Großen Fahrzeugs*. Erklärt wird hier die wahre (leere) Beschaffenheit der Gegebenheiten, nicht aber die wahre So-heit. Alle Gegebenheiten werden für leer erklärt, nicht verkündet wird aber die Lehre der Nicht-Leerheit bzw. die Lehre des Mittleren Weges.[1]
- Die *endgültige Lehre des Großen Fahrzeugs* als eine höhere Stufe der Anfangslehre. Im Mittelpunkt steht nun die Lehre über die wahre So-heit.[2]
- Lehre der *plötzlichen Erleuchtung*. Verzichtet wird auf Rede und Sprache, die Erleuchtung folgt ohne Ebene und Stufen, alle Dualitäten werden aufgehoben und überwunden.[3]
- Die *vollkommene Lehre*. Unendlich sind die Gegebenheiten, unendlich ist das wahre So-Sein. Alles ist eins, eins ist alles. Alles ist im Eins enthalten. Gemeint ist allerdings die Lehre der Huayan-Schule.

Die zehn Thesen versuchen, die Entwicklung des Buddhismus als einen inhaltlich dynamischen Prozeß zu verstehen:

- Sowohl das Ich als auch das Nicht-Ich sind. Die *Vatsiputriya*-Schule teilt die Gegebenheiten in fünf Kategorien – Vergangenheit, Zukunft, Gegenwart, Ungeschaffenheit, Unaussagbarkeit – und bezeichnet sie alle als real-seiend. Insbesondere hält sie das *pudgala* für seiend, auch wenn es "unaussagbar" ist,[4] und akzeptiert es so als Träger der Wiedergeburt.[5]
- Das Ich ist nicht, die Gegebenheiten sind. Die *Sarvastivāda*-Schule teilt die Gegebenheiten in *geschaffene* und *ungeschaffene*, führt sie in eine bestimmte

1 Enthalten sind diese Lehren in *Mahāprajñāpāramitāsūtra*, *Mādhyamikarikaśāstra*, *Sandhinirmocanavyūhasūtra* und *Vijñānamātrasiddhiśāstra*.

2 Dokumentiert wird diese Lehre in *Mahāyāna-Śraddhotpāda-Śāstra* und *Śrimālāsiṃhānadasūtra*. Siehe A. Wayman u. H. Wayman: *The Lion's Roar of Queen'srimala. A Buddhist Scripture of the Tathagatagarbha Theory*, translated, with Introduction and Notes, New York, London 1974.

3 Gemeint ist das *Vimalakīrtinirdeśasūtra*.

4 Das *pudgala* – das Ich, die Seele – ist weder mit den fünf Daseinsgruppen identisch, noch kann es unabhängig von ihnen vorgestellt werden. Daher ist das *ātman* etwas Unsagbares und Unaussagbares.

5 Im *Samayabhedoparacanacakraśāstra* (Zusammenfassung der nicht-buddhistischen Schulen) wird die Lehre dieser Schule mit folgenden Worten vorgestellt: "Ohne *pudgala* wären die Gegebenheiten (einschließlich Lebewesen) nicht in der Lage, von einem früheren Leben in ein späteres Leben zu gelangen. Mit Hilfe von *pudgala* wird diese Wanderung (Wiedergeburt) möglich."

Anzahl von den sie tragenden und konstituierenden Gegebenheiten zurück und hält sie für letztendlich seiend.[1]

- Nur das Gegenwärtige ist, nicht mehr ist das Vergangene, noch nicht ist das Zukünftige. Diese These wird insbesondere von der *Mahasanghika*-Schule vertreten.[2]
- Es gibt wahre Gegebenheiten und es gibt scheinbare. Scheinbare sind jene Gegebenheiten, die Zusammensetzungen und Sammlungen sind. Vertreten wird diese These von der *Prajñāptivāda*-Schule[3].
- Nicht wirklich sind die weltlichen Gegebenheiten, weil sie bloße Namen sind. Wahr sind Gegebenheiten, die jenseits der Welt führen, wie das *nirvāṇa*. Die Vertreterin dieser These ist die *Lokottaravāda*-Schule.
- Alle Gegebenheiten sind bloße Namen und ohne das wirkliche Sein. Diese These wird von der *Ekavyavaharika*-Schule vertreten.
- Alle Gegebenheiten sind leer, weil sie bedingt sind. Diese Lehre leitet den Anfang des großen Fahrzeugs ein.
- Trotz ihrer Bedingtheit werden alle Gegebenheiten als Erscheinungen der Soheit erkannt.
- Unaussagbar und unerklärbar ist diese wahre So-heit, weil sie die Dualität von Subjekt und Objekt übersteigt.[4]
- Jede Gegebenheit ist als eine solche vollkommen, alle Gegebenheiten sind voneinander durchdrungen. Dinge beeinflussen einander und hängen voneinander ab. Eins ist alles, alles ist eins.

1 Siehe oben, Kap. VIII *Die hundert Dharmas*.

2 Im Gegensatz zur *Sarvastivāda*-Schule.

3 Eine Gruppierung aus der *Mahāsaṅghika*-Schule.

4 Ein Beispiel aus dem *Vimalakīrtinirdeśasūtra*: "Als die Bodhisattvas ihre Erklärungen gegeben hatten, wandten sie sich alle an Manjusri: 'Mañjuśri, was ist der Eintritt des Bodhisattva in Nicht-Dualität?' Mañjuśri antwortete: 'Ehrenwerte Herren, ihr habt alle gut gesprochen. Aber dennoch, alle eure Erklärungen waren selbst dualistisch. Alle Worte zu vermeiden, nichts zu sagen, nichts auszudrücken, nichts zu erklären, nichts anzukündigen, auf nichts hinzuweisen, nichts zu bezeichnen – das ist der Eintritt in Nicht-Dualität.' Dann sagte Mañjuśri zu dem Licchavi Vimalakīrti: 'Edler Herr, wir haben alle unsere Lehren kundgetan. Mögest du nun die Lehre vom Eintritt in Nicht-Dualität für uns aufklären!' Daraufhin schwieg der Licchavi Vimalakīrti und sagte nichts. Mañjuśri lobte den Licchaci Vimalakīrti: 'Ausgezeichnet! Ausgezeichnet, ehrenwerter Herr! Dies ist in der Tat der Eintritt in die Nicht-Dualität der Bodhisattvas. Hier haben Worte, Klänge und Gedanken keinen Platz.'" Zitiert nach Dalai Lama/M. von Brück, *Weisheit der Leere*, S. 245.

XIV Logik und Erkenntnis

Logik war ursprünglich nur eine der insgesamt fünf Disziplinen der altindischen Wissenschaften. Die anderen vier waren Ethik[1], Grammatik[2], Heilkunde[3], Technik und Kunstfertigkeit[4]. Wir bezeichnen die hier zu behandelnde buddhistische Logik als *hetuvidyā*-Logik[5]. Die Logik-Schule plädierte für einen Erleuchtungsweg durch richtige, logisch zu gewinnende Erkenntnisse. Der Vertreter war Dignaga (um das 5. Jahrhundert n. Chr.).[6]

1. *Perception* und Schußfolgerung

Richtige Thesen haben richtige Erkenntnisse als Voraussetzung. Diese Erkenntnisse gewinnt der Mensch auf vierfache Weise, man könnte auch von vier Wissensquellen sprechen:

- sinnliche Wahrnehmung, *perception*, Erfahrung – *pratyaksa*
- logische Schlußfolgerung – *anumāna*
- Analogie (Vergleich) – *upsmāna*
- Autorität, Tradition, Überlieferung, verbürgtes Zeugnis – *sabda* oder *āgama*

Sinnliche Wahrnehmung gilt als die grundlegendste und auch zuverlässigste Wissensquelle, da die letzten drei mehr und weniger alle auf direkten Erfahrungen beruhen.[7]

Wahrnehmung bedeutet hier eine direkte Kontaktaufnahme der Sinnesorgane mit äußeren Objekten und läßt sich vergleichen mit Begriffen wie Intuition, *perception*, *impression* oder *sensation*. Sie ist ein direkt sinnliches Erfahren einzelner

1 Inneres Wissen, *adhyātmavidyā*; chinesisch: *nei ming*.

2 *śābdavidyā*; chinesisch: *sheng ming*.

3 ciktsāvidyā; chinesisch: *yifang ming*.

4 *śilpakarmavidyā*; chinesisch: *gongye ming*.

5 Auch *Nyāya* genannt. *Hetu* – Grund, Ursache, Beweis, Argument; *vidyā* – Licht, Wissen, Erkenntnis; chinesisch: *yin ming*.

6 Zu Dignaga siehe S. Yamaguchi/H. Meyer, *Examen de l'objet de la connaissance (Ālambanapariksa). Textes tibetain et chinois et traduction de stances et du commentaire. Éclaircissements et notes d'aprés le commentaire tibétain de Vinitadeva*, in: *Journal asiatique*, Jan.–Mar. 1929, S. 1–65; E. Frauwallner: *Dignagas Alambanapariksa. Text, Übersetzung und Erläuterungen*, in: *Wiener Zeitschrift für die Kunde des Morgenlandes*, 37 (1930), S. 174–194; E. Steinkellner/M. T. Much: *Texte der erkenntnistheoretischen Schulen des Buddhismus*, Göttingen 1995. Dignaga lebte ca. 480–540. Die folgende Darstellung beruht auf Maitreyanātha, *Yujia shidi lun* (= *Saptadasabhūmiśāstra yogācārya*).

7 Aufgeführt werden diese vier Punkte im *Upāya-hṛdaya*. Im *Saptadasabhumiśastra-yogacarya* werden nur 1, 2 und 4 anerkannt. Dignaga reduziert sie dann auf die zwei ersten.

Eigenschaften der Dinge und sprachlich nicht mitteilbar, da sie noch nicht begrifflich verarbeitet worden ist.
Drei Bestimmungen hat eine sinnliche Wahrnehmung zu erfüllen, um wirklich als eine solche zu gelten:

1) Die Eigenschaften der Dinge müssen deutlich sichtbar, hörbar, mit einem Wort, erfahrbar sein. Anders und negativ ausgedrückt: Eine Reihe äußerer Hindernissen muß ausgeschlossen werden. Dazu zählen Hindernisse wie Dunkelheit, Nebel, Undeutlichkeit für das Sehen ebenso wie Widerspiegelungen und Beraubung. Ein singulares Ding kann unter bestimmten Umständen als mehrere erscheinen. Haarwurzeln werden vom Haar verdeckt und dadurch unsichtbar. Im Sonnenschein ist eine Lichtflamme nicht leicht wahrnehmbar. Eine Fata Morgana kann eine Sinnestäuschung verursachen.

2) Wahrnehmungen als Voraussetzung für richtige Erkenntnisse dürfen keine Sinnestäuschungen sein. Innerlich können diese Täuschungen durch Wirkung bestimmter Medikamenten und Rauschmitteln, durch Schwindelgefühl, Schläfrigkeit und Trunkenheit, durch Magie und Zauberei verursacht werden. Im einzelnen wird auf folgende Täuschungen hingewiesen:

- Falsche Assoziation. Eine Eigenschaft ist nicht vorhanden, wird aber als daseiend vermutet und wahrgenommen, wie wenn man Lichtreflexionen auf den Straßen für Wasser hält.
- Zahltäuschung. Es ist nur ein Mond da, mehrere Monde werden aber z.B. von einem Schielenden wahrgenommen.
- Formtäuschung. Aus der Ferne sieht man ein drehendes Rad, in Wirklichkeit handelt es sich um eine brennende Feuersbrunst; ein eckiger Turm erscheint als rund.
- Farbtäuschung. Wo keine gelbe Farbe ist, wird diese Farbe gesehen, z.B. infolge von bestimmten Augenkrankheiten, darunter auch Farbenblindheit.
- Tätertäuschung. Man sitzt in einem fahrenden Zug und hat das Gefühl, daß sich nicht der Zug, sondern die Bäume am Straßenrand bewegen.
- Geistestäuschung. Infolge der ersten fünf Täuschungen entstehen im Geist Gefühle wie Freude und Lust.

Direktes Erfahren schließt all diese Täuschungen aus. Andernfalls wird vom scheinbaren Erfahren (*pratyakṣa-ābhāsa*) gesprochen.

3) Eigenschaften, die durch direkte Erfahrung wahrgenommen werden, sind nicht durch den Geist im engeren Sinne entstanden, werden noch nicht begrifflich verarbeitet und sind im Grunde unaussagbar. Die Aussage: ich habe einen Krug oder ein Kleidungsstück gesehen, ist streng genommen nicht korrekt, denn Sehen als Intuition, als direktes Erfahren, nimmt eigentlich nur Farbe wahr, aber keineswegs schon den Krug oder die Kleidung.

Aryadeva nennt im *Sataśāstra* acht Fälle, die zum "Unwissen" führen könnten:

- Dinge liegen zu weit von uns weg. Was in der weiten Ferne liegt, kann man nicht wissen.
- Dinge liegen zu nah, wie das Auge die Wimper nicht sehen kann.
- Sinnesorgane sind nicht funktionstüchtig wie bei Blindheit oder wenn man taub ist.
- Unkonzentriertheit des Geistes. Man hat etwas sozusagen übersehen oder überhört.
- Dinge, z.B. Atomteilchen, sind zu klein.
- Konkrete Hindernisse. Durch die Wandtrennung kann man z.B. nicht sehen, was draußen passiert ist.
- Zu geringe Konzentration. Das Salz läßt sich nicht schmecken, weil es zu viel Wasser gibt bzw. zu wenig Salz im Wasser ist.
- Ähnlichkeit. Wirft man ein bestimmtes Körnchen Reis in einen Sack voller Reis, ist dieses bestimmte Körnchen schwer wieder auffindbar.[1]

In der bisherigen Ausführung sind uns zwei Punkte aufgefallen, auf die nun hingewiesen werden soll. Der eine betrifft die Bestimmungen für ein korrektes Wahrnehmen – sie sind alle negativ formuliert – , der andere ist das Problem zwischen Wahrnehmung und ihrer begrifflichen Verarbeitung. Was den zweiten Punkt anbelangt, wissen wir nun, daß jede Wahrnehmung theoriegeleitet und jede Beobachtung Beobachtung im Lichte einer Theorie ist.[2] Eine scharfe Grenze zwischen Wahrnehmung und deren begrifflicher Verarbeitung kann nur in Gedanken gezogen werden und läßt sich in der Kommunikation unmöglich realisieren, schon der geforderten Unaussagbarkeit der Wahrnehmung wegen.
Die negative Bestimmung aller Voraussetzungen für ein korrektes Wahrnehmen liefert keinen eindeutigen Maßstab dafür, wann und unter welchen Umständen eine Wahrnehmung als sinnvoll und akzeptabel zu gelten hat. Der letzte Prüfstein scheint Konsensus zu sein.

Logisches Folgern, *anumāna-pramāṇa*, wird in fünf Typen unterteilt:

- aus dem Sichtbaren das Unsichtbare erschließen: Aus den Rauchwolken in der Ferne läßt sich auf das Feuer schließen; aus dem Aussehen eines Menschen kann man auf sein Alter und Geschlecht schließen.
- aus dem Teil das Ganze, aus dem Gegenwärtigen das Vergangene erschließen: Sieht man das Wasser im Fluß steigen, schließt man daraus, es hat flußaufwärts geregnet. Der Unterschied zum vorherigen Typus besteht darin, daß hier aus einer Gegebenheit auf eine andere geschlossen wird, während der Rauch Rauch des Feuers ist.

1 *Sataśāstra* (chinesisch: *Bailun*), verfaßt von Aryadeva (3. Jahrhundert), kommentiert von Vasubandhu, ins Chinesische übersetzt von Kumārajiva, Kap. 1.

2 Siehe oben, Kap. VI *Mano, māna und ālaya*.

- aus der Tat und Handlung auf deren Verursacher bzw. Täter schließen (*karma-anumāna*): Der Baum bewegt sich, also ist es windig; die Asche ist noch warm, jemand muß kurz zuvor hier gewesen sein.
- aus einer Eigenschaft auf eine andere schließen: Das Leben ist vergänglich, also ist das Leben Leiden; es gibt Leben, demnach muß es auch Tod geben.
- aus einer Gegebenheit (als Ursache) auf deren mögliche Entwicklung schließen[1]

Unter dem Aspekt der Zeit spricht man von drei Arten der Schlußfolgerung:

- aus dem Gegenwärtigen auf das Vergangene schließen
- aus dem Gegenwärtigen auf das Zukünftige und
- aus dem Gegenwärtigen auf das Gegenwärtige schließen

Je nach dem Zweck spricht man vom folgenden *Anumāna-pramāṇa*:

- Die Schlußfolgerung dient einer Erweiterung eigener Erkenntnisse.
- In der Diskussion wird die These des Partners vorläufig übernommen, um im nachhinein deren Unrichtigkeit zu erweisen.
- Eine These, die sowohl vom Partner als auch von mir anerkannt worden ist, wird als Grundlage für weitere Diskussionen angenommen, um durch Schlußfolgerungen gemeinsam zu neuen Erkenntnissen zu gelangen.

Des weiteren wird von *richtiger* Schlußfolgerung und von *vermeintlicher* bzw. falscher Schlußfolgerung gesprochen.

2. Formen der logischen Schlußfolgerung

Die früheste Form der logischen Schlußfolgerung besteht aus fünf Propositionen: dem Satz – *pratijñā*, dem Grund – *hetu*, dem Beweis und Gegenbeweis – *udāharaṇa*, der Anwendung – *upanaya* und dem Schluß – *nigamana*.[2]
Ein Beispiel: 1) Laute sind nicht ewig; 2) (weil sie) geschaffen worden sind; 3) wie z.B. ein Krug. Krüge sind geschaffen und somit nicht ewig; oder wie z.B. die Leerheit. Die Leerheit ist nicht geschaffen und somit auch immer da und ewig; 4) auch die Laute sind geschaffen worden und nicht ungeschaffen; 5) darum sind Laute nicht ewig.[3]
Diese komplizierte Form wurde von Dignaga vereinfacht. Seine Ansätze waren folgende: Das fünfte Glied ist nur eine Wiederholung der bereits bekannten

1 Das Schulbuchbeispiel ist allerdings wenig überzeugend: Jemand dient dem König, wird also zu Reichtum gelangen und eine hohe Position bekommen.

2 Vgl. Zotz, *Geschichte der buddhistischen Philosophie*, S. 147.

3 Ein anderes Beispiel, das auch von Hegel zitiert wurde: 1) Dieser Hügel ist feurig; 2) denn er raucht; 3) was raucht, ist feurig, wie ein Küchenherd; 4) zugegeben, nun raucht aber der Hügel; 5) darum ist er feurig. Hegel, *Vorlesung über die Geschichte der Philosophie*, Indische Philosophie.

These und insofern überflüssig. Überflüssig ist auch das vierte Glied, die Anwendung, denn die inneren Zusammenhänge zwischen These, Grund und Beispielen sind bereits deutlich.
Aus dem oben genannten Modell ist dann ein vereinfachtes, dreigliedriges Modell geworden:

> Der Satz: Laute sind nicht ewig.
> Der Grund: (Weil sie) geschaffen worden sind.
> Homogenes Beispiel (Beweis): Alles, was geschaffen worden ist, ist nicht ewig, z.B. ein Krug.
> Heterogenes Beispiel (Gegenbeweis): Alles, was ewig ist, ist nicht geschaffen worden, z.B. die Leerheit.

Nun zu den einzelnen Punkten: Im Satz wird eine Behauptung aufgestellt. Diese kann meine eigene oder auch die eines anderen Menschen sein. Formal besteht sie aus einem *dharmin* (entspricht dem S im Syllogismus) und einem *dharma* (entspricht dem P), wobei sowohl S als auch P von beiden Diskussionspartnern anerkannt werden müssen, nicht jedoch die Kopplung von S und P; denn sonst wäre eine Diskussion nicht nötig.
Bei der Aufstellung der These sind folgende Fehler bzw. Inkompatibilitäten, *viruddha*, zu vermeiden:

- Inkompatibilität mit der *perception*, z.B. wenn man die These aufstellen würde: Laute werden nicht mit dem Ohr (sondern durch ein anderes Sinnesorgan) wahrgenommen.
- Inkompatibilität mit der richtigen Schlußfolgerung, z.B. wenn man behauptet: Krüge sind ewig.
- Inkompatibilität mit der eigenen Lehre und dem eigenen Glauben, z.B. wenn ein Buddhist behaupten würde, Laute seien ewig.
- Inkompatibilität mit weltlichen Meinungen. Es wurde zu jener Zeit allgemein angenommen, daß die Trächtigkeit von Kaninchen durch Einfluß des Mondes zustande kommt, in diesem Fall wäre dann die These zu vermeiden, diese Trächtigkeit sei nicht so zustande gekommen.[1]
- Paradox oder Inkompatibilität mit eigenen Behauptungen. Beispiel: Alle Aussagen sind falsch. (Denn demnach muß auch diese meine Aussage falsch sein.)
- Inakzeptanz des Prädikats beim Gegner. Gegenüber jemandem, der fest an die ewige Erhaltung der Energie glaubt, soll man nicht behaupten, Laute seien ver*nicht*bar; denn dieser würde erwidern, diese Laute seien bloß in etwas anderes verwandelt.

1 Dieser Rat ist allerdings sehr praxisbezogen und beweist, daß es hier nicht um Erkenntnisgewinn im (natur)wissenschaftlichen Sinne ging.

- Inakzeptanz des Subjekts beim Gegner. Buddhisten sind von der Substanzlosigkeit des Ich überzeugt. Demnach wäre es sinnlos, mit ihnen über die These zu diskutieren: Das Ich denkt.
- Inakzeptanz sowohl des Subjekts als auch des Prädikats beim Gegner. Zu jemandem, der weder die Existenz der Seele noch die Unsterblichkeit anerkennt, sollte man auch nicht sagen, die Seele sei unsterblich.
- sinnlose und unnötige Thesen: Laute werden durch das Ohr wahrgenommen.

Das Wichtigste in der *hetuvidyā*-Logik ist das zweite Glied, die Benennung des Grundes. Unter der formalen Bedingung, daß der Grund existiert, muß der Grundsatz drei Eigenschaften haben, um richtig zu sein:

- Der Grund muß im Subjekt, das in der These angegeben worden ist und nun im Grundsatz nicht nochmals erwähnt zu werden braucht, enthalten sein. Die Extension des Grundes muß sozusagen größer sein als die des Subjekts. (Laute sind) geschaffen, aber was geschaffen worden ist, sind nicht nur Laute. Ein anderes Beispiel: Im Berg muß Feuer sein, da (als Grund) Rauch zu sehen ist. Rauch kann aber auch anderswo sein. Diese Bestimmung wird *pakṣadharmatā* genannt.
- Alle Dinge, die dasselbe Prädikat besitzen, müssen auch den im Grundsatz genannten Grund besitzen. Die Extension des Prädikats muß größer oder mindestens ebenso groß sein wie die des Grundes. Rauch ist nicht nur in einem Berg zu sehen, sondern auch z.B. in einem Rauchgefäß. Diese Bestimmung heißt *sapakṣe sattva*.
- Dinge, welche das Prädikat nicht besitzen, dürfen auch die Eigenschaft im Grundsatz nicht haben. Die Extension des Grundes darf nicht größer sein als die des Prädikats. Rauch kann z.B. nicht im Wasser gesehen werden. Diese Bestimmung heißt *vipakṣe asattva*.

Auch bei der Nennung der Gründe ist eine Reihe von Regeln zu beachten. Folgende Verfehlungen sind zu vermeiden:

- Der genannte Grund wird von beiden Seiten (Gesprächspartnern) nicht anerkannt. Beispiel: (Laute sind nicht ewig,) weil man sie, die Laute, sehen kann.
- Der genannte Grund wird nur von einer Seite für richtig gehalten. Gegenüber Menschen, die nicht der Meinung sind, daß die Laute zu den geschaffenen Gegebenheiten gehören,[1] darf man auch nicht behaupten: (Laute sind nicht ewig,) weil sie geschaffen worden sind.

1 Gemeint ist hier die Behauptung, Laute seien eigentlich da, sie zeigten sich erst unter bestimmten Bedingungen, insofern seien Laute nicht geschaffen worden.

- Der genannte Grund ist fraglich und zweifelhaft: (Hinter dem Berg ist Feuer[1],) weil es dort neblig ist.
- Ist S nicht existent (wird nicht für existent gehalten), wird auch eine Aussage zu S gegenstandslos und somit ungültig. Gegenüber Menschen, die die Existenz der Seele nicht anerkennen, hat die Behauptung einer Unsterblichkeit der Seele keine Aussagekraft.

Das dritte Glied, der Beispielsatz, hat die Funktion, den Grund zu untermauern und die These a posteriori zu bestätigen. Man unterscheidet hier zwischen einem homogenen Beispiel, das das logische Verhältnis zwischen dem Grund und dem Prädikat veranschaulicht, und einem heterogenen Beispiel, das dieses Verhältnis negiert.
Ein Beispielsatz besteht normalerweise aus zwei Teilen, einem allgemeinen Urteil und einem konkreten Beispiel, das das Urteil nochmals bestätigt:

Allgemeines Urteil: Alle Dinge, die geschaffen worden sind, sind nicht ewig.
Homogenes Beispiel: Krüge und etc.

Die *hetuvidyā*-Logik dient in erster Linie dazu, Behauptungen des Gegners zu widerlegen. Dabei kann eine Behauptung wirklich, aber auch nur scheinbar widerlegt worden sein. Eine Behauptung gilt als widerlegt, wenn man im Argumentationsgang des Gegners eine der oben aufgeführten Fehler entdeckt hat. In den folgenden Fällen gilt eine Widerlegung als scheinbar erfolgreich, also nicht erfolgreich:

- Das Beispiel, das der Gegner als heterogenes verwendet, wird als homogenes uminterpretiert:
  Laute sind nicht ewig, weil sie geschaffen sind.
  Heterogenes Beispiel: die Leerheit.
  Widerlegung:
  Laute sind ewig, weil sie nicht materiell sind.
  Homogenes Beispiel: die Leerheit.[2]
- Ein homogenes Beispiel wird als heterogenes verwendet:
  Laute sind nicht ewig, weil sie geschaffen sind.
  Homogenes Beispiel: Krüge.
  Widerlegung:
  Laute sind ewig, weil sie nicht materiell sind.
  Heterogenes Beispiel: Krüge.
- Falsche Schlußfolgerung:
  Laute sind nicht ewig, weil sie geschaffen sind.

1 Es wird unterschieden zwischen Feuer als Element und Feuer als Vorgang einer Verbrennung. Feuer als Element ist überall vorhanden; Feuer als Vorgang der Verbrennung hat folgende Zeichen: Flamme, Hitze, Rauch, Helligkeit.

2 Freude ist nicht materiell und trotzdem nicht ewig.

Homogenes Beispiel: Krüge.

Widerlegung:

Krüge wurden gebrannt, deshalb sind sie nicht ewig; Laute sind nicht gebrannt, deshalb sind sie ewig.

Die *hetuvidyā*-Logik diente in erster Linie dazu, eine bereits aufgestellte These zu beweisen, zu widerlegen und scheinbar richtige Thesen von den scheinbar falschen zu unterscheiden.[1] Hegel, der in seiner *Vorlesung über die Geschichte der Philosophie* kurz auf diese Logik einging, bemerkt zutreffend: "Dies wird so vorgetragen wie bei uns die Syllogismen; aber es kommt so heraus, daß das, worum es sich handelt, vorn gesetzt ist. Wir würden hingegen mit dem Allgemeinen anfangen."[2]

Der Satz (*pratijñā*) in der *hetuvidyā*-Logik entspricht in der Tat der Konklusion des Syllogismus; der Grund (*hetu*) gleicht dem mittleren Satz, der theoretische Teil im Beispiel-Satz ist mit dem Obersatz vergleichbar, während die Nennung eines konkreten Beispiels im Syllogismus nicht notwendig ist, wohl aber in der *hetuvidyā*-Logik.

Diese Bedingung, die Angabe eines (weiteren) konkreten Beispiels, hat es zur Folge, daß nicht jeder Syllogismus auch nach der *hetuvidyā*-Logik richtig sein muß. "Menschen sind intelligent, weil sie Werkzeuge herstellen können." Da wir aber außer Menschen keine weiteren Lebewesen kennen, die Werkzeuge machen können, ist diese Schlußfolgerung unvollständig und vor allem nicht zulässig.

Des weiteren sind in der *hetuvidyā*-Logik unumstrittene Thesen zu vermeidetn, während solche Thesen beim Syllogismus durchaus notwendig sein können. Die Aussage, daß Laute durchs Ohr wahrgenommen werden, ist in der Hetu-vidyā-Logik als unnötig anzusehen, könnte aber im Syllogismus hingegen als Obersatz stehen.

1 Siehe Śaṅkarasvāmin (6. Jahrhundert): *Yinming ruzheng lilun* (Nyāyapraveśatārakaśāstra, Einführung in die Hetuvidyā-Theorie), ins Chinesische übersetzt und kommentiert von Xuan Zang, in: Luo Zufeng (Hrsg.), *Zongjiao yaojixuankan* (Anthologie der Kanontexte der Religionen), S. 151-153. Eine deutsche Teilübersetzung findet man in: Wenchao Li: *Die christliche China-Mission im 17. Jahrhundert. Verständnis, Unverständnis, Mißverständnis*, demnächst Franz Steiner Verlag, Stuttgart.

2 Hegel, *Vorlesung über die Geschichte der Philosophie*, Indische Philosophie.

XV Gedanken über den Buddhismus, den Konfuzianismus und das Christentum[1]

Es war einmal ein Tiger, der sich anschickte, den Himmel zu fressen. Theoretisch war dies auch machbar; denn eine Frist wurde nicht gesetzt. Das Problem bestand eher darin, daß der Tiger nicht wußte, wo er mit seinen scharfen Krallen den ersten Schlag ansetzen sollte. Das Unternehmen war gescheitert, wie wir wissen; denn den Himmel haben wir immer noch, Tiger allerdings auch. Ähnliche Probleme wie der Tiger haben auch wir, wenn wir nun im Schlußkapitel versuchen, eine Betrachtung des Buddhismus vor dem Hintergrund des Konfuzianismus zum einen und des Christentums zum anderen zu unternehmen. Aber wir können den Problemen aus dem Weg gehen, indem wir uns auf einen einzigen Aspekt – das Bild des Menschen – beschränken und uns mit ein paar Denkanstößen begnügen. Wir fangen mit dem Konfuzianismus an.

Im Unterschied etwa zum Christentum oder auch zum Buddhismus bedeutet der Ausdruck *Konfuzianismus* nicht eine Lehre oder gar eine Glaubensgemeinschaft, die von einem Mann namens Konfuzius begründet worden wäre. Sicherlich war Konfuzius (551–479 v. Chr.) für die Entstehung und Formierung dieser Lehre von historischer Bedeutung, aber ihm ist eben nicht die Rolle zugefallen, die der Name Jesus Christus für den christlichen Glauben und der Name Siddharta Gautama für den Buddhismus spielt. Zum Verständnis des Konfuzianismus kann die Lebensgeschichte des Konfuzius kaum etwas beitragen, während die Grundaussagen des Christentums vom Leben Jesu nicht zu trennen sind und die Grundlehren des Buddhismus mit dem Leben des Gautama eng im Zusammenhang stehen.[2] Darin unterscheidet sich der Konfuzianismus vom Christentum und vom Buddhismus erheblich.[3]

1 Dieses Kapitel stützt sich auf einen Vortrag des Verf. an der Katholischen Akademie e.V. in Berlin, März 1998.

2 Auf wiederholten Ausfahrten soll Gautama mit der Wirklichkeit des Leidens in Gestalt eines alten Mannes, eines Kranken und eines Toten konfrontiert gewesen sein. Man sagt auch, daß der Anlaß für seinen Zug in die "Heimatlosigkeit" es war, daß der Prinz in einem Tage durch die vier Stadttore gefahren war. Vor dem östlichen Tor sah er die Szene des Altwerdens, vor dem südlichen die des Krankseins, vor dem westlichen die Szene des Todes. Als er aber das nördliche Tor verließ, sah er einen sorgen-losen Wandermönch. Siehe K. E. Neumann, *Längere Sammlung,* S. 195–201; H. Beckh, *Buddha und seine Lehre*, S. 50-51; H.-J. Klimkeit: *Der Buddha, Leben und Lehre*, Stuttgart, Berlin u. Köln 1990, S. 70–74.

3 Max Weber konstatiert in seinen Studien gar: "Der Konfuzianismus ist im Sinne des Fehlens jeder Metaphysik und fast aller Reste religiöser Verankerung: – so weitgehend, daß er an der äußersten Grenze dessen steht, was man überhaupt allenfalls noch eine *religiöse* Ethik nennen kann, – so rationalistisch und zugleich, im Sinne des Fehlens und der Verwerfung aller nicht nicht utilitarischen Maßstäbe, so nüchtern, wie kein anderes

Was ist nun der Mensch nach dem Konfuzianismus?

Der Konfuzianismus hält unbeirrt am Guten im Menschen fest und geht davon aus, daß jeder Mensch ein potentieller guter Mensch ist und real ein guter Menschen sein soll. Was das nun bedeutet, läßt sich durch eine Fallstudie veranschaulichen. Diese Fallstudie stammt aber nicht von mir, sondern von einem Mann namens Menzius (372–289 v. Chr.). Die Situation ist folgendes:

Wir haben einen tiefen Wasserbrunnen, ein minderjähriges Kind und einen erwachsenen Menschen. Nun läuft das unwissende Kind auf den Brunnen hin und droht hineinzufallen und zu ertrinken. Menzius fragt, was der erwachsene Mensch, der jeder von uns sein könnte, angesichts der drohenden Gefahr nun tun wird. Die Wahrscheinlichkeit, daß er teilnahmslos zuschaut und nichts unternimmt, ist ziemlich gering und kann ausgeschlossen werden. Der Erwachsene wird aller Wahrscheinlichkeit nach das Kind davon abhalten und ihm dadurch das Leben retten. Menzius aber fragt aber weiter, warum er dies tut und warum jeder von uns auch so gehandelt hätte, und zwar aus welchen Motiven. Es könnte ja sein, daß der Erwachsene das Kind kennt, es könnte ja auch sein, daß er eine Belohnung erhofft, daß er ein Lob hören wollte und so weiter. Menzius meint aber, jeder von uns hätte das Kind abgehalten, auch wenn wir das Kind nicht kennen, auch wenn keine Belohnung zu erwarten ist und niemand uns loben wird. Die Schlußfolgerung von Menzius lautet: Jeder von uns weiß, was gut ist. Dieses Wissen und dieses Können haben wir *a priori*.[1]

Gut zu sein und Gutes zu tun ist deshalb für den Konfuzianismus keine Frage des Könnens, sondern eine Frage des Wollens (und der Bildung). Was ist nun der Unterschied zwischen Nicht-Wollen und Nicht-Können? Menzius antwortet: Wenn man von einem Menschen verlangt, einen großen Berg unter den Arm zu nehmen und übers Nordmeer zu springen, und er sagt, das kann ich nicht, so kann er es wirklich nicht; wenn aber jemand sich vor Älteren verneigen soll und er sagt, das kann ich nicht, so ist es keine Frage des Könnens, sondern er will es einfach nicht. Warum wollen wir es nicht, wenn es doch gut ist und wenn das Gute zu tun doch so einfach und leicht ist? Der Konfuzianismus führt das Nicht-Wollen-Können darauf zurück, daß der Mensch es nicht verstanden hat,

der ethischen Systeme außer etwa demjenigen J[eremy] Benthams." Max Weber: *Die Wirtschaftsethik der Weltreligionen. Konfuzianismus und Taoismus*, Studienausgabe I/19, hrsg. v. Helwig Schmidt-Glintzer, Tübingen 1991, S. 20. Vor einem unvorsichtigen Genuß von Webers Studien sei jedoch gewarnt.

1 Vgl. Kant: *Metaphysik der Sitten*, in: *Werke*, Bd. VIII, S. 531: "Ebenso ist das Gewissen nicht etwas Erwerbliches und es gibt keine Pflicht, sich eines anzuschaffen; sondern jeder Mensch, als sittliches Wesen, hat ein solches ursprünglich in sich." Siehe auch S. 532; ders.: *Die Religion innerhalb der Grenzen der bloßen Vernunft*, in: *Werke*, Bd. VIII, S. 668; K. Jaspers spricht von der "unbedingten Forderung", die "ihren Ursprung in mir" hat, "indem sie mich trägt". K. Jaspers: *Der philosophische Glaube*, Frankfurt a. M. u. Hamburg 1958, S. 34.

das ursprünglich Gute in ihm zu bewahren und zu entfalten. In diesem Sinne sagt Menzius: "Ein edler Mensch unterscheidet sich von anderen dadurch, daß er sein Herz bewahrt."[1]

Das oben genannte Beispiel macht des weiteren deutlich, was der Konfuzianismus unter dem Guten versteht. Das Gute im konfuzianischen Sinne ist immer konkret und begreift sich als das Gute im Umgang mit Menschen. Zitate dafür sind reihenweise aufzuführen:

"Diene deinen Eltern, dann kannst du ihnen auch in gebotener Zurückhaltung widersprechen; siehst du aber, daß sie nicht gewillt sind, dir zu folgen, dann sei weiterhin ehrerbietig und widersetze dich nicht. Mühe dich für sie, ohne zu murren."[2]

"Zu Lebzeiten der Eltern soll man nicht in die Ferne ziehen. Verläßt man sie aber doch, dann muß man einen festen Wohnsitz haben, (damit man im Notfall benachrichtigt werden kann)".[3]

"Das Alter der Eltern muß einem ständig bewußt sein: es ist einerseits Grund zur Freude, andererseits Anlaß zur Sorge."[4]

Die Pflicht der Pietät schließt den Unterhalt der Eltern natürlich ein, aber sie bedeutet eben mehr als materielle Fürsorge:

"Was man heute im allgemeinen unter Erfüllung der Pflichten gegenüber den Eltern versteht, ist die Sorge um deren Unterhalt. Doch die Menschen füttern auch ihre Hunde und Pferde. Wenn man gegenüber den Eltern keine Ehrfurcht hat – welcher Unterschied besteht dann zwischen der Sorge um den Unterhalt der Eltern und der Aufzucht von Hunden und Pferden?"[5]

Die Kindespflicht den Eltern gegenüber ist nicht ein ethisches Gebot unter vielen anderen. Sofern die Blutsverwandtschaft, auf die der Konfuzianismus großen Wert legt, hier zu einer ethischen und sozialen Verpflichtung geworden ist, fungiert die Pietät als Quelle und Wurzel aller anderen sozial-ethischen Gebote, die an sich keinen Wert haben und bloß Erweiterungen und Modalitäten der Pietät darstellen.

"Ein junger Mensch soll in der Familie ehrfürchtig und gehorsam gegenüber den Eltern sein. Außer Haus begegnet er den Menschen so, wie er sich gegenüber seinen älteren Brüdern (zu Hause) verhält, mit Achtung und Aufrichtigkeit. Er ist durchdrungen von Liebe zu allen und eng mit dem Humanitätsgebot verbunden."[6]

1 Menzius: *Werke von Menzius*, in: Yang Bojun, *Die vier klassischen Bücher mit moderner Übersetzung*, S. 373–461, hier S. 419.

2 Konfuzius, *Gespräche*, IV, 18.

3 Ibid., IV, 19.

4 Ibid., IV, 21.

5 Ibid., II, 7.

6 Ibid., I, 6.

"Verhalten sich die Menschen beim Tod ihrer Eltern korrekt, wie es der Ritus vorschreibt, und folgen sie dem Weg der Ahnen, dann festigt sich die Moral des Volkes wieder."[1]

Menzius nennt fünf Arten von Ungehorsam den Eltern gegenüber: körperliche Faulheit, Trägheit; Spielsucht, Trinksucht; Gier nach Hab und Gut, Bereicherung eigener Kinder und Frau(en); Leben in Ausschweifung und nach Sinneslüsten; Wagemut, Streitsucht. Durch die ersten drei wird die Pflege der Eltern vernachlässigt, die vierte bringt Schande auf die Familie, die fünfte bringt die Eltern in Gefahr.[2]
Versuchen wir nun, die Konfuzianischen Gebote vor dem christlichen Hintergrund zu betrachten, sind mindestens zwei Punkte deutlich geworden: Erstens war von einer Liebe zu Gott überhaupt nicht die Rede, zweitens ermöglicht der Gedanke an das Gute im Menschen keinen Freiraum etwa für eine Erbsünde. Diese zwei Punkte waren schon den Jesuiten, die im 17. Jahrhundert in China waren, um die Konfuzianer zu bekehren, aufgefallen. Wer Gott liebe, der würde auch das lieben, was Gott geschaffen hat, also auch andere Menschen, so argumentieren die Jesuitenpater. So gesehen wären die konfuzianischen Gebote bloße Lebensaphorismen ohne theologische oder metaphysische Rückendekkung. Die Konfuzianer ihrerseits argumentieren genau in umgekehrter Richtung: Wer nicht einmal seine Blutsverwandten liebt, von dem kann man auch nicht erwarten, daß er andere Menschen liebt, von einer Liebe zu Gott ganz zu schweigen. Was den zweiten Punkt, die Möglichkeit einer Erbsünde betrifft, muß man den Jesuitenpatern recht geben. In der Tat sind Gedanken wie Erbsünde und Gottes Gnade fremd. Andererseits ist dies auch verständlich. Der Konfuzianismus kann sich diesen Gedanken nicht einmal leisten, weil ihm die christliche Offenbarung fremd ist. Dort, wo Gottes Gnade nicht erkannt worden ist, darf der Mensch auch eine Erbsünde nicht begehen; denn wer hätte ihn dann von dieser Sünde befreien sollen und können. Später, Anfang des 18. Jahrhunderts, werden einige Europäer, etwa Gottfried Wilhelm Leibniz und Christian Wolff, den Konfuzianismus loben und behaupten, daß diese alleinige Fixierung auf das Gute im Menschen höchst klug und effektiv sei; denn wer nur das Gute im Auge habe und sich um das Gute bemühe, der werde gar keine Zeit haben, an das Nicht-Gute zu denken, geschweige denn das Nicht-Gute zu tun. "Bücher über das menschliche Elend", so Leibniz, "[...] sind meiner Ansicht nach von keinem großen Nutzen: man verdoppelt die Übel, wenn man ihnen eine Aufmerksamkeit widmet, die man von ihnen abwenden sollte, um sie auf die weit gewichtigeren Güter zu richten."[3]

1 Ibid., I, 9.

2 Menzius, S. 420.

3 Leibniz, *Die Theodizee*, S. 104-105; vgl. Chr. Wolff, *Oratio de Sinarum philosophia practica = Rede über die praktische Philosophie der Chinesen*, übers., eingel. u. hrsg. v. M. Albrecht, Hamburg 1985, S. 28, 160.

Kommen wir nun zurück zum Konfuzianismus, müssen wir feststellen, daß der Konfuzianismus doch nicht so atheistisch ist, sondern nur ein etwas anders geartetes Gottesverständnis hat; denn fragen wir nun, woher der Mensch dieses ursprüngliche Gute bekommen habe, werden wir vom Konfuzianismus folgende Antwort bekommen: Der Mensch hat dieses Wissen vom Himmel erhalten, es ist ihm angeboren. "Was der Himmel hergibt, wird Bestimmung genannt. Der Mensch bekommt es als seine Natur, dieser Natur zu folgen ist des Menschen Lebensweg, diesen Weg zu pflegen heißt die Bildung."[1] Himmel, das wäre die konfuzianische Bezeichnung für Gott.

Nun wird das Muster deutlich: "Folgt der Mensch völlig seinem Herzen, erkennt er seine Natur; erkennt er seine Natur, erkennt er den Himmel. Dem Himmel zu dienen bedeutet, daß der Mensch sein Herz bewahrt und seine Natur pflegt."[2] Mit Menzius gesagt: "Wer sein Herz vollständig entfaltet, der erkennt seine Natur; wer seine Natur kennt, der kennt den Himmel; wer sein Herz bewahrt und seine Natur pflegt, der dient dem Himmel."[3]

Weitreichende Konsequenzen hat dieses Muster für die konfuzianischen Gottesbilder. Unerkennbar für uns Menschen ist der Himmel, andererseits hat jeder von uns das Göttliche, chinesisch gesagt: das Himmlische in uns. Weit in der Ferne liegt die Wahrheit des Himmels, nah in der Nähe ist die Wahrheit des Menschen. Unerreichbar ist die erste, alltäglich praktisch ist die letztere. Indem wir aber uns selber kennenlernen, lernen wir das Himmlische in uns kennen. Das Himmlische in uns stammt vom Himmlischen im Ganzen. Indem wir mit alltäglichen Kleinigkeiten anfangen, tun wir bereits das Gute. Also: Wer sich kennt, der kennt Gott. Wer seine Eltern und Brüder liebt, der lernt andere Menschen lieben. In der Liebe zu Menschen liegt die Liebe zu Gott.

Jedoch ist es falsch, etwa zu denken, daß wir Gott kennen würden, hätten wir uns selbst erkannt. Der Grund dafür ist relativ einfach: Das Gute in uns haben wir vom Himmel bekommen, aber der Mensch ist prinzipiell anders als der Himmel. Der wesentliche Unterschied zum christlichen Gottesverständnis besteht in diesem Punkt darin, daß der konfuzianisch verstandene Himmel in seiner vollen Natürlichkeit sich keine Sorgen um die Dinge macht und der Mensch sich um so mehr Sorgen machen muß. "Wie könnte der Himmel sprechen?", fragt Konfuzius, "Die vier Jahreszeiten kommen und gehen, alle Dinge sind entstanden."[4] "Denn er läßt seine Sonne aufgehen über Böse und Gute und läßt es regnen über Gerechte und Ungerechte", wie es in Mt. 5,45 steht.

1 *Zhongyong* (Das Buch über die Anwendung der Mitte), zitiert nach Zhu Xi, *Sishu jizhu* (Gesammelte Kommentare zu den Vier Büchern, entstanden 1174–1189), hrsg. und ins moderne Chinesisch übersetzt von Ouyang Xuan, Hainan 1992, S. 25.

2 Cheng Yi/Cheng Hao, *Ercheng yishu, Ercheng waishu* (Hinterlassene Schriften und zusätzliche Aufzeichnungen), Shanghai (repr.) 1992, S. 108.

3 Menzius, S. 446.

4 Konfuzius, XII, 19.

Ist ein derartiger Gott nicht die blinde Naturmacht? Nach dem konfuzianischen Verständnis: nein. "Man kann nicht sagen, daß der Geist von Himmel und Erde nicht lebendig sei, aber ihr Geist denkt nicht in derselben Weise wie der Mensch."[1] Oder: "Himmel und Erde bringen Dinge hervor, ohne dabei eine bestimmte Absicht zu verfolgen, während ein weiser Mensch eine bestimmte Absicht verfolgt, ohne aber absichtlich zu handeln." Die Sorglosigkeit des Himmels ist also der Garant für seine Unfehlbarkeit, das bewußte Handeln des Menschen ist ein sittliches Gebot. "Der Unterschied zwischen uns Menschen und dem Himmel liegt darin, daß (der Himmel) nicht (bewußt) handelt und daß wir hingegen handeln müssen. Auch der weise Mensch ist nur ein Mensch und kann nicht ohne Sorgen sein. Der Himmel hingegen bleibt nicht um eines weisen Kaisers willen bestehen, er wird auch nicht um eines bösen Kaisers willen untergehen."[2] Die Ansicht, daß *omnia naturalia* für den Menschen geschaffen worden sei, ist eine vom Menschen selbst konstatierte Behauptung.

Ein derartiges Gottes- oder auch Himmelsverständnis hat wiederum Folgen für das Verständnis vom Menschen. Was ist nun der Mensch?

Der Mensch ist ein denkendes Wesen. Die Fähigkeit zu denken ist aber nicht ein Privileg sondern eine lebensnotwendige Ausrüstung. Der Mensch denkt nicht, weil er denken kann, sondern weil er denken muß. Der Himmel denkt nicht oder denkt anders. Andere Lebewesen denken nicht, weil sie jeweils Spezialisten sind und für ihr Leben nicht zu denken brauchen. Der Mensch steht hingegen in einer ziemlich prekären Situation. Anders als Tiere muß er denken. Denken bedeutet für ihn aber, daß er jeder Zeit Fehler machen könnte, weil er, gerade aufgrund des Denkens, Entscheidungen treffen muß. Entscheidungen können falsch sein.

Aus dem Denken-Können und Denken-Müssen ist dann ein ständiges Sorgenbewußtsein entstanden. Das chinesische (konfuzianische) Sorgenbewußtsein stammt weder aus dem Leiden noch aus der Sünde des menschlichen Lebens. Seine Veranlassung ist ein positives, ethisches Bewußtsein, ist die Sorge, daß wir Menschen, und nur wir Menschen Fehler machen können, und die Fehler der Menschen wird nicht einmal Gott korrigieren.

Das konfuzianische Sorgenbewußtsein ist deshalb eine Art wachsames Verantwortungsbewußtsein. Die ersten Äußerungen dieses Sorgenbewußtseins sind Verantwortungsgefühl und Gewissenhaftigkeit angesichts jeder konkreten, alltäglichen Handlung. Aus dem Verantwortungsgefühl und der Gewissenhaftigkeit hat sich dann der Gedanke der Ehrfurcht entwickelt, welcher Vorsicht und Furcht in sich einschließt.

Dieser Himmel ist zwar dem Gott im Christentum ähnlich und gilt als der höchste Herrscher des Kosmos, aber die Herabsendung der Bestimmung des Himmels hängt im wesentlichen von der Tugendhaftigkeit des Menschen ab.

1 Zhu Xi, *Zhuzi yulei* (Gespräche), S. 4.
2 Cheng Yi/Cheng Hao, S. 92.

Dieser letzte Punkt unterscheidet den chinesischen Himmel vom christlichen Gottesgedanken erheblich. Hier, im chinesischen Denken, entfaltet sich die Bestimmung oder das Dao des Himmels, vermittelt durch die aus dem Sorgenbewußtsein entstandene menschliche Ehrfurcht, Schritt für Schritt nach unten, konkretisiert sich im Menschen und wird zu seinem Wesen. In der Ehrfurcht gibt der Mensch sein Selbst nicht an Gott zurück; was der Mensch tut, ist nicht Selbst-Negation, sondern Selbst-Affirmation. Je weiter die Bestimmung oder das Dao des Himmels sich nach unten begibt, desto positiver und aktiver wird das Wesen des Menschen, desto wertvoller wird die Selbst-Affirmation, eben durch den Prozeß der Ehrfurcht im Menschen.

Nun kommen wir nochmals zum Buddhismus zurück, indem wir etwas nachholen, was bisher noch nicht berücksichtigt worden war: die Entstehung des Buddhismus. Der Überlieferung nach[1] wurde der Buddhismus im 6. Jahrhundert v. Chr. von Siddharta Gautama gegründet. Von seinen früheren Verehrern und Anhängern wurde er als *Śākyamuni* (der Weise aus dem *Śākya*-Clan) bezeich-net. Nachdem er die sogenannte "höchste und vollkommenste Erleuchtung" erlangt hatte, wurde er Buddha, der Erwachte bzw. der Erleuchtete, genannt.[2]
Die Überlieferung besagt weiter, daß Siddharta Gautama mit 29 Jahren (oder 19) das vornehme Vaterhaus verlassen hatte und "in die Heimatlosigkeit" zog, d.h. Wandermönch wurde. Später soll er sechs Jahre in einem Wald in der Nähe eines Flusses verbracht haben und dort zu der eher negativen Erkenntnis gelangt sein, daß die alleinige Askese noch kein Mittel der Erlösung sei. Danach soll er versucht haben, unter einem Baum sitzend in die Betrachtung der existentiellen Situationen des Menschen zu versinken, habe dort dann schließlich die Vier Edlen Wahrheiten und die Lehre des bedingten Entstehens entdeckt und sei so zur Erleuchtung gelangt. Mit 35 Jahren (oder 30) begann er, so die Überlieferung, zu predigen und Orden zu gründen, zuerst in Benares, dann in ganz Nordindien. Im Alter von 80 Jahren sei Buddha ins endgültige *nirvāṇa* eingetreten.
Im Gegensatz zum Christentum ist der Buddhismus ist keine offenbarte Religion, auch wenn im legendären Leben des Buddha im nachhinein von vedischen Gottheiten die Rede war.[3] Die Person Siddharta ist zwar wichtig, aber

1 Siehe dazu *Lexikon der Religionen*, begr. v. F. König, hrsg. v. H. Waldenfels, Freiburg im Breisgau, Basel u. Wien 1992, S. 77.

2 H. Beckh, *Buddha und seine Lehre*, S. 23–131; H. Oldenburg, *Buddha: Sein Leben, seine Lehre, seine Gemeinde*, Stuttgart [13]1959; E. Waldschmidt, *Die Legende vom Leben des Buddha*, Graz [2]1982.

3 K. E. Neumann, *Längere Sammlung*, S. 190-191; Beckh, *Buddha und seine Lehre*, S. 38; Klimkeit, *Der Buddha*, S. 56. Hans Küng hat einen interessanten, wenn auch keineswegs unproblematischen Acht-Punkte-Vergleich zwischen Buddha und Jesus aufgestellt. H.

diese Person ist mit der Person Jesus Christus nicht zu vergleichen. Obgleich auch seine Geburt sich auf wunderbare Weise vollzogen haben soll: von einem allmächtigen Vater-Gott weiß er nichts zu berichten. Anders als Jesus Christus ist der Buddha weder Gott selbst noch ein Vermittler zwischen Gott und Mensch. In der Verfolgung des Heils weist der Buddhismus den Menschen auf sich selbst und seine eigene Erfahrung zurück, ohne Berufung auf irgendeine Gottheit, während Jesus das Heil des Menschen nur in Hinblick auf den das Heil schenkenden Vater-Gott verkündet. Der Buddha gewordene Siddharta Gautama war daher weder ein allmächtiger Gott, den es nach der budhhistischen Überzeugung gar nicht gibt, noch ein Heiliger im christlichen Sinne. Er war eben nur ein asiatischer *muni*, ein *philosophus* im ursprünglichen und klassischen Sinn.

Die Frage nach Gott und somit nach einem metaphysischen letzten Grund, wie sie im Christentum gestellt und diskutiert wird, kommt im Buddhismus nicht vor. Die Reduzierung der menschlichen Welt auf Produkte menschlicher geistiger Verfassung und derer Begleitumstände läßt eine Gegenüberstellung von Menschen und einer ihm an Wissen und Macht überlegenen göttlichen Macht überflüssig erscheinen. Hier, im buddhistischen Denken, geht es direkt um den Menschen, um seine Existenz, sein Leiden und seine Erleuchtung durch sich selbst, d.h. um seine Selbsttranszendenz. Der Buddhismus ist mehr eine Philosophie asiatischer Prägung, Philosophie als Weg und Hilfe zum Leben. In dieser Gewichtsverschiebung auf das Menschsein liegt wohl die größte Affinität des Buddhismus zum Konfuzianismus; in der strikten und kategorischen Verneinung der Existenz eines allmächtigen, alles schaffenden Gottes darf man hingegen den diametralen Unterschied zum Christentum vermuten.

In der Tat, wie das größte Rätsel am Christentum für den Buddhismus im Glauben an den einen, personifizierten Schöpfer-Gott liegt,[1] so liegt für das Christentum die größte Schwierigkeit darin, daß die Buddhisten überhaupt nicht an eine Gottheit glauben. Die aufsehenerregende Bemerkung einer der höchsten geistlichen Instanzen in Europa vor ein paar Jahren, der Buddhismus sei atheistisch, war weder neu noch falsch, nur katholisch, mithin parteiisch und unnötig. Aber auch die viel milderen Versuche im Zuge des theologischen Dialogs, die buddhistische Verneinung eines Schöpfer-Gottes im Sinne von Agnostizismus und somit im Sinne der negativen Theologie auszulegen und den christlichen Gott in Wort – Gott sprach, es wurde – umzuinterpretieren, dürften den Glauben beiderseits zu sehr überstrapazieren.[2]

Diese Schwierigkeit, welche eine Verständigung zwischen Christentum und Buddhismus von vornherein zu blockieren scheint, sollte man daher vorerst

Küng u. H. Bechert, *Christentum und Weltreligionen III, Buddhismus*, Gütersloh [2]1990, S. 64.

1 Siehe Buddhadasa, *Christianity and Buddhism*, Bangkok 1967, S. 80.

2 Siehe z.B. Hans Küng, *Christ sein*, München [8]1987, S. 139–144.

weiterhin bestehen lassen. Sich gleich mit ihr auseinanderzusetzen, wird sich schnell als methodisch unklug und sachlich wenig ergiebig erweisen. Schlagen wir deshalb einen anderen Werg ein, indem wir einen Umweg machen. Wie oben beim Konfuzianismus, versuchen wir auch hier, uns die buddhistischen Menschenbilder anzuschauen.

Der Ausgangspunkt des Buddhismus ist das Leidensbewußtsein. Das ist, wie wir gesehen haben, der Grundtenor in den sogenannten Vier Edlen Wahrheiten. Gibt es Leiden, dann muß es auch Erlösung geben. Aber in der Frage, wovon und wie der Mensch erlöst werden soll, werden die Differenzen wiederum deutlich: Das Christentum versteht unter Erlösung, dogmatisch gesehen, die Erlösung des Menschen von seinen Sünden gegen Gott. Der Buddhismus betrachtet die Erlösung als Erlösung des Menschen von seinem Leiden. Die christliche Erlösung ist nur unter der Berufung auf Gottes Gnade möglich, was die Bemühungen des Menschen um seine Erlösung, das Werk, nicht ausschließt. Der Buddhismus verweist den Menschen bei der Erlösung auf den Menschen selbst zurück, was wiederum (in einigen Schulen des *mahāyāna*) die barmherzige Hilfe (nicht Gnade) der Buddhas und *bodhisattvas* einschließt. Die christliche Erlösung ist heilsgeschichtlich begründet und hat in den von den Menschen gegen ihren Schöpfer begangenen Sünden ihren Gegenstand. Die buddhistische Erlösung ist hingegen eine Erlösung von Leiden, die durch die menschliche Verblendung verursacht worden sind. Der Erlösungsweg wird dann entsprechend als Begrcifen der Unwirklichkeit, der Unpersönlichkeit des die Leiden verursachenden Kausalnexus definiert. Das Leiden im buddhistischen Sinne läßt sich als Folge und Werk der Unwissenheit.
Das Leben ist Leiden, so der Buddhismus, weil das Leben ein *Ich*-leide ist. Das Ich-leide ist möglich, weil ein Ich angenommen worden ist. Habe ich erkannt, daß das Ich als eine Substanz nur eine Einbildung, eine Täuschung, ja ein Sprachfehler ist, wird auch aus dem Leiden eine Illusion. Im Aufgeben des Ich liegt die Überwindung des Leidens. So weit der Buddhismus.

Ich weiß, daß dieses Verlangen, das Ich aufzugeben oder zumindest an dem Ich nicht festzuhalten, für das europäische Ohr eine Zumutung ist. Gäbe es das Ich nicht, wer täte noch das Gute, wer liebte noch Gott, wie könnten die christlichen Tugenden wie Mitleid, Toleranz und Hilfsbereitschaft noch möglich sein? Auf den ersten Blick scheinen die Fragen berechtigt zu sein, auf den zweiten Blick nicht unbedingt. Denn die Pointe ist, gerade in der Selbtaufgabe, in der Selbstlosigkeit liegen wahre Gründe der Tugend, und gerade dadurch sind Werte wie Mitleid, Liebe, Toleranz und Hilfsbereitschaft möglich geworden.
Berechtigt ist vielmehr eine andere Frage. Die lautet: Was ist aber mit dem, der nun diese Leere und dieses Nicht-real-Sein zu erkennen glaubt und behauptet? Woher sind trügerische und illusionäre Gegebenheiten gekommen, gäbe es überhaupt nichts Wesenhaftes? Denn es ist evident, daß es unter allen Dingen,

die der Mensch als eindeutig trügerisch und nicht real erkannt hat, bekanntlich keines gibt, das nicht von etwas Realem und Wesenhaftem abhängig wäre. Gäbe es das Wasser mit der immerbleibenden Eigenschaft der Feuchtigkeit nicht, würde es keine Wellen geben, die trügerisch, illusionär und zeitweilig sind. Wäre ein Spiegel nicht vorhanden, dessen Klarheit unveränderlich ist, würde es auch die trügerischen Spiegelbilder nicht geben. Sowohl das Träumen als auch die geträumten Dinge mögen trügerisch und nicht real sein. Trügerische und unreale Träume kann es aber erst dann geben, wenn ein schlafender und träumender Mensch da ist.[1]

Nachdem alles, einschließlich das Ich, als vergänglich erkannt worden ist, muß noch etwas übrigbleiben, das dies alles als vergänglich erkannt hat. Dieses Etwas wird im Buddhismus *Tathāgata-garbha* genannt, übersetzt heißt es die Soheit. Diese So-heit ist lauter und rein, hell und leuchtend, vollkommen und allwissend. Seit anfangloser Ewigkeit wird dieses wahre Wesen aber von falschem Denken und falschen Vorstellungen zugedeckt. Statt sich dieses wahren Wesens in sich bewußt zu werden, betrachtet der Mensch das bloß Stofflich-Körperliche als sein Ich. Infolge dessen haftet er an den falschen Vorstellungen, schafft das *karma*, gerät in den Kreislauf von Geburt und Tod und ist dem daraus folgenden Leiden ausgeliefert.

Die Lehre des Buddha besteht darin, daß sie so die Eigennatur des Menschen deutlich gemacht hat; sie hat ihren Sinn darin, die Leerheit, der wir uns hingeben, als Blendwerk zu entlarven und so das Eigentliche des menschlichen Wesens erkennen zu lassen. Dieses Eigentliche oder das Absolute, das nach der Aufhebung der Phänomene offengelegt worden ist, hat aber keinen individuellen Charakter mehr. Dieses Absolute ist das Göttliche. Und hier liegt die Möglichkeit eines fruchtbaren Dialogs zwischen dem Buddhismus und dem Christentum.

1 Siehe Anhang: *Über des Menschen Ursprung.*

Anhang

I Das Sūtra in 42 Abschnitten[1]

Dieses Sūtra war eine der frühesten buddhistischen Veröffentlichungen in chinesischer Sprache. Inhaltlich ist es eine Spruchsammlung aus unterschiedlichen Kanontexten des hīnāyāna. Der chinesisch-daoistische Einfluß ist unübersehbar.

Der Buddha sprach: "Wer seine Eltern verläßt, in die Hauslosigkeit geht, den Geist erkennt, den Ursprung erreicht und das *asaṃskṛta*[2] praktiziert, den nennt man einen *sramana*[3]. Wer die 250 Gebote praktiziert[4] und nach den Vier Edlen Wahrheiten handelt, der wird ein *arhat*. Ein *arhat* kann in der Luft fliegen und sich beliebig verwandeln. Er wird nach der Vollendung der Lebensjahre nicht wiedergeboren werden und oben im Himmel wohnen. Dem *arhat* folgt *anāgāmin*. Ein *anāgāmin* geht nach dem Tod in den neunzehnten Himmel und erreicht dort das Ziel als *arhat*. Dem *anāgāmin* folgt *sakṛdāgāmin*. Bevor ein *sakṛdāgāmin arhat* wird, muß er einmal im Himmel und danach einmal auf der Welt wiedergeboren werden. Dem *sakṛdāgāmin* folgt *srotāpanna*. Um *arhat* zu werden und Liebe wie Begierden abzuschaffen, muß ein *srotāpanna* noch sieben Mal Geburt und Tod erleben.[5] Man entfernt sich von den Begierden so, wie man sich eigene Arme und Beibe abschneidet. Abgeschnittene Arme und Beine braucht der Mensch nicht mehr."

Der Buddha sprach: "Ein *sramana* verläßt seine Familie, er ist entschlossen, die Begierden aufzugeben und sich von Menschen, die er liebt, zu verabschieden. Er will den Ursprung des eigenen Geistes erkennen und die tiefe Lehre des Buddha begreifen. Er lernt das Buddha-Prinzip des Nicht-Handelns. Innerlich bekommt er nichts hinzu, draußen ist nichts, nach dem er strebt. Sein Geist hängt weder vom Dao noch an *karma*. Er ist frei von Gedanken und frei von *karma*, frei von Übungen und frei von Bestätigungen (der Richtigkeit der Übungen). Er strebt nicht nach den [oben aufgezählten] Stufen und hat Selbstvertrauen. Das ist das höchste Dao, das er erreichen möchte."

Der Buddha sprach: "Wer seine Haare und seinen Bart ausschert, wird ein *sramana*. Wer das buddhistische Gesetz annimmt, verzichtet auf den weltlichen

1 Teile der hier im Anhang aufgenommenen Übersetzungen sind ohne Anmerkungen gedruckt in: Wenchao Li: *Die christliche China-Mission im 17. Jahrhundert. Verständnis, Unverständnis, Mißverständnis*, Franz Steiner Verlag, Stuttgart.

2 *Asaṃskṛta* ist ein Synonym des *nirvāṇa*. Die chinesische Übersetzung lautet "wu-wie", also das daoistische Prinzip des "Nicht-Handelns". Der daoistische Einfluß wird auch in der folgenden Vorstellung deutlich, daß ein Arhat in der Lage sei, "in der Luft zu fliegen".

3 *Sramana* (Mönch): ursprüngliche Bezeichnung für Angehörige aller Ordens, die sich, wie auch der Buddhismus, vom traditionellen Brahmanismus distanzierten. Chinesische Übersetzung bzw. Transkription: *Shamen*.

4 Vgl. oben, S. 24.

5 Es handelt sich um unterschiedliche Stufen im *hināyānā*. Im *mahāyānā* werden sie alle durch das *bodhisattva*-Ideal ersetzt. Siehe oben, S. 8.

Reichtum. Er bettelt nur soviel, daß es ihm zum Überleben genügt. Nur mittags nimmt er eine Mahlzeit, unter einem Baum schläft er. Mehr braucht er nicht. Was die Menschen verwirrt und verblendet, sind Neigungen und Begierden."

Der Buddha sprach: "Es gibt zehn Dinge, die für Wesen (Menschen) böse sind, und zehn Dinge, die für alle gut sind. Was sind die zehn? Drei betreffen den Körper, vier den Mund und wieder drei das Denken. Die drei vom Körper sind Totschlag, Diebstahl und (sexuelle) Ausschweifungen; die vier vom Mund sind Doppelzüngigkeit, böse Worte, wahnhaftes Reden und Schmeichelei; die drei vom Denken sind Neid, Gier und falsche Ansicht. Falsche Ansicht ist, daß ein Mensch nicht an die drei Schätze[1] glaubt und das Falsche für das Richtige hält. Ein *upāsaka*[2] befolgt die fünf Gebote,[3] ohne nachzugeben, und vollbringt die zehn guten Taten. Er wird das Dao erreichen. Folgt ein Mensch der heiligen Lehre nicht, begeht er die zehn bösen Taten. Hören diese zehn Taten auf, werden aus ihnen zehn Taten, die gut und löblich sind."

Der Buddha sprach: "Menschen haben zahlreiche Fehler. Wenn sie keine Reue empfinden und ihre falschen Ansichten nicht aufgeben, werden sie sich die Vergeltung zuziehen. Das ist wie der Zufluß des Wassers zum Meer. Es wird immer breiter und tiefer. Wenn Menschen Fehler machen, aber sich deren bewußt werden, auf das Nicht-Gute verzichten und das Gute tun, werden die Vergeltungen von selbst verschwinden. Das ist so, wie man im Fall einer Erkrankung in Schweiß kommt. Es ist ein Zeichen der Genesung."

Der Buddha sprach: "Die Verblendung der Menschen betrachte ich als nicht gut. Mit vier Arten von Barmherzigkeit[4] helfe ich ihnen. Wer mich schlecht behandelt, dem begegne ich mit Güte. Darin liegt immer das Glück und die Tugend. Denn wer andere verletzen will, wird selber betroffen vom schweren Unglück, das seine Verletzung verursachen wird." – Jemand hatte gehört, daß Buddha das Dao befolgt, an Milde und Barmherzigkeit festhält, dem Bösen mit der Güte begegnet. Deshalb kam er und schimpfte auf Buddha. Dieser schwieg und antwortete nicht. Vielmehr bedauerte er, daß Neid, Unwissenheit, Hochmut und Verblendung einen Menschen so weit treiben konnten. Der Mann hörte mit dem Schimpfen auf und fragte: "Du behandelst die Menschen mit Höflichkeit, die Menschen nehmen dir dies aber nicht ab. Was geschieht dann mit deiner Höflichkeit?" Der Buddha sprach: "Du schimpfst nun auf mich, und ich nehme dir das Schimpfen nicht ab. Du kannst es jetzt zurücknehmen und auf dich schimpfen. Das ist wie das Echo, das die Stimme verfolgt und wie ein Schatten, der dem Körper immer auf den Fersen bleibt. Echo und Stimme, Schatten

1 *Triratna*. Der Glaube an Buddha, an Buddhas *dharma* und an die Gemeinde (*sangha*)

2 Menschen, die zwar an Buddhas Lehre glauben, nicht aber in den Orden eintreten.

3 Nicht töten, nicht stehlen, nicht lügen, nicht schmeicheln, kein Alkoholgenuß.

4 *Maitrī* – andere Menschen zu schützen und ihnen Freude zu bereiten; *karuṇā* – Mitleid mit ihnen und der Versuch, sie von ihrem Leiden zu befreien; *tuṣṭi* – Zufriedenheit und Freude mit ihnen; *upekṣā* – Freigebigkeit.

und Körper sind nicht voneinander zu trennen. Also vorsichtig und wachsam und nicht das Böse tun!"

Der Buddha sprach: "Wenn böse Menschen die Guten beleidigen und verletzen, verhalten sie sich wie einer, der gegen den Himmel spuckt. Der Speichel wird den Himmel nicht erreichen, sondern auf den Spuckenden zurückfallen. Sie verhalten sich wie einer, der den Staub gegen den Wind aufwirbelt. Der Staub wird andere nicht erreichen, sondern den Aufwirbelnden selbst ersticken. Gute Menschen sollte man nicht verleumden. Das Unglück wird den Verleumder selbst vernichten."

Der Buddha sprach: "Folgt der Mensch dem Dao, soll er universale Liebe und universales Mitleid praktizieren. Keine Spende kann größer sein als eine Spende der Tugend. Hält der Mensch am guten Ansatz fest und befolgt er das Dao, groß wird sein Glück sein; sieht er andere Menschen das Dao spenden und ihnen mit Freude behilflich sein, groß wird sein Glück sein." – Als jemand fragte, ob dieses Glück endlich sei, antwortete der Buddha: "Das ist wie ein Fackellicht. Tausende und hunderte von Menschen kommen hierher. Jeder hat eine Fackel in der Hand und nimmt von diesem Licht das Feuer mit, um dann das Essen zu kochen und die Finsternis zu vertreiben. Das Glück ist wie ein Fackellicht."

Der Buddha sprach: "Einen guten Menschen zu bewirten ist besser, als einen normalen Menschen zu bewirten; einen Menschen zu bewirten, der die fünf Gebote befolgt, ist besser, als 1000 gute Menschen zu bewirten; einen *srotāpanna* zu bewirten ist besser, als 10.000 Menschen zu bewirten, welche die fünf Gebote befolgen, zu bewirten; einem *sakṛdāgāmin* Essen und Trinken zu geben ist besser, als 100.000 *srotāpannas* Essen und Trinken zu geben; einem *anāgāmin* Essen und Trinken zu geben ist besser, als 1.000.000 *sakṛdāgāmins* Essen und Trinken zu geben; einen *arhat* zu bewirten ist besser, als eine 10.000.000 *anāgāmins* zu bewirten; einen *pratyekabuddha*[1] zu bewirten ist besser, als eine Miliarde *arhat* zu bewirten; einen *Buddha* zu bewirten ist besser, als 10 Miliarden *pratyekabuddhas* zu bewirten. Wer dem Weg des Buddha folgt, will alle Lebewesen von ihrem Leiden befreien. Gute Menschen zu bewirten ist verdienstvoll. Menschen, die Himmel und Erde, Dämonen und Geistern opfern, sollten lieber ihrem Vater und ihrer Mutter dienen. Die Eltern sind am wichtigsten."

Der Buddha sprach: "Auf der Welt gibt es zwanzig Schwierigkeiten: Es ist schwer, freigebig zu sein, wenn man in Armut ist; es ist schwer, das Dao zu lernen, wenn man in Luxus und Reichtum lebt; es ist schwer, dem Tod zu entgehen, wenn das Schicksal entschieden ist; es ist schwer, Buddhas Reden zu hören und Buddhas Texte zu sehen; es ist schwer, in dem Zeitalter geboren zu werden, in dem die Lehre des Buddha allgemein befolgt wird; es ist schwer, sich von den Sinneslüsten zu trennen und von den Begierden zu entfernen; es ist

1 Ein *pratyekabuddha* ist einer, der die Erleuchtung erlangt, ohne vorher von Buddhas Lehre gehört zu haben.

schwer, angesichts des Schönen und Guten dieses nicht zu begehren; es ist schwer, nicht zornig zu werden, wenn man beleidigt wird; es ist schwer, angesichts äußerer Dinge den Geist ruhen zu lassen; es ist schwer, Menschen, die nicht lernen, nicht zu verachten; es ist schwer, Überheblichkeit abzulegen; es ist schwer, wissende Menschen zu treffen; es ist schwer, des Menschen eigene Natur zu erkennen und das Dao zu lernen; es ist schwer, gelehrsam zu sein; es ist schwer, gegenüber äußeren Versuchungen standhaft zu bleiben; es ist schwer, verständnisvoll und gleichzeitig geschickt zu sein; es ist schwer, andere Menschen je nach der Möglichkeit zur Erleuchtung zu bringen; es ist schwer, Gleichmut zu bewahren; es ist schwer, nicht über Recht und Unrecht anderer Menschen zu reden."[1]

Ein *sramana* fragte Buddha nach dem Weg des Dao und nach dem Wissen um die Vorherbestimmung. Der Buddha sprach: "Das Dao hat weder Gestalt noch Merkmale. Das Wissen darum (allein) nützt nichts. Vielmehr sollte man an seinem Willen festhalten und handeln. Das ist wie mit dem Wischen eines Spiegels. Ist der angesetzte Staub entfernt, erscheint die Klarheit von selbst. Entferne Dich von den Begierden, halte an der Leerheit fest, und Dao wird sichtbar. Das ist das wahre Wissen um die Vorherbestimmung."

Ein *sramana* fragte Buddha, was gut und was groß sei. Der Buddha sprach: "Das Dao zu praktizieren und am Wahren festhalten ist gut, Übereinstimmung des eigenen Willens mit dem Dao ist groß." Ein *sramana* fragte Buddha, was stark und was hell sei. Der Buddha sprach: "Toleranz und Geduld sind stark, weil in ihnen keine bösen Gedanken stecken. Wer tolerant und geduldig ist, ist frei vom Bösen und wird von den Menschen respektiert. Am hellsten ist ein Herz, das frei vom Unreinen ist und daher leuchtet. Ein solches Herz sieht den Himmel, sieht die Erde, sieht die Vergangenheit, sieht das Gegenwärtige und siehe alles in den zehn Richtungen. Es gibt nichts, was dieses Herz nicht weiß, und nichts, was dieses Herz nicht sieht, und nichts, was dieses Herz nicht hört. Dieses Herz erlangt die vollkommene Weisheit ist am hellesten."

Der Buddha sprach: "Menschen, die von Begierden getrieben sind und daher das Dao nicht sehen, sind wie jene, welche ein klares Wasser mit der Hand trüb machen. Menschen kommen ans Wasser und können ihre Widerspiegelungen nicht mehr sehen. Getrieben von den Begierden, entsteht im Herzen der Menschen das Trübe. Deshalb können sie das Dao nicht sehen. Ein Sramana sollte auf die Begierden verzichten. Ist das Herz frei von Begierden, liegt das Dao (der Weg) klar vor ihm. Des weiteren: Ein Kessel voll von Wasser setzt man übers Feuer. Das Feuer brennt, das Wasser kocht. Man deckt aber den Kessel zu. Menschen kommen ans Wasser und können ihre Bilder im Wasser nicht mehr sehen. Im Herzen des Menschen sind drei Gifte,[2] die wie das Wasser kochen.

1 Vgl. unten, S. 148.
2 Begierde, Haß und Unwissenheit.

Statt sie zu entfernen deckt man sie mit den fünf Hindernissen[1] zu. Das Dao kann der Mensch nicht mehr sehen. Werden die drei Gifte entfernt und die Hindernisse beseitigt, sieht der Mensch, daß sein Herz von Ewigkeit her nur nach dem Buddha-Land strebt, in dem das Dao und die Tugend sind."

Der Buddha sprach: "Menschen, welche das Dao gefunden haben, sind wie jene Menschen, die mit einem Licht auf der Hand sich in eine dunkle Kammer begeben. Die Dunkelheit wird verschwinden und das Licht wird allein bleiben. Lernt man das Dao und erkennt man die Wahrheit, verschwinden werden das Unwissen und die Verblendung. Ewig bleibt das Licht (Klarheit, Weisheit)."

Der Buddha sprach: "Meine Lehre besteht im Denken an Nicht-Denken, im Handeln gemäß Nicht-Handeln, im Reden über das Nicht-Reden und im Pflegen an Nicht-Pflegen. Der Verständige liegt nah daran, der Verblendete rutscht in die Ferne. Mit Rede und Sprache wird das Dao abgebrochen, denn das Dao läßt sich nicht vom Dinglichen (und Sprachlichen) beschränken."

Der Buddha sprach: "Betrachte Himmel und Erde und denke dabei an die Unbeständigkeit (Nicht-Ewigkeit); betrachte die Welt und denke an die Vergänglichkeit; betrachte den Geist und betrachte ihn als Bodhi (Weisheit). Wissende Menschen erlangen das Dao schnell."

Der Buddha sprach: "Wer täglich an das Dao denkt und nach dem Dao handelt, in ihm schlägt der Glaube Wurzel. Ungebrenzt wird das Glück sein."

Der Buddha sprach: "Es ist stets daran zu denken, daß jedes der vier Elemente im Körper seinen Namen hat und daß aber in keinem von ihnen das Ich existent ist. Nicht einmal ein Ich gibt es, alle anderen (Dinge) sind illusionär."[2]

Der Buddha sprach: "Getrieben von Begierden strebt der Mensch nach Namen und Ruhm. Name und Ruhm sind bekannt geworden, nicht mehr da ist bereits der Körper. Wer nach dem weltlichen Namen gierig strebt und nicht das Dao lernt, vergeudet seine Kraft. Das ist wie beim Weihrauchbrennen. Bekommt man den Duft zu riechen, wird der Weihrauch bald zu Ende sein. Das Feuer, das den Körper bedroht, kommt hinterher."

Der Buddha sprach: "Reichtum und Begierden sind für Menschen wie Messer mit Honig an der Schneide. Es ist nicht genug für eine süße Mahlzeit. Wollte aber ein Kind daran lecken, läuft es Gefahr, sich die Zunge zu verletzen."

Der Buddha sprach: "Menschen, die sich ihren Begierden hingeben, verhalten sich wie Menschen, die das Feuer in der Hand haltend gegen den Wind laufen. Es kann nicht ausbleiben, daß sie sich ihre Hände verbrennen."

Der Buddha sprach: "Gier, Sinneslust, Neid, Zorn und Unzufriedenheit sind Gifte im Leib des Menschen. Wer sie nicht mit Hilfe des Dao entfernt, dem wird Gefahr und Unglück zuteil werden, ebenso, wie sich ein Habgieriger, das Feuer in der Hand haltend, seine Hände verbrennt."

1 Gier, Neid, Schlafsucht, Oberflächlichkeit und Unentschlossenheit.

2 Vgl. oben, Kap. IX *Das Ich*.

Eine Gottheit brachte ein schönes Weib zu Buddha, wollte den Buddha in Versuchung führen und so das Dao testen. Der Buddha sprach: "Ein Haufen Unreines! Wozu bist Du gekommen. Nur gewöhnliche Menschen lassen sich verführen. Ein mit sechs Fähigkeiten Ausgestatteter läßt sich nicht ins Schwanken bringen. Ich kann Dich nicht gebrauchen, entferne Dich!" So hatte die Gottheit noch mehr Respekt vor Buddha und fragte nach des Buddhas Dao. Der Buddha erklärte ihm und aus der Gottheit wurde ein *srotāpanna*.
Der Buddha sprach: "Menschen, die das Dao erreichen wollen, sind wie ein Stück Holz im Wasser eines Flusses. Das Holz berührt das linke Ufer nicht, und es berührt auch das rechte Ufer nicht. Es läßt sich von den Menschen nicht wegnehmen, und es läßt sich von Dämonen und Geistern nicht vom Kurs abbringen. Es läßt sich nicht vom Strudel aufhalten, und es wird selbst nicht verwesen. Es tritt ins Meer ein. Menschen, die nach dem Dao suchen, lassen sich nicht von Begierden blenden und nicht von Dämonen in die Irre führen. Sie sind fleißig und frei von Zweifeln[1]. Ich versichere, daß diese Menschen das Dao finden werden."
Der Buddha sprach zu den Mönchen: "Oh, Ihr *sramana*! Seid vorsichtig und wachsam! Schenkt Euren Meinungen keinen Glauben, Eure Meinungen sind nicht glaubwürdig; seid vorsichtig und wachsam! Berührt Weiber nicht, sie bringen Unglück. Nur wer *arhat* geworden ist, kann auf seine Meinung vertrauen."[2]
Der Buddha sprach zu den Mönchen: "Seid vorsichtig und wachsam! Meidet die Frauen. Wenn eine Begegnung nicht zu vermeiden ist, sollt Ihr Euch so verhalten, als ob Ihr sie nicht gesehen hättet. Seid vorsichtig und wachsam! Ihr sollt nicht mit Frauen reden. Wenn ein Reden nicht zu vermeiden ist, sollt Ihr Euch richtig verhalten und folgendes bedenken: Ich bin ein Mönch in einer unreinen Welt. Ich sollte wie eine Lotusblume sein, die im Schmutz wächst und sich nicht beflecken läßt. Alte (Frauen) sind meine Mutter, ältere sind meine älteren Schwestern, jüngere sind meine jüngeren Schwestern. Selbst Kinder muß ich mit Respekt und Anstand behandeln. Hilft dies nicht, sollt Ihr folgendes zu beobachten lernen: betrachtet Euren eigenen Körper von Kopf bis zum Fuß, von außen nach innen, und fragt, was der Leib der Frauen hat. Wie Euer Leib ist er voll von Unreinem. So könnt Ihr Eure Gedanken klären (und ablenken)."
Der Buddha sprach: "Menschen, die nach dem Dao suchen, entfernen sich von den Begierden, so, wie trockenes Grass von einer Feuersbrunst erfaßt wird. Menschen, die nach dem Dao suchen, entfernen sich von den Begierden, so schnell sie es tun können."
Der Buddha sprach: "Sinneslüste lassen sich angeblich dadurch überwinden, daß der Leidende seine Genitalien entfernt." Der Buddha aber sprach auch: "Sich von seinen Genitalien zu trennen hilft wenig. Man muß sich von seinem

1 Zweifel an Buddhas Lehre und vor allem an eigene Kraft, die Erleuchtung zu erlangen.
2 Siehe oben, S. 25.

Geist (Gedanken) trennen. Der Geist ist der Herr. Hört der Geist auf zu begehren, hört alles auf, was dem Geist folgt. Trennt sich der Mensch von seinen Genitalien, wird er bald sterben. Der Buddha sprach: Weltliche Menschen mit ihren verkehrten Ansichten verhalten sich wie dieser uneinsichtige."

Eine junge Frau war mit einem Mann zu einem Treffen verabredet. Dieser aber kam nicht. Die Frau bereute daher und sagte: "Das ist die Frucht meiner Begierde. Ich kannte Deine Absicht, zur Verabredung zu kommen. Deshalb denke ich an Dich, und Du existiert dann für mich. Hätte ich nicht an Dich gedacht, hätte es Dich für mich nicht gegeben."[1] Der Buddha, der gerade vorbei kam und dies hörte, sprach zu einem *sramana*: "Behalte das, was die junge Frau gesagt hat. (Der Buddha) Kāśyapa[2] war schon einmal auf der Welt und hat dies verkündet."

Der Buddha sprach: "Menschen folgen ihren Begierden, aus den Begierden entsteht die Sorge, der Sorge folgt die Angst. Wer frei von Begierden ist, ist frei von Sorgen. Wer frei von Sorgen ist, der ist frei von Angst."

Der Buddha sprach: "Die Bemühungen des Menschen um das Dao gleichen dem Kampf eines einzelnen Menschen mit zehntausend Gegnern: Man legt seine Rüstung an, nimmt die Waffe in die Hand, verläßt das Haus und will den Kampf aufnehmen. Bald bekommt man aber Angst, oder man zieht sich unterwegs wieder zurück, oder man kämpft bis zum Tod, oder aber man trägt den Sieg davon und wird belohnt. Wenn ein Mensch fest an die Kraft des Geistes glaubt, unbeirrt voranschreitet und nicht auf weltliches Gerede achtet, wird er die Begierden besiegen und alles Nicht-Gute beseitigen. So wird er das Dao erreichen."

Ein Mönch rezitierte bis tief in die Nacht hinein die Sūtras. Seine Stimme wurde hastiger und trauriger. Er bedauerte dies und wollte aufgeben. Der Buddha ließ ihn zu sich rufen und fragte ihn, was er noch für Übungen zu Hause mache. Der Mönch antwortete: ein Saiteninstrument spielen. Da fragte der Buddha, was geschehen würde, wenn die Saiten zu schlaff seien? Der Mönch antwortete: "Es entsteht kein Klang." Und was würde geschehen, wenn die Saiten zu straff gespannt sind, fragte der Buddha. "Der Klang bricht ab", gab der Mönch zur Antwort. Da fragte der Buddha weiter, was geschehen würde, wenn die Saiten gerade richtig gespannt seien? Der Klang würde harmonisch sein, war die Antwort. Da sprach der Buddha: "So ist es auch mit dem Studium des Dao. Gebe nicht auf, aber strenge den Geist auch nicht zu sehr an."

Der Buddha sprach: "Das Studium des Dao ist wie das Schmiedehandwerk. Langsam wird das Eisen gereinigt und geformt. Am Ende entsteht ein gutes Ge-

1 Gemeint ist damit: Mit der Entstehung des Gedankens entsteht die Vorstellung; wird die Vorstellung als angenehm empfunden, wird sie begehrt.

2 Mit Kāśyapa ist hier einer der sieben Buddhas gemeint, die vor Gautamas Geburt die Erleuchtung erlangten. Es gibt noch ein Bodhisattva namens Kāśyapa. Dieser war einer der zehn großen Schüler des Gautama Buddha. Siehe oben, S. 96.

faß. Wer das Dao studiert, reinigt sein Herz zwar langsam, aber immer tiefer. Sonst würde sein Körper schnell müde. Die Müdigkeit des Körpers bringt den Gedanken in Verwirrung, die Verwirrung des Gedankens verhindert die Tat. Und eine Tat nicht zu vollbringen ist eine Verfehlung."

Der Buddha sprach: "Mühsam ist die Pflege des Dao;[1] mühsam ist es, das Dao nicht zu pflegen. Allein, von der Geburt zum Altern, vom Altern zu Krankheit, von der Krankheit bis zum Tode, ist unbegrenzt das Leiden, voll von Verfehlungen ist der Geist. Groß ist das Leiden, sollten sich Geburt und Tod immer weiter fortsetzen."

Der Buddha sprach: "Es ist schwer, die drei schlechten Geburtswege[2] zu verlassen und als Mensch wiedergeboren zu werden; sollte man als Mensch auf die Welt kommen, ist es schwer, die Gestalt der Frau aufzugeben und als Mann wiedergeboren zu werden;[3] sollte man als Mann auf die Welt kommen, ist es schwer, mit sechs gesunden Sinnesorganen geboren zu werden; sollte man als gesunder Mann auf die Welt kommen, ist es schwer, im Reich der Mitte[4] wiedergeboren zu werden; sollte die Wiedergeburt im Reich der Mitte zustande kommen, ist es schwer, zu einer Zeit wiedergeboren zu werden, in der die Lehre des Buddha allgemein befolgt wird;[5] sollte man in einer solchen Zeit wiedergeboren werden, ist es schwer, auch noch einen Herrscher zu haben, der das Dao befolgt; sollte man einen solchen Herrscher haben, ist es schwer, in der Familie eines Bodhisattva wiedergeboren zu werden; sollte man in einer Bodhisattva-Familie wiedergeboren werden, ist es schwer, von ganzem Herzen an die drei Schätze[6] zu glauben."

Der Buddha fragte einen *sramana*, worin das Leben des Menschen bestehe. Dieser antwortete: "In einigen Tagen." Da sprach der Buddha, daß dieser Mönch das Dao noch nicht begriffen habe. Er fragte einen anderen, und dieser gab zur Antwort: "in Essen und Trinken." Da sprach der Buddha, daß auch dieser Mönch nicht begriffen habe. Er fragte einen dritten, und dieser antwortete: "im Ein- und Ausatmen." Da sprach der Buddha: "Gut, gut. Du hast das Dao begriffen."

1 Gemeint ist hier: sich um das Dao zu bemühen und gemäß dem Dao zu leben.

2 Als schlecht gilt die Wiedergeburt als Tier, als hungernde Geister oder als Höllenwesen.

3 Siehe oben, Kap. I *Einführung*.

4 Also *zhongguo* (China).

5 Die Entwicklung des Buddhismus nach dem Tod des Buddha wird in drei Phasen geteilt. Die erste Phase sei durch die Richtigkeit der Lehre gekennzeichnet, die Lehre werde praktiziert und schließlich als richtig von die Praxis erwiesen; in der zweiten Phase gebe es nur die Lehre und die Praxis; in der dritten Phase, der Phase des Verfalls, bleibe nur die Lehre übrig. Die erste Phase betrage 500 (oder 1000) Jahre, die zweite Phase 1000 und die dritte Phase 10.000 Jahre. Die Zuwendung zu den rein theoretischen Fragen wurde daher gern als ein Anzeichen des Verfalls angesehen. Siehe oben, S. 87.

6 Buddha, *dharma* (die Lehre) und *saṅgha* (die Geimeinde).

Der Buddha sprach: "Wenn ein Schüler tausend Meilen von mir entfernt ist und stets darauf achtet, meine Gebote zu befolgen, wird er das Dao erreichen. Wenn ein Schüler mich begleitet, aber mit seinen Gedanken immer woanders ist, wird er das Dao nicht erreichen können. Es kommt auf die Praxis an. Was nützt, daß ein Schüler in meiner Nähe ist, wenn er meine Lehre nicht in die Praxis umsetzt?"

Der Buddha sprach: "Das Studium des Dao ist ein Genuß des Hönigs und von süßem Geschmack. Denn süß sind meine Lehrgespräche. Wer ihnen gemäß handelt, der erreicht das Dao."

Der Buddha sprach: "Wer das Dao befolgt, der kann die Begierden mit der Wurzel entfernen, so, wie man viele in der Luft hängende Perlen eine nach der anderen entfernt. Es wird der Zeitpunkt kommen, da man sich von allen Begierden entfernt hat. Dann hat nan hat das Dao gefunden."

Der Buddha sprach: "Das Studium des Dao gleicht einem Ochsen mit schwerer Last im Schlamm. Auch wenn das Tier müde ist, darf es weder mit dem Voranschreiten aufhören noch nach links und rechts schauen. Erst dann darf es ruhen, wenn der Schlamm überwunden ist. Ein *sramane* betrachtet die Begierden schlimmer als der Schlamm. Er denkt stets an das Dao und will sich von allem Leiden befreien."

II Das Herz-Sūtra

Das Herz-Sūtra[1] *ist einer der kürzesten und prägnantesten Texte des Mahāyāna-Buddhismus. Zum ersten Mal wurde das Sūtra um 400 nach Chr. von Kumārajiva ins Chinesische übersetzt.*
Die Botschaft des Textes lautet: Alles ist leer, auch die Lehre Buddhas, namentlich die Lehre der fünf Daseinsgruppen, die Vier Edlen Wahrheiten und die Lehre über die Entstehung in Abhängigkeit. Die Leerheit ist aber nicht das Nichts und vor allem nicht das Ende, sondern die neu gewonnene Freiheit des Menschen.

So habe ich gehört. Einst verweilte der Erhabene (Buddha) in der Stadt Rājagṛha im Gebirge Gṛdhrakūṭa, zusammen mit allen Mönchen und *bodhisattvas*.
Zu jener Zeit versank der Erhabene in eine tiefe Meditation.
Auch der edle *bodhisattva Avalokiteśvara*[2] war versunken in wunderbare, tiefe und vollkommene Weisheit. Er betrachtete die fünf Daseinsgruppen (aus denen vor allem das Leben des Mensch besteht) und sah, daß die fünf Daseinsgruppen leer sind und jede von ihnen kein eigenes Wesen hat.
Śāriputra, der bereits ein hohes Alter erreicht hatte[3], bekam die wunderbare Kraft vom *Buddha* und sprach zu *Avalokiteśvara*:[4] "Was sollen die guten Männer (Mönche) üben, wenn sie zur wunderbaren, tiefen und vollkommenen Erleuchtung (*Anuttarasamyaksaṃbodhi*) gelangen wollen?"*Avalokiteśvara* sagte zu *Śāriputra*: "Sariputra! Die guten Männer und Frauen, wenn sie mit Freude die wunderbare, tiefe und vollkommene Erleuchtung erlangen wollen, sollten so denken:
Die fünf Daseinsgruppen (Körper, Empfindung, Denken, Handlung und Bewußtsein) sind von ihrem Wesen her leer, (da jede von ihnen kein eigenes Wesen hat und sowohl vom Sinnesorgan als auch von der äußeren Sphäre abhängt).

1 *Prajñāpāramitāhṛdayasūtra*. Das Wort "Herz" (*hṛdayas*) bezieht sich auf das Herz als das wichtigste Zentralorgan des Körpers und nicht auf den Geist oder das Denken, "para" bedeutet "das jenseitige Ufer", "mita" "erlangen" oder "erreichen".

2 Chinesisch: Guan Shiyi. *Avalokiteśvar* gilt als eines der vier bekanntesten Bodhisattvas insbesondere des chinesischen Buddhismus und wird häufig in weiblicher Gestalt dargestellt.

3 *Śāriputra*: einer der zehn großen Schüler Buddhas, bekannt durch seine unbegrenzte Weisheit.

4 Man achte hier die personelle Konstellation: Der Erhabene tritt in den Hintergrund zurück; an seiner Stelle verkündet ein Bodhisattva des *mahāyāna* die Lehre; "belehrt" wird ein direkter Schüler Buddhas, ein Vertreter des *hīnāyāna*.

Der Körper (*rūpa*) ist leer, leer ist der Körper; die Leerheit ist nichts anderes als der Körper, der Körper ist nichts anderes als die Leerheit. Das gilt ebenfalls für die Empfindung, für das Denken, für die Handlung und für das Bewußtsein.[1]

Oh Śāriputra! Deshalb sind alle Gegebenheiten durch die Leerheit gekennzeichnet. Sie haben keine bestimmte und eigene Form, sie entstehen nicht, sie vergehen nicht. Sie sind nicht rein, aber auch nicht unrein. Sie vermehren sich nicht und sie verringern sich nicht.

Oh Śāriputra! Deshalb gibt es in der Leerheit[2] weder Körper noch Empfindung, weder Denken noch Handlung noch Bewußtsein. Es gibt in der Leerheit weder Auge noch Ohr, weder Nase noch Zunge, weder Körper noch Willen, weder Form noch Stimme, weder Duft noch Geschmack, weder Kontakt (durch den Körper) noch andere Gegebenheiten.

Es gibt weder den Bereich des Sehens (des durch das Auge Wahrnehmbaren) noch den Bereich des durch andere Sinnesorgane Wahrnehmbaren, noch den Bereich des durch Denken Erfaßbaren.[3] Es gibt weder Unwissenheit (Verblendung) noch eine Überwindung der Unwissenheit, weder andere Glieder der Entstehung in Abhängigkeit noch deren Überwindung, weder Alter und Tod noch eine Erlösung von Alter und Tod.[4]

In der Leerheit gibt es weder Leiden noch Ursachen der Entstehung von Leiden, weder Vernichtung des Leidens noch Pfade zur Vernichtung, weder Erkenntnis noch Erlangung der Erkenntnis, noch Nicht-Erlangung der Erkenntnis.[5]

Oh Śāriputra! Weil ein Bodhisattva weder nach der Erkenntnis gelangt noch nicht gelangt, stützt er sich auf die vollkommene Weisheit; weil sein Geist frei von solchen Hindernissen und Verunreinigungen ist, hat er keine Furcht.

Er hat alle Irrtümer verlassen und bleibt immer im Zustand des *nirvāṇa*. Alle Buddhas in Vergangenheit, Gegenwart und Zukunft haben die höchste und vollkommenste Erleuchtung erreicht, da sie sich auf diese vollkommene Weisheit stützen.

Erkenne deshalb: diese vollkommene Weisheit ist das große Mantra[6], das Mantra der großen Klarheit, das unvergleichlich höchste Mantra, das gleich-ungleiche Mantra (das über die Dualität hinausgehende Mantra) [...]

Śāriputra! Alle großen Mönche sollen so die wunderbare, tiefe und vollkommene Weisheit üben."

Daraufhin wachte der Erhabene aus der Meditation auf, er lobte *Avalokiteśvara* und sagte: "Wunderbar, wunderbar, so ist es!"

1 Zu den einzelnen Punkten siehe oben, Kap. V *Die fünf Daseinsgruppen*.

2 Der Begriff der Leerheit hat hier eine andere Bedeutung als die Leerheit der Dinge. Die Leerheit der Dinge wird hier vom Geist erkannt.

3 Die fünf Sinnesorgane und ihre äußeren Sphären sowie das Denken und der Gegenstand des Denkens bilden die zwölf Bereiche.

4 Gemeint ist die Lehre des bedingten Entstehens. Siehe oben, Kap. VII.

5 Die Leerheit der Vier Edlen Wahrheiten ist hier gemeint.

6 Magischer Spruch, Geheimnis.

III Abschnitt über den goldenen Löwen[1]

Der Verfasser, Fa Zang (643–712), gilt als der eigentliche Begründer des Huayan-Buddhismus in China. Eine Zeit lang nahm er an der Übersetzungsarbeit von Xuan Zang teil.
Im Jahre 699 erklärte Fa Zang Kaiserin Wu Zetian (684–705) der Tang-Dynastie das umfangreiche Huayan-sūtra und nahm dabei den goldenen Löwen vor dem kaiserlichen Palast als Gleichnis.
Großen Einfluß hat dieser Text insbesondere auf das neokonfuzianische Denken in der Song-Zeit ausgeübt. Aber auch der chinesische Einfluß auf das Buddhismus-Verständnis ist recht deutlich. Vom Leben als Leiden ist schon längst nicht mehr die Rede. Die Welt wird als ein blühender Garten der So-heit vor- und dargestellt.

I. *Entstehung in Bedingungen*: Das Gold besitzt kein eigenes Wesen.[2] Unter der Bedingung, daß Handwerker arbeiten, tritt ein goldener Löwe in Erscheinung. Entstehung ist Bedingung. Entstehung ist Entstehung der und durch die Bedingungen.[3]

II. *rūpa ist leer*: Der goldene Löwe ist leer; was wahr ist und ist, ist nur das Gold. Der goldene Löwe ist nicht seiend; nicht nicht-seiend ist das Gold. Andererseits: die Leerheit hat keine eigene Form, erst mit Hilfe des goldenen Löwen wird sie sichtbar. Die Leerheit des Löwen hindert nicht, daß die Erscheinung des Löwen trotzdem da und sichtbar ist.[4]

III. *Drei Aspekte*: Behauptet der Mensch, es gebe einen goldenen Löwen, handelt es sich dabei um ein Festhalten des Menschen an seinen Meinungen;[5] sagt er hingegen, daß der goldene Löwe so sei, als ob es einen goldenen Löwen gäbe, hat er die Abhängigkeit der Phänomene von den zahlreichen Bedingungen

1 Chinesische: *Huayan jinshizi zhang*.

2 – das von sich aus zu einem goldenen Löwen werden könnte. Mit dem Begriff des Wesens ist hier die Selbstnatur (chinesisch: *zixing*) gemeint. Darunter ist zweierlei zu verstehen: erstens muß die Selbstnatur, hier das Gold, in der Lage sein, (nur) ihre *Form* zu ändern, um in Vielfalt zu erscheinen; zweitens darf sie *sich selbst* (ihr Wesen) dabei nicht verändern, denn dann wäre sie etwas Anderes und nicht mehr sich selbst. Das Gold wäre nicht mehr Gold.

3 Zu beachten ist, daß die Arbeit eines Handwerkers hier nur als eine der vielen Bedingungen zu verstehen ist. Die unterschiedlichen und vielfältigen Phänomene sind infolge unterschiedlicher und vielfältiger Bedingungen zustandegekommen. Auch die Bedingungen ihrerseits müssen erst entstehen.

4 Die Bedingtheit der Phänomene macht die Leerheit der Phänomene aus. Leerheit bedeutet aber nicht, daß die Phänomene nicht da wären. Es ist auch nicht so, daß es außerhalb der Phänomene eine Leerheit an sich gäbe, denn dann wäre die Leerheit doch etwas Seiendes.

5 Gemeint ist die vorgestellte Beschaffenheit (*parikalpita-svabhāva*).

erkannt;[1] vollkommen ist *nur* die Erkenntnis, daß der goldene Löwe unverändert Gold ist.[2]

IV. *Es gibt keine Erscheinung*: Im Gold ist der Löwe in allen möglichen Formen enthalten, ganz und gar; außerhalb vom Gold ist kein Löwe zu sehen. Die Erscheinung Löwe gibt es nicht, denn alles am Löwen ist Gold.

V. *Es gibt keine Entstehung*: Sieht man einen goldenen Löwen entstehen, ändert in Wahrheit nur das Gold seine Form. Außer dem Gold hat sich nichts verändert. Ein goldener Löwe mag entstehen und vergehen, das Gold hat sich dabei weder vermehrt noch vermindert. Es gibt daher keine Entstehung.[3]

VI. *Die fünf (Stufen) des Buddhismus:*

- Der Löwe ist eine durch Ursache (das Gold) und Bedingungen (Handwerker) entstandene Erscheinung, die in jeder Zeit und jedem Moment entsteht und vergeht. Ein Etwas, das man als *den* Löwen bezeichnen könnte, ist nicht zu finden.[4] Diese Stufe wird *hīnāyāna-Lehre* genannt.
- Alle Erscheinungen sind unter bestimmten Bedingungen entstanden, keine Erscheinung hat ein Wesen für sich. Alles ist deshalb absolut leer.[5] Diese Lehre stellt den Anfang der *mahāyāna-Lehre* dar.
- Obwohl alles absolut leer ist, hindert die Leere nicht, daß die Erscheinungen, so illusionär sie auch sind, klar und sichtbar sind. Die durch die Bedingungen entstandenen scheinbaren Erscheinungen und die Leere existieren gleichzeitig.[6] Diese Lehre ist die endgültige Lehre des *mahāyāna.*
- Beides, die Erscheinung und die Leerheit, eliminieren einander und beide gehen zugrunde. Weder unsere Vorstellung noch die scheinbare Erscheinung sind existent und beide haben keine Macht (auf uns). Sowohl die Leere als auch die Erscheinung sind verschwunden, auf Benennung und Beschreibung wird verzichtet, der Geist bleibt ruhig und strebt nach dem Nichts.[7] Diese Lehre wird *Lehre der plötzlichen Erleuchtung* genannt.
- Werden falsche Vorstellungen eliminiert, kommt die wahre Substanz zum Vorschein. Alles wird undifferenziert eins. Erscheinungen sind Erscheinungen des Wahren. Zahlreich und differenziert sind die Erscheinungen, keine von ihnen ist chaotisch. Alles ist eins, denn beides besitzt kein selbständiges We-

1 Gemient ist die relativ-abhängige Beschaffenheit (*paratantra-svabhāva*)

2 Die vorstellungsfreie, vollkommene Beschaffenheit (*parinispanna-svabhāva*). Zu der Lehre dieser Trinität siehe oben, Kap. XI *Die So-heit* bzw. S. 99.

3 Phänomene sind Formänderungen des Einen. Das Eine ändert seine Formen, ohne sein Wesen dabei aufgegeben zu haben.

4 Die Lehre über die Leerheit der äußeren Dinge (der *dharmas*).

5 Die Lehre über die Leerheit des Ich (*ātman*).

6 Die Leerheit wird mit Hilfe von Erscheinung sichtbar, Dinge erscheinen und sind trotzdem leer. Der Geist bewahrt die Mitte, indem er sowohl die Erscheinung als auch deren Leerheit erblickt.

7 Das wahre Sein ist unaussagbar. Diese Auffassung vertritt der Chan-Buddhismus.

sen für sich; eins ist alles, denn klar ist die Relation zwischen Ursache und Folge. Die Kraft des Einen und Funktionen der Vielheit schließen einander ein, frei und zügig sind die Expansion zur Vielheit und die Konzentration zur Einheit. Das ist die Lehre des alles umfassenden einen Fahrzeugs.[1]

VII. *Die zehn Geheimnisse:*[2]

- Das Geheimnis der gleichzeitigen Vollkommenheit. Sowohl das Gold als auch der goldene Löwe sind jeweils vollkommen.
- Das Geheimnis der vollkommenen Kompatibilität zwischen Differenz und Identität. Im Auge des Löwen ist der ganze Löwe enthalten, demnach ist alles am Löwen das Auge; im Ohr des Löwen ist der ganze Löwe enthalten, demnach ist alles am Löwen das Ohr. In jedem Organ des Löwen ist der ganze Löwe enthalten, enthalten ist der ganze Löwe in allen Organen. Jedes Organ am Löwen ist anders, alle Organe sind gleich.
- Das Geheimnis der Verträglichkeit von Einzahl und Mehrzahl. Das Gold und der goldene Löwe sind miteinander kompatibel, möge es einen oder mehrere Löwen geben.
- Das Geheimnis der Einheit von Teilen. Im Gold sind alle Organe des Löwen und seine einzelnen Haare enthalten. Ganzheit ist im Auge. Ganzheit ist im Ohr. Das Ohr ist die Nase, die Nase ist die Zunge, die Zunge ist der Körper. Jedes Organ steht für sich, alle sind Gold. Eins ist alles, alles ist eins.
- Das Geheimnis vom Verborgenen und Offenbaren. Betrachtet man nur den Löwen, dann gibt es nur den Löwen und nichts vom Gold, der Löwe wird sichtbar und das Gold bleibt verborgen; betrachtet man nur das Gold, gibt es nur das Gold und nichts vom Löwen. Das Gold wird sichtbar, und der Löwe bleibt verborgen; betrachtet man das Gold und den Löwen, werden beide sichtbar und bleiben gleichzeitig verborgen.
- Das Geheimnis vom Subtilen, das alles in sich enthält. Das Gold und der Löwe sind miteinander verträglich. Dieses ist jenes, jenes ist dieses, mögen sie verborgen oder sichtbar sein, mögen sie eins oder mehrere sein, mögen sie rein oder unrein sein, mögen sie kraftvoll oder kraftlos sein. Das Prinzip (Gold) und die Dinge (Löwen) erscheinen gleichzeitig.
- Das Geheimnis der unendlichen Vernetztheit aller Dinge miteinander. Das Auge, das Ohr, die übrigen einzelnen Glieder sowie jedes Haar haben einen Löwen in sich. Löwen, die in jedem Haar enthalten sind, lassen sich wiederum in einem einzigen Haar zusammenfassen. Jedes Haar hat unzählige Löwen, diese unzähligen Löwen lassen sich ihrerseits wiederum in einem

1 Die wahre Substanz wird erkannt. Zu diesem Abschnitt vgl. oben, Kap. XIII *Die "Buddhismen"*.

2 Phänomene werden hier unter zehn Aspekten betrachtet. Der Kerngedanke lautet: Jeder Teil ist zugleich die Ganzheit, und jedes Blatt ist der ganze Baum. Entscheidend dabei die Aspektbezogenheit. Der Schlüsselsatz ist: Alles ist Gold.

einzigen Haar aufnehmen. So geht es weiter und ohne Ende, wie das Spinnennetz des Himmelswesens *Indra*.[1]

- Das Geheimnis der Deutlichmachung der Buddha-Natur mit Hilfe der Erscheinung. Die alleinige Fixierung auf den Löwen ist die Unwissenheit und Verblendung, das Gold macht die eigentliche Buddha-Natur sichtbar …
- Das Geheimnis der Zeit. Die Vorstellung vom Löwen ist vom Menschen geschaffen worden und kann in jeder Gedankensekunde entstehen und vergehen. Jede Gedankensekunde läßt sich in Vergangenheit, Gegenwart und Zukunft teilen. Jede dieser Zeitformen teilt sich wiederum ihrerseits in Vergangenheit, Gegenwart und Zukunft. Drei mal drei ergibt neun. Nimmt man sie zusammen zum einen, ergeben sich zehn Zeitformen. Die neun sind zu einander unterschiedlich, zusammengenommen sind sie in einer Gedankensekunde enthalten.
- Das Geheimnis der Transformation des Geistes. Sowohl das Gold als auch der Löwe haben kein eigenes Wesen, mögen sie verborgen oder offenbar sein, mögen sie eins oder different sein. Beide sind Transformationen des Geistes.

VIII. *Die sechs Erscheinungsformen*: Der Löwe als Ganzheit stellt die universale Erscheinung dar; weil die fünf Sinnesorgane ihre spezifischen Funktionen haben, werden sie Eigenart (in der Ganzheit) genannt; weil alle Erscheinungen aus denselben Bedingungen entstanden sind, sind Eigenarten identisch; weil das Auge anders ist als das Ohr, sind (identische) Erscheinungen untereinander different; wenn einzelne Organe eine Einheit (den Löwen) bilden, stellen sie eine vollendete Erscheinung dar; gehen die Organe auseinander, bilden sie den Verfall.

IX. *Erlangung vom Bodhi*: Bodhi heißt auf Chinesisch das Dao (der Weg) oder die Erleuchtung (Aufwachen) und bedeutet: Sieht man den Löwen, weiß man bereits, daß alles, was aus Ursache und Bedingung entstanden ist, ursprünglich leer und nicht erst nach seinem Verfall nicht seiend ist. Indem wir auf Unterscheidungen und Meinungen verzichten, gelangen wir zur höchsten Weisheit. Deshalb heißt Bodhi das Dao (der Weg); indem wir erkennen, daß alle Irrungen und Wirrungen seit dem Urbeginn nur Verblendungen und nicht wahr sind, sind wir aufgewacht. Deshalb wird Bodhi Erleuchtung genannt. Die höchste Erleuchtung zu erlangen heißt Bodhi zu erlangen.[2]

1 Eigentlich der Name einer Gottheit in der indischen Mythologie. Im Buddhismus gilt Indra als eine der Gottheiten, welche die Lehre des Buddha beschützen und verteidigen. Angeblich ist ihr Netz voll von glänzenden Perlen, die einander widerspiegeln. Das Bild veranschlicht hier die unendliche Vernetztheit der Dinge miteinander.

2 Buddha sei unter einem Baum zur Erleuchtung gelangt. Der Baum wird daher Bodhi-Baum genannt. *Bodhi* bedeutet Erleuchtung, vergleichbar mit einem unerwarteten Sonnenaufgang oder einem plötzlichen Erwachen. Bodhi erlangt nach Fa Zang der Mensch, indem er die Bedingtheit der Phänomene einsieht und das Streben nach ihnen aufgibt.

X. *Eintritt ins nirvāṇa*: Hat man den goldenen Löwen vor Augen, sieht man sowohl das Gold als den Löwen vergehen. Kummer und Sorgen werden nicht entstehen. Mögen das Schöne wie das Häßliche erscheinen, der Geist bleibt klar und ruhig wie das tiefe Meer. Haben wir alle willkürlichen Gedanken aufgegeben, allen Zwang abgelegt und die Quelle des Leidens für immer verlassen, sind wir ins *nirvāṇa* eingetreten.

IV Über des Menschen Ursprung[1]

Der Verfasser, Zongmi (780-841) gilt als der 5. Patriarch der Huayan-Schule. Der Text gibt einen guten Überblick über die Entwicklung des Buddhismus in China. Interessant ist auch der Versuch einer Versöhnung des Buddhismus mit dem Konfuzianismus und dem Daoismus.

I Widerlegung der irrigen und voreingenommenen Anschauungen

Konfuzianismus und Daoismus behaupten, Menschen, Tiere und alle anderen Wesen seien aus dem großen Dao[2] entstanden, würden von ihm ernährt, erhalten und großgezogen. Das Dao selbst sei aber leer und nicht-seiend.
Wie ist das denn zu verstehen? Zur Erklärung wird gesagt: Das Dao folgt sich selbst und bringt das Urfluidum[3] hervor. Aus dem Urfluidum sind Himmel und Erde entstanden,[4] Himmel und Erde haben dann alle anderen Wesen erzeugt. Weisheit und geistige Beschränktheit, edle und niedrige soziale Stellung, Reichtum und Armut, Freude und Leid sind deshalb vom Himmel vorherbestimmt und von Zeit und Vorsehung abhängig.[5] Eben deswegen wird der Mensch nach dem Tod zu Himmel und Erde zurückkehren und sich auflösen.[6]
Das letzte Ziel dieser Schulen, die vom Buddhismus abweichen, besteht in der Sicherung einer sittlichen Lebensführung, in der Aufstellung bestimmter Handlungsmaximen und *nicht* in einer genauen Untersuchung des letzten Grundes des Lebens. Beide Schulen reden über alle möglichen Dinge, gehen aber nie über sie hinaus. Sie betrachten das große Dao als die Grundlage, erklären aber nicht die Ursachen und Bedingungen, aus denen Gunst und Ungunst des Schicksals,

1 Dieser klassische Text des chinesischen Buddhismus wurde bereits um die Jahrhundertwende von Hans Haas ins Deutsche übertragen. Hans Haas, *Tsungmi's Yuen-zan-lun, eine Abhandlung über den Ursprung des Menschen*, in: *Archiv für Religionswissenschaft* XII(1909), S. 491–532.

2 Das Wort *Dao* hat die ursprüngliche Bedeutung vom Weg, den man geht und der zu einem bestimmten Ziel hinführt. Im übertragenen Sinne bedeutet es allgemeine Gesetzmäßigkeit, den letzten Grund, das letzte Ziel und die ethischen Prinzipien und Normen.

3 Chinesisch: *Qi*. Im daoistischen Denken wird das Noch-Nicht-Sein als *fluidumartig* gedacht. Für manche Konfuzianer ist *Qi*, das selbst bar jeglicher Form ist, der Anfang aller Dinge. Dinge sind sozusagen das Sichtbarwerden des *Qi*. Zu beachten ist, daß Yin und Yang als das eine Fluidum zu verstehen sind. Sie sind Gegensätze des Einen in sich selbst und garantieren so die Lebendigkeit des Fluidums.

4 Der Himmel wäre demnach die *Verkörperung* des Yang-Fluidums (Yangqi), und die Erde eine Sammlung des Yin-Fluidums.

5 Die Unterschiede zwischen den Menschen werden durch die unterschiedlichen Manifestationen des einen Fluidums verursacht.

6 Das Yang-Fluidum im Menschen steigt zum Himmel hinauf, während das Yin-Fluidum in die Erde zurückkehrt.

Anfang und Ende des Lebens, Klarheit und Unklarheit des Geistes resultieren.[1] Ihre Anhänger wissen nicht, daß das, was ihre Lehrer sagen, nur provisorisches Instrumentarium ist, statt dessen betrachten sie ihre Lehre bereits als die Lösung aller Geheimnisse.

Die Unzulänglichkeiten dieser beiden Schulen, des Konfuzianismus und des Daoismus, sind offensichtlich. Zu ihrer Widerlegung seien nur folgende Punkte genannt:

Sagt man, alle Wesen seien aus dem leeren und nicht-seienden großen Dao entstanden, dann ist das große Dao als der Ursprung von Leben und Tod, von Weisheit und Torheit, von Glück und Unglück, Not und Wohlstand anzusehen. Ist diese Grundlage aber ewig und unveränderbar, müssen auch Glück und Unglück, Chaos und Ordnung, Grausamkeit und Weisheit, Torheit und Güte ebenfalls ewig und unveränderbar sein. Ist alles schon vorherbestimmt, wozu sollten dann die Lehre von Laotse[2] und die von Zhuangzi[3] [und die von Konfuzius] von Nutzen sein?

Ist das Dao der Ursprung, muß man logischerweise zugeben, daß das Dao auch Raubtiere wie Tiger und Wolf hervorgebracht hat. Es läßt grausame Menschen gebären, die guten Menschen früh sterben und den fähigen Menschen Unglück anheimfallen. Wie kann man das Dao dann noch als edel und gütig bezeichnen?

Wenn man nun behauptet, alle Dinge seien aus natürlichen Verwandlungen und nicht, (wie der Buddhismus lehrt), unter bestimmten Bedingungen und aus bestimmten Ursachen entstanden, dann müßte es diese Entstehungen auch überall dort geben, wo überhaupt keine Ursachen und keine Bedingungen vorhanden sind. Mit anderen Worten: aus einem Stück Stein muß Gras wachsen, aus dem Gras wiederum ein Mensch, und aus diesem Menschen ein Tier. Es sollte dann für die Geburt keine Zeit geben und beim Aufstehen keinen Morgen und keinen Abend. Daoisten, die nach der Unsterblichkeit trachten, werden keiner Lebenselixiere mehr bedürfen; für den Landesfrieden, von dem die Konfuzianer träumen, werden keine weisen und fähigen Menschen benötigt; das Praktizieren von Humanität[4] und Rechtschaffenheit[5] wird nicht mehr von Erziehung und Bildung

1 Eine Anspielung auf die buddhistische Karma-Lehre, die das persönliche Schicksal des Menschen ausschließlich auf des Menschen Taten zurückzuführen versucht.

2 Der Verfasser des *Daode jing*. Siehe Ernst Schwarz, *Laudse, Daudedsching*, aus dem Chinesischen übersetzt und hrsg. v. Ernst Schwarz, Leipzig 1978.

3 Ein daoistischer Denker. Zu seiner Lehre siehe: Dschuang Dsi (Zhuang Zhou): *Das wahre Buch vom südlichen Blütenland*, aus dem Chinesischen übertr. u. erl. von Richard Wilhelm, Einf. von Stephan Schuhmacher, Köln 1982.

4 Chinesisch: *ren*. Übersetzen läßt sich das Wort, je nach dem Zusammenhang, mit Güte, Wohlwollen, Menschenfreundlichkeit oder auch Menschenliebe.

5 Chinesisch: *yi*.

abhängen. Wozu haben dann ein Laotse, ein Zhuangzi, ein Herzog Zhou[1] und ein Konfuzius ihre Lehren aufgestellt? Warum werden ihre Lehren als allgemein gültige Richtlinien und Prinzipien hoch geachtet?

Wäre alles aus ein und demselben Urfluidum entstanden, hätte der Geist, der nun urplötzlich entstanden ist, vorher weder gelernt noch gedacht. Tatsache aber ist, daß ein Säugling schon solche Affekte wie Zuneigung, Haß, Hochmut und Willkür besitzt. Wenn man sagt, Liebe, Haß und andere (Affekte) seien mit der plötzlichen Entstehung natürlich entstanden, dann sollten auch die [konfuzianischen] fünf Tugenden[2] und die Beherrschung der sechs Künste[3] gleichzeitig mit dem Geist entstanden sein. Warum erlangt sie der Mensch erst unter bestimmten Umständen, durch Lernen und Übungen?

Wenn nun die Geburt nur eine Gestaltwerdung des Fluidums und der Tod dessen Auflösung ist, was sind dann Gespenster und Geister? Aus der Tatsache, daß es in der Welt Menschen gibt, die ein klares Bild von ihrem vorherigen Leben haben und sich an die Erlebnisse und Eindrücke in einem früheren Dasein erinnern können,[4] läßt sich folgern, daß das jetzige Leben die Fortsetzung eines vergangenen Lebens und nicht aus der Gestaltwerdung des Fluidums und daher auch nicht grundlos-urplötzlich entstanden ist; aus der Tatsache, daß es Gespenster und Geister gibt, läßt sich schließen, daß sich das Fluidum nach dem Tod des Menschen nicht einfach aufgelöst hat und ins Nichts verschwunden ist. Deshalb werden auch Texte für Opferzeremonien und Gebete für die Verstorbenen überliefert. Ferner werden bisweilen Tote wieder lebendig und sie erzählen von den Dingen im Schattenreich. Es gibt noch Menschen, die nach ihrem Tod auf ihre Frauen oder Kinder eingewirkt, sich an ihren Feinden gerächt oder auch ihren Wohltätern Dank erwiesen haben. Solche Fälle gibt es in der Vergangenheit ebenso wie in der Gegenwart.

Gelehrte anderer Schulen mögen nun einwenden:

Die Welt müßte dann voller Geister sein, wären alle Menschen nach dem Tod Geister geworden; gäbe es Geister, müßte sie jemand zu Gesicht bekommen haben. Derartiges sei aber nicht bekannt.

Dazu stelle ich fest:

Es gibt viele Wiedergeburtsmöglichkeiten, nicht alle Menschen werden nach ihrem Tod zu Geistern. Außerdem bleiben auch die Geister nicht ewig Geister, sie werden wieder als Menschen ins Dasein treten. Es kann also nicht dazu kommen, daß die Welt voller Gespenster und Geister sein wird.

1 Aus der Zhou-Dynastie (11. Jh - 221 v. Chr). Konfuzius bekannte sich ausdrücklich zu den vom Herzog Zhou eingeführten Riten und Sitten.

2 Diese sind Liebe (*ren*), Rechtschaffenheit (*yi*), Sittlichkeit (*li*), Weisheit (*zhi*) und Glaubwürdigkeit (*xin*).

3 Riten, Musik, Bogenschießen, Wagenlenken, Schreiben und Rechnen.

4 In den buddhistischen Texten wird darüber oft berichtet.

Das sogenannte Fluidum von Himmel und Erde ist streng genommen empfindungslos und ohne jegliches Bewußtsein. Demnach dürfte auch der Mensch keine Empfindung und kein Bewußtsein haben, wäre er aus diesem unwissenden Fluidum entstanden. Auch Pflanzen haben dieses Fluidum erhalten, warum haben sie weder Empfindung noch irgendein geistiges Bewußtsein?

Man behauptet noch: Armut und Reichtum, Vornehmheit und Einfachheit, Weisheit und Torheit, Glück und Unglück, Not und Wohlergehen, alles und jedes hänge von einer gewissen Vorbestimmung des Himmels ab. Wäre es aber so, warum sind so viele Menschen arm und so wenige reich? Warum leben so viele Menschen in der Einfachheit und so wenige im Wohlstand, so daß es ständig mehr Unglück als Glück und mehr Armut als Reichtum gibt? Sollte dieses Vor-Verteilen tatsächlich am Himmel liegen, warum ist der Himmel so ungerecht? Doch noch nicht genug: Häufig ist es sogar der Fall, daß gerade unmoralische Menschen vornehme Positionen besitzen und edle Menschen in Einfachheit leben müssen, daß Menschen, die nichts von Tugend wissen wollen, ihr Leben in Reichtum und die Tugendhaften ihr Dasein in Armut verbringen müssen, daß die Ungerechten immer Glück und die Gerechten immer Unglück erfahren, daß wohlwollende Menschen in jungen Jahren dahingerafft werden und die Grausamen sich eines langen Lebens erfreuen, so daß diejenigen, die auf dem rechten Weg gehen, zugrunde gehen und diejenigen, die Unrecht tun, sich freuen. Wäre dies alles vom Himmel vorherbestimmt, wäre der Himmel derjenige, der die Ungerechten begünstigt und die Gerechten zugrunde richtet. Es kann dann keine Rede davon sein, daß die Guten und Demütigen beglückt und die Bösen und Ausschweifenden verflucht werden! Wenn nun Chaos, Kriegswirren und andere unangenehme Geschehnisse auf Bestimmungen des Himmels zurückzuführen sind, dann wäre es höchst unangemessen, daß die sogenannten Heiligen nur die Menschen und nicht den Himmel tadeln und nur das Geschöpf und nicht die Vorsehung rügen. Wenn nun im *Buch der Lieder* schlechte Regierung kritisiert, im *Buch der Urkunden* vollkommene Regierungsweise gepriesen wird, wenn im *Buch der Riten* behauptet wird, daß Riten den Regierenden wie den Regierten Sicherheit verschaffen, und im *Buch der Musik* von einer Besserung der Sitten und Gebräuche durch Musik die Rede ist,[1] dann verträgt sich dies alles doch nicht mit der Beugung unter den Willen des Himmels und mit dem Gehorsam gegenüber der Anordnung der Schöpfungsmacht.

Diejenigen, die sich einem Studium des Konfuzianismus und des Daoismus hingeben, haben also den Ursprung des Menschen nicht erkannt.

1 Es handelt sich hier um die konfuzianischen Kanontexte.

II Widerlegung der einseitigen und oberflächlichen Lehren (im Buddhismus)

Die buddhistische Lehre läßt sich in fünf Stufen zusammenfassen, welche eine Entwicklung von der Einfachheit in das Tiefsinnige darstellen: Die *Menschen-* und *Devawelt*-Lehre, die *hīnāyāna*-Lehre, die *dharma-lakṣaṇa*-Lehre des *mahāyāna*, die *mahāyāna*-Lehre, welche die Realität der Erscheinungen negiert und schließlich die *ekayāna*-Lehre, welche das wahre Wesen der Dinge aufzeigt.

1) *Die Menschen- und Devawelt-Lehre*

Für die Anfänger, die wenig Verstand haben, spricht der Buddhismus provisorisch über das *karma* und die Vergeltungen in den drei Welten;[1] die Vergeltungen werden durch die guten oder bösen Taten verursacht. Wer die zehn bösen Taten[2] wiederholt begeht, wird nach dem Tod in die Hölle fallen; diejenigen, die diese Taten ab und zu verüben, werden nach dem Tod zu hungernden Geistern; diejenigen, welche nur selten sich etwas zu schulden kommen lassen, werden zu Tieren. In Analogie zu der weltlichen Lehre über die fünf Kardinaltugenden[3] läßt der Buddhismus die Menschen die fünf Gebote[4] befolgen, damit sie die oben genannten drei Wiedergeburtswege vermeiden und wieder als Mensch geboren werden können. Diejenigen, welche darüber hinaus die zehn guten Taten verwirklichen, Almosen geben und die Vorschriften befolgen, werden in den sechs Himmelssphären der Begierden[5] geboren; diejenigen, welche die vier Stufen von *dhyāna*[6] und die achtfache *samadhi*[7] üben, werden ihre Wiedergeburt in den formbehafteten oder auch formfreien Himmelssphären erfahren. Deshalb wird diese Lehre Menschen- und Devawelt[8]-Lehre genannt.

1 *Trilokya*: Welt der Gier (nach Nahrung und Sinneslust), formhafte Welt und formfreie Welt. In der Welt der Gier leben Lebewesen wie Menschen, Tiere, hungernde Geister, Höllenwesen und Himmelswesen (in den sechs Himmelssphären). Die in der formhaften Welt Lebenden sind frei von Begierden, haben aber immer noch den Körper. Diese Welt umfaßt 17 Himmelssphären. In der formfreien Welt leben Lebewesen, welche frei von Gestalt und Körperlichkeit sind. Alle, die in den drei Welten leben, sind immer noch dem *samsāra* unterworfen. Die Unterschiede sind als Vergeltungen anzusehen.

2 Töten, stehlen, lügen etc..

3 Mit der "weltlichen Lehre" ist der Konfuzianismus gemeint. Die fünf Tugenden sind: Liebe, Rechtschaffenheit, Sittlichkeit, Weisheit, Glaubwürdigkeit.

4 Nicht töten, nicht stehlen, keine Sinneslüste, nicht lügen, kein Alkoholgenuß.

5 Die sechs Himmelssphären gehören zur Welt der Gier (nach Nahrung und Sinneslust).

6 *Caturdhyāna*.

7 Versenkung, Konzentration.

8 *Deva*: Himmel, Gottheit.

Gegen diese Lehre, nach der das *karma* die Grundlage des Menschenlebens bildet, ist nun folgendes einzuwenden: Es wird zwar gesagt, daß die Wiedergeburt in den fünf Wegen[1] allein von *karma* bewirkt worden ist. Es wird dabei aber nicht berücksichtigt, wer eigentlich das *karma* schafft und wer die entsprechenden Vergeltungen dafür bekommt.[2] Wird das *karma* von Augen, Ohren, Händen und Füßen geschaffen, warum können die Augen eines soeben Gestorbenen nicht mehr sehen? Warum hören seine Ohren nicht mehr und warum können seine Augen und Ohren das *karma* nicht mehr schaffen? Kurz nach dem Tod eines Menschen sind seine Augen, Ohren, Hände und Füße doch genauso wie sie vorher waren. Sagt man, das *karma* werde vom Herzen geschaffen, was ist nun das Herz? Ist damit das Organ Herz gemeint, dann muß man wissen, daß das Herz etwas Stoffliches ist und im Körper liegt. Wie kann es dann so schnell mit Augen und Ohren in Kontakt treten und zwischen Recht und Unrecht außerhalb des Körpers unterscheiden? Weiß es nichts von Recht und Unrecht, kann es auch keine Entscheidungen treffen, dieses annehmen und jenes ablehnen. Ferner muß man wissen, daß das Herz stofflich ist wie auch Augen, Ohren, Hände und Füße stofflich sind. Sind sie alle stofflich, sind sie alle voneinander getrennt, wie kann das Herz, das innerhalb des Körpers liegt, mit anderen in Kontakt und Bewegung kommen und dazu noch gemeinsam mit ihnen das die Vergeltung nach sich ziehende *karma* schaffen? Sagt man nun, daß nur die Affekte wie Freude, Zorn, Liebe und Haß den Körper und das Herz in Bewegung gesetzt hätten und sie das *karma* schaffen ließen, dann ist darauf hinzuweisen, daß solche Affekte wie Freude und Zorn doch bald entstehen und bald wieder verschwinden. Sie sind keine eigenständigen Wesen, wie können sie aus sich selbst heraus das *karma* verursachen?

Wollte jemand nun entgegensetzen, daß man nicht so Schritt für Schritt suchen und forschen soll und daß es alles in allem dieser Körper und dieses Herz seien, welche das *karma* schaffen, dann stellt sich allerdings die Frage, wer empfängt nun diese Vergeltungen in Leid und Freude, nachdem der Körper gestorben ist? Es geht nicht, zu sagen, daß es nach dem Tod noch einen anderen Körper gäbe. Denn es ist nicht schlüssig, daß dieser Körper und dieses Herz heute das Böse oder auch das Gute tun, aber ein anderer Körper und ein anderes Herz nach dem Tod das Leiden auf sich nehmen oder das Glück genießen. Demnach müßten immer die Guten in Not leiden und die Bösen sich des Glücks erfreuen. So ungerecht darf das himmlische Prinzip[3] doch nicht sein!

1 Die oben genannten fünf Möglichkeiten: Mensch, Tier, Himmelswesen (*deva*), hungernde Geister (*preta*) und Höllenwesen.

2 Gemeint ist die frühbuddhistische Verneinung der Existenz des Ich (*ātman*) als Träger des *Karma* und Empfänger der Vergeltung.

3 Das himmlische Prinzip (chinesisch: *Tianli*) ist ein konfuzianischer Begriff.

Zusammenfassend kann man folgendes sagen: Diejenigen, welche diese Lehre lernen und praktizieren, glauben zwar an *karma* und Vergeltung. Den Ursprung des Menschen haben sie trotzdem auch nicht begriffen.

2) *Die hīnāyāna-Lehre*

Sie lehrt, daß sowohl der formhafte und stoffliche Körper als auch der denkende, wahrnehmende Geist seit Ewigkeit existieren und aufgrund gewisser Ursachen und Bedingungen immer wieder neu entstehen. In jedem Augenblick und jeder Gedankensekunde findet ein Prozeß des Entstehens und des Vergehens statt, fortdauernd und ohne Ende, wie ein dahinrinnender Bach und eine flatternde Lichtflamme. Der Körper und der Geist vereinigen sich scheinbar und temporär, als ob sie eins und ewig wären. Die Unwissenden sehen dies nicht ein und halten es für das Ich. Indem sie dieses vermeintliche Ich für wertvoll halten, entstehen in ihnen die drei Gifte: Begierde, Haß und Unwissenheit. Diese drei Gifte erregen ihrerseits Vorstellungen und setzen so Körper und Mund[1] in Bewegung, die dann alle möglichen Arten von *karma* schaffen. Ist das *karma* hervorgebracht, kann man der Vergeltung nicht mehr entrinnen. Der Mensch erntet dann als Vergeltung Lust oder Leid in einer der fünf Wiedergeburtsmöglichkeiten und bekommt einen höheren oder niedrigeren Platz in einer der drei Welten. Diesen als Vergeltung empfangenen Körper hält der Mensch wiederum für das Ich, Begierden und andere Gifte entstehen aufs neue. Der Mensch schafft *karma*, erntet Vergeltung; der Körper wird geboren, altert, wird krank und stirbt. Dem Tod folgt wiederum die Geburt.[2] Auch die Welten entstehen, bestehen, vergehen und werden zunichte. Aus dem Zunichtewerden entstehen wiederum neue Welten. Kalpa um Kalpa,[3] Geburt um Geburt setzt sich das *saṃsāra* ununterbrochen fort, ohne Ende und ohne Anfang, wie das sich stets drehende Rad[4] eines Ziehbrunnens.

Das *saṃsāra* von Leben und Tod setzt sich fort, nur weil der Mensch nicht einsieht, daß dieser Körper nicht das Ich sein kann; der Körper ist nicht das Ich, weil er eigentlich nur ein Kompositum von Stoff und Geist[5] ist. Noch einen Schritt weiter und genauer: Das *rūpa* seinerseits besteht wiederum aus Erde, Wasser, Feuer und Wind. Auch der Geist ist ein Kompositum von den vier

1 "Mund" steht hier für Tätigkeiten wie Denken, Reden und Sprechen, "Körper" für konkrete, durch den Körper zu verrichtende Taten.

2 Siehe oben, Kap. VII *Das bedingte Entstehen*.

3 Im Buddhismus wird von vier Arten von Kalpa gesprochen: Entstehung, Verweilen, Untergang und Trümmer. Zu beachten ist, daß alle vier Kalpas gleichzeitig stattfinden und daß jedes von ihnen nur einen bestimmten Teil der Welt betrifft.

4 Daher die chinesische Übersetzung für *saṃsāra*: *lun* (Rad) und *hui* (Wiederkehr).

5 Mit dem "Geist" ist hier *nāma* gemeint. Siehe oben, Kap. V *Die fünf Daseinsgruppen*.

skandhas: Wahrnehmung, Empfindung, Vorstellung und Denken.[1] Wenn nun sie alle für sich genommen das Ich wären, gäbe es mindestens acht unterschiedliche Formen vom Ich.[2] Nicht nur dies! Allein im Erdelement ist z.B. eine Vielzahl von Knochen, jedes Knochenglied ist anders als die anderen. Haut, Haar, Muskeln und Fleisch, Leber, Herz, Milz und Nieren, kein Organ ist identisch mit einem anderen. Die einzelnen geistigen Funktionen unterscheiden sich voneinander ebenfalls. Sehen ist nicht gleich Hören, und Freude ist anders als Zorn. Wollte man alle Gefühlsregungen aufzählen, käme man mindestens auf vierundachtzigtausend[3] Arten von Leidenschaften und Emotionen. Wenn es nun so viele und so unterschiedliche Dinge gibt, wie könnte man dann entscheiden und bestimmen, welches nun das Ich ist und welches nicht? Wären sie alle das Ich, gäbe es hundert- und tausendmal Ich. In einem Körper wimmelt es dann von verschiedenen Ichs. Außer allen diesen Dingen gibt es aber kein anderes, das das Ich wäre. So kann man nach dem Ich suchen, wie man will. Das Ich ist jedesmal nicht zu finden.

Notgedrungen muß man wohl zugeben, daß dieser Körper nichts weiter als eine aus einer Vielzahl von Bedingungen und Faktoren zusammengesetzte, temporäre Gegebenheit ist. Im Grunde gibt es das Ich gar nicht. Für wen ist dann der Mensch nun gierig? Für wen erzürnt er sich? Für wen begeht er Totschlag und Diebstahl? Für wen lernt er und für wen befolgt er schließlich Gebote? Sieht der Mensch dies ein, wird er weder am Guten noch am Bösen festhalten und sich so jeder Vergeltung entziehen. Er wird sich dann nur der Weisheit über das Nicht-Sein des Ich befleißigen, seine Begierden vernichten und jeglichen Arten von *karma* ein Ende setzen. Erfaßt er diese Wahrheit vom Nicht-Sein des Ich, wird er ein *Arhat*. Der Körper wird zur Asche und kennt keine Regungen mehr, das Bewußtsein ist erloschen, und alles Leiden ist ihm abgenommen.

Nach dieser Lehre sind die zwei Gegebenheiten, der Stoff (*rūpa*, die Sinnesorgane) und der Geist (*nāma*), sowie die Affekte wie Begierden, Haß und Verblendungen als Ursprung des Menschenlebens und der Welt, in der der Mensch lebt, anzusehen. Es gibt keine weiteren Gegebenheiten, weder in der Vergangenheit noch in der Zukunft, die als Ursprung des Menschen bezeichnet werden könnten.

Gegen diese Lehre ist folgendes einzuwenden:

Was Leben für Leben und Kalpa für Kalpa als die Grundlage des Körpers anzusehen ist, muß an sich ununterbrochen und ewig sein. Nun aber ist dies mit der These dieser Schule nicht der Fall. Die fünf Sinne werden ihre Funktionen nicht ausüben können, wenn die entsprechenden Bedingungen und Konditionen dafür

1 Siehe oben, Kap. V *Die fünf Daseinsgruppen*. Dort habe ich die Wahrnehmung zur Funktion der Körperlichkeit erklärt. Die vier *skandhas* lauteten dementsprechend: Empfindung, Vorstellung, Tätigkeit und Bewußtsein.

2 Die vier Elemente, welche den Körper bilden, und die übrigen vier Gruppen.

3 Wie der Verfasser gerade auf die Zahl kam, habe ich nicht nachrechnen können.

fehlen; auch das Bewußtsein, der Geist, wirkt zuweilen nicht. In der unkörperlichen Himmelssphäre gibt es die vier Elemente gar nicht. Wie könnte es dann noch möglich sein, daß dieser Körper Kalpa für Kalpa nicht zunichte wird?
Daraus sieht man, daß auch diejenigen, welche diese Lehre praktizieren, den Ursprung des Menschen nicht erkannt haben.

3) *Die Dharma-lakṣaṇa-Lehre der Mahāyāna*

Diese Lehre besagt, daß alle Lebewesen seit anfangsloser Ewigkeit her acht Arten von Bewußtsein haben, wobei das achte, das *ālaya*-Bewußtsein, die Wurzel und Grundlage der übrigen bildet. Durch Selbsttransformierungen verwandelt es sich als Samen (*bīja*) sowohl im Menschen als auch in der formenhaften Welt und läßt dadurch die sieben übrigen Arten des Bewußtseins entstehen. Jedes der letzteren bringt dann wiederum aus eigenen Selbsttransformierungen die ihm entsprechenden Gegebenheiten hervor. Eine wirkliche Realität gibt es also nicht, alles und überall ist nur der Geist.[1]
Wie kommt nun diese Selbsttransformierung zustande? Man sagt: infolge der Unterscheidung zwischen dem Ich und dem Nicht-Ich und aufgrund der Einwirkung der übrigen Arten von Bewußtsein auf das *ālaya*-Bewußtsein. Kommt das einzelne Bewußtsein zustande, hat es den Anschein, als ob es ein Ich und andere Dinge gäbe. Der Grund dafür sei, daß das sechste und das siebte Bewußtsein durch Unwissenheit (*avidyā*) verblendet worden sind. Eben aus diesem Grund hält der Mensch sowohl das Ich als auch andere Dinge für real, wie ein Träumer aufgrund seines Traumes das von ihm Geträumte für real hält. Der Geist stellt sich unterschiedliche Formen vor, wie ein Träumer von unterschiedlichen Dingen träumt; erwacht er aus dem Traum, erkennt er erst, daß die sogenannten äußeren Dinge Transformierungen seines Traumes waren. Ähnlich geht es mit unserem Körper, auch er ist nur eine Transformierung des Bewußtseins. Aufgrund der Verblendung glaubt der Mensch aber, daß ein Ich und die Außenwelten tatsächlich existieren. Aus diesem Glauben entstehen falsche Vorstellungen, aus denen folgt das Schaffen von *karma*. Geburt und Tod nehmen von nun an kein Ende mehr. Sieht der Mensch dies aber ein, erkennt er, daß der Körper nur eine Transformation des Bewußtseins ist. Das Bewußtsein wird hier als Ursprung des Menschen angesehen.

4) *Die mahāyāna-Lehre, welche auch die Realität des Bewußtseins negiert*

Diese Lehre widerlegt sowohl die vorhergenannte *hīnāyāna*-Lehre als auch die *mahāyāna*-Lehre, welche an Gegebenheiten und ihren Eigenschaften festhält. Sie offenbart ansatzweise die Existenz einer wirklichen Substanz, von der unten die Rede sein wird.

1 Vgl. oben, Kap. VI *Mano, manā und ālaya*.

Zur Widerlegung der *mahāyāna*-Lehre (Punkt 3) wird zuerst gefragt, ob das sich Transformierende, das Bewußtsein selbst, etwas Reales sein könnte, nachdem man alles außer ihm zu den Selbsttransformationen des achten Bewußtseins und somit für illusionär erklärt hat? Der Grund ist folgendes: Sagt man, daß nur das eine, das Bewußtsein, real und alles andere unreal ist, dann bedeutet dies, um im Bild zu bleiben, daß das Träumen und das im Traum Geträumte voneinander unterschiedlich sind. Der Traum ist nicht identisch mit dem, von dem geträumt wird, und das Geträumte ist anders als der Traum. Wäre es aber so, dann muß das Geträumte noch da sein, nachdem der Träumende erwacht und der Traum vorbei ist. Mit anderen Worten, das Geträumte müßte etwas wirklich Existierendes und vom Traum Unabhängiges sein. Der Traum ist ferner nicht identisch mit dem Ding, von dem geträumt wird, wie soll er dann in der Lage sein, überhaupt davon zu träumen? Daraus geht hervor: Im Traum wird von einem Ding geträumt, und zwar so, als ob es da einen Unterschied zwischen dem Traum und dem Geträumten gäbe wie zwischen Sehen und dem Gesehenen. Das heißt aber: sowohl der Traum als auch das Geträumte sind bloße Illusionen und haben keine wirkliche Existenz.

Dies gilt übrigens auch für alle anderen Arten von Bewußtsein, weil sie alle nur aufgrund bestimmter Ursachen und Bedingungen entstehen können und keine selbständige Wesenshaftigkeit haben. Daher heißt es auch in [Nāgājunas] *Mādhyamikaśāstra*: "Es gibt nichts, was nicht aus der Zusammensetzung von Ursachen und Bedingungen entstanden wäre; demnach gibt es unter allen Dingen keins, das nicht leer wäre." Weiter heißt es: "Dinge, die aus Ursachen und Bedingungen entstanden sind, so erkläre ich, sind alle leer." Im *Mahāyāna-Śraddhotpāda-Śāstra*[1] heißt es: "Alles in der Welt samt und sonders ist nur nach irren und irreführenden Vorstellungen [des Menschen] different und inkohärent. Wären diese Vorstellungen nicht mehr da, würden alle Differenzen verschwinden." In einem anderen *sūtra* heißt es: "Alle Formen und Differenzen sind leer und illusionär. Diejenigen, die diese Form- und Inhaltlosigkeit der Dinge erkannt haben, werden zu Buddha."

Aus dem oben Dargestellten wissen wir, daß diese Lehre (Punkt 4) die These vertritt: Sowohl der Geist als auch die äußeren Dinge sind leer und nicht real. Diese These wird dann auch zur Wahrheit des *mahāyāna* erklärt. Sucht man dieser These gemäß nach dem Ursprung des Menschen, lautet die Antwort: Der Mensch ist leer; die Leerheit ist des Menschen Ursprung.

Gegen diese Lehre sind folgende Fragen zu stellen:

Sowohl der Geist als auch die äußeren Gegebenheiten mögen leer und nicht real sein, was ist aber mit dem, der nun diese Leere und dieses Nicht-real-Sein zu erkennen glaubt und behauptet?

Woher sind trügerische und illusionäre Gegebenheiten gekommen, gäbe es überhaupt nichts Wesenhaftes?

1 Chinesisch: *Dacheng qixin lun* (Abhandlung zur Erweckung des *mahāyāna*-Glaubens.

Die Fragen sind berechtigt. Denn es ist evident, daß es unter allen Dingen, die der Mensch als eindeutig trügerisch und nicht real erkannt hat, bekanntlich keins gibt, das nicht von etwas Realem und Wesenhaftem abhängig wäre. Gäbe es das Wasser mit der immerbleibenden Eigenschaft der Feuchtigkeit nicht, würde es keine Wellen geben, die trügerisch, illusionär und zeitweilig sind; wäre ein Spiegel nicht vorhanden, dessen Klarheit unveränderlich ist, würde es auch die trügerischen Spiegelbilder[1] nicht geben. Noch einmal das vorhergenannte Beispiel von dem Traum und den geträumten Dingen: Wie oben bereits deutlich wurde, sind sowohl das Träumen als auch die geträumten Dinge trügerisch und nicht real. Trügerische und unreale Träume kann es aber erst dann geben, wenn ein schlafender und träumender Mensch da ist. Nun hat man zwar erkannt, daß sowohl der Geist als auch die äußeren Gegebenheiten bedingt und leer sind. Es wird aber nicht genau untersucht, auf welcher Grundlage diese unrealen Gegebenheiten aufgetreten sind.

Daraus geht hervor: Diese Lehre hat zwar mit dem falschen Haften an äußeren Phänomenen aufgeräumt, aber auch sie hat das wahre, klare, geistige Wesen erkannt. Daher heißt es im *Fagu jing*[2]: “Alle *sūtras*, welche die Leerheit lehren, sind unvollkommen.” Im *Mahāprajñāśāstra*[3] heißt es: “Die Lehre von der Leere ist nur das Eingangstor zum *mahāyāna*.”

Überblickt man nun die oben aufgeführten vier Lehren, kann man leicht feststellen, daß die vorhergehenden oberflächlich und unvollkommen sind und die nachfolgenden immer tiefsinniger und vollkommener werden. Nur zum Nutzen des Lernenden werden sie verkündet. Sie alle sind nicht vollkommen, man darf nicht an ihnen festhalten.

1 Zu den hier genannten Metaphern siehe oben, Kap. VI *Mano, manā und ālaya*; Kap. IX *Die Welt ist eine Schöpfung des Gedankens*.

2 Wörtlich: *Trommelsūtra*, ins Chinesische übersetzt von Guṇabhadra (394-468). Inhalt: Der Erhabene verweilte in Jetavanavihāra und predigte die Lehre über das Sein und Nichtsein. Da kam der Landesfürt mit vielen Musikern dem Buddha entgegen. Daraufhin sagte der Erhabene, daß er nun das *Große Trommelsutra* verkünden werde. Er forderte diejenigen auf, sich zu entfernen, die noch nicht reif genug seien, das nun zu Verkündende zu vernehmen. In der anschließenden Predigt wurden alle Texte, die von der Leerheit sprechen, zum bloßen Mittel erklärt.

3 Chinesisch: *Dapin banruo jing*. Die Übersetzung von Xuan Zang umfaßt 600 Kapitel. Die weltlichen Erkenntnisse kommen durch Zusammentreffen der Bedingungen zustande. Wahre Erkenntnisse erlangt der Mensch nur durch *prajñā*.

5) *Die Ekayana*[1]*-Lehre, welche das wahre Wesen (des Menschen) offenbart*

Sie lehrt: Alle Lebewesen haben die wahre Geistessubstanz ursprünglicher Erleuchtung in sich. Seit Ewigkeit her ist diese Substanz, das wahre Herz, immer dieselbe geblieben: lauter und rein, hell und leuchtend, vollkommen und wissend. Buddha-Natur, *Tathāgata-garbha*,[2] wird sie genannt.[3]
Seit anfangloser Ewigkeit wird dieses wahre Wesen aber von falschem Denken und falschen Vorstellungen zugedeckt. Statt sich dieses wahren Wesens in sich bewußt zu werden, betrachtet der Mensch das bloß Stofflich-Körperliche als sein Ich. Infolge dessen haftet er an den falschen Vorstellungen, schafft das *karma*, gerät in den Kreislauf von Geburt und Tod und ist dem daraus folgenden Leiden ausgeliefert.
Der Erleuchtete (Buddha) ist mitleidig und barmherzig. Er lehrt zuerst, daß alles leer ist, zeigt aber darüber hinaus, daß das wahre Wesen ursprünglich bereits erleuchtet und mit allen Buddhas eins ist. Im *Avatamsakasūtra*[4] heißt es deshalb: "O Schüler des Buddha, es gibt keinen Menschen, der nicht bereits in sich die Weisheit des *Tathāgata* besäße. Nur weil er im falschen Denken verfangen ist und an trügerischen Phänomenen festhält, kann er diese Weisheit nicht erkennen. Sobald er befreit ist vom falschen Denken, tritt die universale, natürliche und unbegrenzte Weisheit hervor." Im selben *sūtra* wird zur Veranschaulichung die Metapher gebraucht, daß in einem einzigen Staubkorn bereits alle *sūtras* enthalten seien. Das Staubkorn steht hier für den Menschen, und *sūtras* stehen für die Weisheiten Buddhas. Wenig später heißt es: "Da überblickt der *Tathāgata*-Buddha alle Lebewesen in der ganzen Welt und sagt: 'O wunderbar und nochmals wunderbar! Alle diesen Lebewesen besitzen die *Tathāgata*-Weisheit, infolge der Verblendung und Täuschung können sie sie aber nicht erkennen. Ich will sie die heilige Lehre lehren, so daß sie für immer das falsche Denken verlassen, in sich selbst die große und leuchtende Weisheit des *Tathāgata* erblicken und Buddhas werden.'"
Hierzu folgende Bemerkung: Viele Kalpas hindurch haben wir die wahre Lehre nicht treffen können und es nicht verstanden, zu unserem eigenen, ursprünglichen Ich zurückzukommen. Statt dessen halten wir an leeren und trügerischen Phänomenen fest und erkennen uns freiwillig als etwas Gemeines und Niedriges, sei es als Tiere, sei es als Menschen. Erst jetzt, mit Hilfe dieser vollkom-

1 Chinesisch: *Yicheng jiao* – das eine Fahrzeug. Die Unterschiede sind als Anpassungen an die Hörerschaft zu verstehen.
2 *garbha* – (verborgener) Schatz.
3 Vgl. oben, Kap. XI *Die So-heit*.
4 Chinesisch: *Huayan jing*.

menen Lehre, haben wir zu uns selbst gefunden und erkannt, daß wir ursprünglich schon Buddhas sind. Darum sollten wir unser Tun und Lassen mit dem des Buddhas und unseren Geist mit dem seinigen übereinstimmen, zu unserer Wurzel und unserem Ursprung zurückkehren und die weltlichen Angewohnheiten verwerfen. Indem wir uns dieser Angewohnheiten entledigen und immer wieder entledigen, gelangen wir zum Zustand des "Nicht-Tun". Wie die Sandkörner im Ganges-Fluß unzählig sind, so unzählig werden auch die Weisen.[1] Das ist es, was man Buddhaschaft nennt.
Es ist wichtig zu wissen, daß es sich bei der Verblendung wie bei der Erleuchtung um ein und dieselbe wahre Geistessubstanz handelt! Wie groß und wunderbar ist doch diese Lehre! Hier und gerade hier wird der Mensch zu seinem Ursprung geführt!

IV Harmonisierung der endgültigen und der vorläufigen Lehren

Das wahre Wesen, diese Geistessubstanz und die Buddha-Natur, ist zwar der Ursprung des Menschen. Sein Sichtbar-Werden bedarf aber bestimmter Ursachen und Bedingungen, denn es kann nicht ohne weiteres urplötzlich menschliche Körperform annehmen. Nur weil die vorher genannten Lehren nicht endgültig sind, werden sie Glied für Glied widerlegt. Nun ist daranzugehen, die ursprüngliche Lehre mit den oberflächlichen in Einklang zu bringen, einschließlich dem Konfuzianismus und dem Daoismus, die sich nun (unter diesem Aspekt) auch als nicht falsch erweisen werden.[2]
Ursprünglich ist nur diese Buddha-Natur. Sie ist weder geboren, noch wird sie sterben, weder vermehrt sie sich, noch wird sie sich vermindern. Sie ist unveränderlich und unvergänglich. Weil aber die Lebewesen seit Ewigkeit her im irrenden Schlaf gefangen sind und von sich aus ihr wahres Wesen nicht erkennen können, wird sie, eben weil sie verborgen und verdeckt ist, *Tathāgata-garbha* genannt; gerade weil sie verdeckt ist, gibt es Werden, Vergehen und geistige Phänomene. Dieser Zustand, in dem das wahre Wesen, das weder entsteht noch vergeht, mit Werden, Vergehen und Truggedanken zusammenfällt, so daß beide weder eins noch anders sind, wird *ālaya*-Bewußtsein genannt.
Das *ālaya*-Bewußtsein kann daher erleuchtet und verblendet sein. Infolge der Verblendung wird bereits die erste Gedankenregung *karma* genannt. Da der Mensch aber nicht einsieht, daß diese erste Gedankenregung im Grunde nicht real ist, transformiert sie sich zu Bewußtsein, das wahrnimmt, dementsprechend treten die äußeren Phänomene auf, die wahrgenommen werden; indem der Mensch ferner nicht einsieht, daß diese äußeren Phänomene bloß scheinhafte

1 Auch wenn hier vom Fluß Ganges gesprochen wird, der Gedanke ist traditionell konfuzianisch und geht auf Menzius (um 371-289 v. Chr.) zurück.

2 Vgl. oben, Kap. XIII *Die "Buddhismen"*.

Produkte seines Geistes sind, glaubt er, daß sie real seien. Dies wird *Haften an den Dingen* genannt.

Infolge dieses Haftens glaubt der Mensch, daß das Ich und das Nicht-Ich unterschiedlich seien. Daraus entsteht dann das *Haften am Ich*. Infolge dieses Haftens am Ich ist er dann gierig auf jene Dinge, die ihm angenehm und günstig scheinen, er hegt Abneigungen gegen Dinge, die ihm Mißbehagen bereiten könnten, und fürchtet Nachteile und Unannehmlichkeiten. Torheiten und Leidenschaften häufen sich und werden immer mehr und immer stärker. Daraus entstehen dann Absichten und Gedanken, Mord, Diebstahl und andere böse Taten. Als Vergeltung wird er dann als Höllenwesen, Hungergeist oder auch Tier wiedergeboren. Andere Menschen, die Furcht vor derartigen Leiden haben oder einfach gut veranlagt sind, sind hingegen mildtätig und befolgen die Gebote. Infolge des guten *karmas* werden sie nach einem kurzen Zwischenzustand wieder in den Mutterschoß eingehen. Hier im Mutterschoß empfangen sie das Fluidum. Das Fluidum entfaltet sich alsbald zu den vier Elementen, aus denen sich die einzelnen Sinnesorgane allmählich bilden. Das Herz (der Geist) seinerseits besitzt die vier *skandhas* und gelangt nach und nach zu verschiedenen Arten von Bewußtsein. Nach Vollendung der zehn Monate wird das geboren, was man Mensch nennt, nämlich Körper und Geist.

Nun wissen wir, daß sowohl der Körper als auch der Geist seinen Ursprung haben und daß die Vereinigung von beiden erst einen Menschen bildet. Was die Entstehung (Geburt) von Himmelswesen und Geistern betrifft, verhält es sich im großen und ganzen ähnlich.

Diesen Körper hat der Mensch infolge des *allgemeinen karmas* empfangen, während die jeweilige *Besonderheit* seines *karmas* bestimmt, ob er (in diesem Leben) als ein edler oder ein einfacher Mensch geboren wird, ob er arm oder reich ist, ob er ein langes Leben hat oder früh sterben muß, ob es ihm gut oder schlecht geht und schließlich ob er Not zu erleiden oder Freude zu genießen hat. Nämlich: Ehrerbietigkeit oder Hochmut im vorigen Leben verursachen in diesem Leben die Geburt von edler oder niedriger Herkunft. So hat Liebe zu Menschen (im vorigen Leben) ein langes Leben zur Folge, Töten und Mord führen hingegen zu frühem Tod, Freigebigkeit bringt Reichtum, Geiz erhält als Vergeltung die Armut. Die einzelnen konkreten Vergeltungen sind nicht aufzuzählen.

Hieraus kann man erklären, warum dieser Körper nun vom Unglück heimgesucht wird, ohne daß er selbst etwas Böses getan hat, oder warum er, ohne das Gute getan zu haben, trotzdem mit Glück gesegnet ist, warum er sich eines langen Lebens erfreuen kann, ohne sich menschlich verhalten zu haben, oder warum er, ohne je ein Lebewesen getötet zu haben, bereits in jungen Jahren sterben muß. Dies wird bereits von den jeweiligen einzelnen *karma*-Taten festgelegt, kommt von sich aus nun zustande und bedarf als Ursache der Taten in diesem Leben nicht. Die Gelehrten anderer Schulen wissen nichts vom vorigen

Leben und sehen nur das, was sie vor Augen haben. Deshalb glauben sie, daß dies alles von selbst entstanden sei.
Hatte ein Mensch im vorigen Leben in der Jugendzeit die Tugend gepflegt und in den reiferen Jahren das Böse getan, wird er in diesem Leben in der Jugendzeit reich und edel sein und viel Freude haben, in reiferen Jahren aber arm, weniger vornehm werden und viel Not ertragen müssen. Umgekehrt: hatte er im vorigen Leben in den jungen Jahren viel Böses getan und im Alter sich gebessert, wird er in diesem Leben zuerst in Armut und Not leben müssen, später aber zu Reichtum und Ansehen gelangen. Auch dies wissen die Gelehrten anderer Schulen nicht. Sie halten daran fest, daß Glück und Unglück nur von Zeit und Schicksal abhängig seien.
Versucht man nun, das Fluidum, das man (im Mutterschoß) empfangen hat, auf seinen Ursprung zurückzuführen, dann ist es kein anderes als das chaotische undifferente Urfluidum. Versucht man, die aufgetretenen mentalen Tätigkeiten auf ihre Quelle zurückzuführen, ist es nichts weiter als die wahrhaftig eine Geistessubstanz. In Wahrheit aber gibt es überhaupt nichts, was außerhalb dieser Geistessubstanz wäre. Denn auch das Urfluidum ist eine Transformation des Geistes, gehört somit zu den äußeren, von den übrigen *vijñānas* hervorgerufenen Phänomenen und ist aufgenommen von *ālaya* in seine geistigen Gebilde. Aus der ersten Regung des Bewußtseins, welche bereits den *karma*-Zustand einleitet, entsteht die Entzweiung in Geistestätigkeit und äußere Dinge. Die Geistestätigkeit wird, anfangs nur sich schwach regend, immer feiner und stärker. In Einbildungen und Wahnvorstellungen befangen, entwickelt sie sich und bringt schließlich *karma* hervor. Auch die äußeren Phänomene wandeln sich weiter und weiter vom Unscheinbaren zum Augenfälligen bis zuletzt zu Himmel und Erde. Ist nun das *karma* reif und vollendet, empfängt es von den Eltern die zwei (männliche und weibliche) Fluida. In Vereinigung mit dem ebenfalls durch *karma* hervorgebrachten Bewußtsein bilden sie den Körper eines Menschen.
Demnach haben wir die äußeren Dinge, welche alle als Transformationen des Geistesbewußtseins anzusehen sind, in zwei Gruppen geteilt. Die eine vereinigt sich (wiederum) mit dem Geistesbewußtsein und wird zu Menschen, während die andere sich nicht mit dem Geistesbewußtsein vereinigt und zu Himmel, Erde, Bergen, Flüssen, Ländern und Dörfern wird.[1] Daß unter den drei Grundpotenzen[2] der Mensch das geistigste ist, ist eben auf diese Vereinigung mit dem

1 Nach konfuzianischem Verständnis besteht alles und jedes aus dem Yin und dem Yang, wobei der Mensch allerdings eine richtige Mischung aus beidem bekommen habe.

2 Im Konfuzianismus werden der Himmel, die Erde und der Mensch als die drei Potenzen oder Kräfte genannt. Dazu ein Zitat von Zhu Xi: "Der Mensch befindet sich in der Mitte zwischen Himmel und Erde. Das hat das universale Prinzip so einfach gewollt. Aber was der Himmel und was der Mensch tut, ist unterschiedlich. Was der Mensch kann, kann der Himmel nicht. Der Himmel kann z. B. Dinge hervorbringen [Getreide wachsen lassen], aber zum Ackern und Säen muß der Mensch her; Wasser, [das vom Himmel fällt und von der Erde getragen wird], kann Dinge befeuchten, aber zum Bewässern muß der Mensch

Geistesbewußtsein zurückzuführen. Das gerade meinte auch der Buddha, als er davon sprach, daß die vier inneren Elemente anders sind als die vier äußeren.
Es ist bedauerlich, daß man jeweils, nur weil man ungenügend unterrichtet ist, an etwas anderem festhält, so daß der Wirrwarr groß ist. Deshalb sei denjenigen, die der Lehre Buddhas folgen, dieses auf den Weg gegeben: Wer die Buddhaschaft erreichen will, der muß sich klar werden über die groben und feinen Lehren, über die ursprünglichen, d.h. endgültigen und die temporären. Nur so kann man letzten Endes die temporären fallen lassen, Rückkehr zu der endgültigen finden und den Urquell des Geistes in sich strahlen lassen. Ist das Grobe völlig abgetan und sind die feineren Irrungen beseitigt, wird das wunderbare geistige Wesen in uns offenbar. Es gibt kein Ding mehr, das uns unverständlich wäre. Das ist das, was man *Dharma*- und *Sambhoga-kāya* nennt.[1] Man wirkt völlig frei, ohne Schranken und allem entsprechend.[2] Das ist das, was man *nirmāṇa-kāya-Buddha* nennt.[3]

her. Feuer kann Dinge trocknen. Aber nur der Mensch kann Feuer machen." *Zhuzi yulei*, a. a. O., Bd. 4, S. 1570.

1 *Dharma-kāya* gilt als das eigentliche, unveränderliche So-Sein des Geistes bzw. der Buddha-Natur. *Sāṃbhogiga-kāya* ist die Erscheinugsform des Buddha, die nur von den Erleuchteten wahrgenommen werden kann.

2 Eine Anspielung auf Konfuzius, der behauptet: Mit 70 habe er die wahre Freiheit gefunden, handle nach Herzenslust und verletze trotzdem die Regel nicht. Konfuzius, *Gespräche*, II, 4.

3 Irdische Erscheinungen des Buddha.

Sachregister

LITERATUR

Das Verzeichnis stellt eine Auswahl der Literatur für vertiefendes Studium der angesprochenen Themen und Denkanstöße dar. Berücksichtigt wurden nur Werke in europäischen Sprachen.

Bibliographien, Einführungen, Nachschlagewerke

Bapat, P. V. (ed.): *2500 Years Buddhism*, New Delhi 1956.

Bechert, H./Gombrich, R. (Hrsg.): *Die Welt des Buddhismus*, München 1984

Bhattacharyya, N. N.: *History of Researches on Indian Buddhism*, New Delhi 1981.

Chakravarti, U.: *The Social Dimensions of Early Buddhism*, Delhi 1987.

Conze, E.: *Buddhist Scriptures. A Bibliography*, ed. by L. Lancaster, New York 1982.

–: *Buddhism. Its Essence and Development*, New York, Oxford 1951, ^{2}1974 (dt.: *Der Buddhismus. Wesen und Entwicklung*, Stuttgart, Wien, Zürich 1953, ^{7}1981).

–: *Buddhist Thought in India.. Three Phases of Buddhist Philosophy*, London 1962, ^{2}1983.

–: *Eine kurze Geschichte des Buddhismus*, Frankfurt a. M. 1984.

–: *Buddhistisches Denken*, Frankfurt a. M. 1988.Demiéville/Hobogirin (ed.): *Dictionnaire encyclopédique du bouddhisme d,après les sources chinoises et japonaises*, 6 Teile, Tokyo 1929–1983.

Daniel-Neel, A.: *Buddhism. Its Doctrines and Its Methods*, London 1939, ^{3}1978.

Dasgupta, S.: *A History of Indian Philosophy I*, Cambridge 1922.

Eimer, H.: *Skizzen des Erlösungsweges in buddhistischen Begriffsreihen*, Bonn 1976 (= *Arbeitsmaterialien zur Religionsgeschichte* 1).

Frauwallner, E.: *Geschichte der indischen Philosophie*, Salzburg 1953.

–: *Die Philosophie des Buddhismus*, Berlin 1958.

Glasenapp, H. v.: *Die Philosophie der Inder. Eine Einführung in ihre Geschichte und ihre Lehren*, Stuttgart 1943.

Grönbold, G.: *Der buddhistische Kanon. Eine Bibliographie*, Wiesbaden 1984.

Guenther, H. V.: *Buddhist Philosophy in Theory and Practice*, Berkeley Calif. 1971.

Hackmann, H.: *Erklärendes Wörterbuch zum chinesischen Buddhismus*, überarbeitet v. J. Nobel, (chin./Sanskrit/dt.). Hrsg.: Religionskundliche Samm-lung Universität Marburg, Leiden 1951–1954.

Hanayama, Sh.: *Bibliography on Buddhism*, Tokyo 1961.

–: *A Guide to Buddhism*, Yokohama 1970.

Hecker, H.: *Der Pali-Kanon. Ein Wegweiser durch Aufbau und deutsche Übersetzungen der heiligen Schriften des Buddhismus*, Hamburg 1965.
Held, H.-L.: *Deutsche Bibliographie des Buddhismus*, München, Leipzig 1916.
Hirakawa, A.: *A History of Indian Buddhism. From Śākyamuni to Early Mahāyāna*, Honolulu 1990.
Inada, K. K.: *Guide to Buddhist Philosophy*, Boston, Mass. 1985.
Jacobson, N. P.: *Buddhism. The Religion of Analysis*, New York 1965.
Kalupahana, D. J.: *Buddhist Philosophy. A Historical Analysis*, Honolulu 1976.
–: *A History of Buddhist Philosophy*, Honolulu 1992.
Kajiyama, Y.: *An Introduction to Buddhist Philosophy*, Kyoto 1966.
König F./Waldenfels H. (Hrsg.): *Lexikon der Religionen*, begr. v. F. König, hrsg. v. H. Waldenfels, Freiburg im Breisgau, Basel, Wien 1992.
Lalou, M.: *Bibliographie bouddhique, I–XXXII*, Paris 1928–1967.
Malalasekera, G. P. (ed.): *Encyclopaedia of Buddhism*, Colombo 1961.
March, A. Ch.: *Buddhist Bibliography*, London 1935.
Morgan, K. W. (Hg.): *The Path of the Buddha. Buddhism Interpreted by the Buddhists*, New York 1968.
Nakamura, H.: *Ways of Thing of Eastern Peoples: India, China, Tibet, Japan*, revised english translation ed. by P. P. Wiener, Honolulu 1993.
Nakamura, H.: *Indian Buddhism. A Survey with Bibliographical Notes*, Osaka 1980.
Nyanatikola (ed.): *Buddhist Dictionary. Manual of Buddhist Terms and Doctrines*, Colombo 1950, ^{3}1972 (dt.: *Buddhistisches Wörterbuch. Kurzgefaßtes Handbuch der buddhistischen Lehren und Begriffe in alphabetischer Anordnung*, Konstanz 1954, ^{2}1976).
Pardue, Peter A.: *Buddhism. A Historical Introduction to Buddhist Values and the Social and Political Forms they have assumed in Asia*, New York 1968.
Pfandt, P.: *Mahåyåna Texts Translated into Western Languages. A Bibliographical Guide*, Köln 1983, ^{2}1986.
Potter, K. H.: *The Encyclopedia of Indian Philosophies I (Bibliography)*, New Delhi, Patna, Varanasi 1970, ^{2}1983.
Poussin, L. de La Vallee: *Le dogme et la philosophie du bouddhisme*, Paris 1930.
Prebish, Charles S. (ed.): *Buddhism. A Modern Perspective*, University Park, Pennsylvania, London 1975.
Radhakrishnan, S.: *Indian Philosophy I*, New York 1922, 1977 (dt: *Indische Philosophie I, Von den Venden bis zum Buddhismus*, Darmstadt, Baden-Baden, Genf 1956).
Regamy, C.: *Buddhistische Philosophie*, in: Bochenski, I. M. (Hg.): *Bibliographische Einführungen in das Studium der Philosophie*, Bern 1950.
Robinson, R.: *The Buddhist Religion. A Historical Introduction*, Belmont, Calif. 1970.

Rosenberg, O.: *Problemy buddhiskoj filosofii*, Petersburg 1918 (dt.: *Die Probleme der buddhistischen Philosophie*, Heidelberg 1924).
Ruben, W.: *Geschichte der indischen Philosophie*, Berlin 1954.
Sarkar, Anil K.: *Changing Phases of Buddhist Thought. A Study in the Background of East-West Philosophy*, Patna 1968.
Schneider, U.: *Einführung in den Buddhismus*, Darmstadt 1980.
Schumann, H. W.: *Buddhismus. Stifter, Schulen und Systeme*, Olten/Freiburg 1976.
–: *Buddhismus, Philosophie zur Erlösung*, Bern, München 1963.
–: *Mahāyāna-Buddhismus*, München 1990.
Snelling, J.: *The Buddhist Handbook*, London 1987.
Takakusu, J.: *The Essentials of Buddhist Philosophy*, ed. by Wing-tsit Chan/C. A. Moore, Honolulu 1947.
Thomas, E. J.: *The History of Buddhist Thought*, London, New York 1933.
Ward, C. H. S.: *Buddhism*, 2 Bde., London 1947, 1952.
Warder, A. K.: *Indian Buddhism*, New Delhi, Varanasi, Patna 1970.
Webb, R.: *An Analysis of the Pali Canon, with a Bibliography*, Kandy 1975.
Yamakami, S.: *Systems of Buddhist Thought*, Calcutta 1912.
Zotz, V.: *Geschichte der buddhistischen Philosophie*, Reinbek bei Hamburg 1996.

Zu Gautama Buddha

Bechert, Heinz: *Die Lebenszeit des Buddha – das älteste Datum der indischen Geschichte?* Göttingen 1986 (= *Nachrichten der Akademie der Wissenschaften in Göttingen, I. Philologisch-historische Klasse*, 1986, Nr. 4).
–: (Hrsg.): *The Dating of the Historical Buddha, Part I*, Göttingen 1991.
Beckh, H.: *Buddha und seine Lehre*, Stuttgart [5]1980.
Klimkeit, H.-J.: *Der Buddha, Leben und Lehre*, Stuttgart, Berlin u. Köln 1990.
Oldenberg, H.: *Buddha – Sein Leben, Seine Lehre, Seine Gemeinde*, Stuttgart [13]1959.
Zotz, V.: *Buddha*, Reinbek bei Hamburg [4]1996.

Hīnāyāna-Buddhismus

Texte

Conze, E. u.a. (eds.): *Buddhist Texts Through the Ages*, New York, Oxford 1954 (dt.: *Im Zeichen Buddhas. Buddhistische Texte*, Frankfurt, Hamburg 1957).
Dahlke, P.: *Buddha. Die Lehre des Erhabenen*, München [2]1960.

Franke, R. Otto: *Dighanikāya, das Buch der langen Texte des buddhistischen Kanons*, teilübersetzt von R. O. Franke, Göttingen, Leipzig 1913.
Horner, L. B.: *Middle Length Sayings*, London 1954–1959.
–: *Milinda's Questions*, London 1910.
Geiger, W.: *Samyutta-Nikāya*, München-Neubiberg 1925–1930.
Glasenapp, H. von: *Gedanken von Buddha*, Berlin, Zürich 1942.
–: *Pfad zur Erleuchtung. Ein buddhistisches Lesebuch*, München [6]1994.
Gunsser, I.-L.: *Reden des Buddha*, aus dem Pali-Kanon übersetzt von Ilse-Lore Gunsser, Stuttgart 1990.
Mylius, K.: *Die vier edlen Wahrheiten. Texte des ursprünglichen Buddhismus*, Leipzig 1983.
Neumann, K. E.: *Die Reden des Buddha. Mittlere Sammlung,* Herrnschrot 1995.
–: *Die Reden des Buddha. Längere Sammlung,* aus dem Pali-Kanon übersetzt von K. E. Neumann, Herrnschrot 1996.
Nyanaponike: *Milindapañha. Die Fragen des Königs Milinda. Zwiegespräch zwischen einem Griechenkönig und einem buddhistischen Mönch*, I–II, hrsg. von Nyanaponike, Leipzig, München-Neubiberg 1919/1924, (in einem Band) Interlaken 1985.
Nyanatiloka: *Die Reden des Buddha aus der angereihten Sammlung – Aṅguttara Nikāya,* I–V, aus dem Pāli-Kanon übersetzt und erläutert von Nyanatiloka, Breslau, Leipzig 1909–1914, Köln [3]1969.
–: *Das Wort des Buddha. Eine systematische Übersicht der Lehre des Buddha in seinen eigenen Worten*, Konstanz [3]1953 (= *Buddhistische Handbibliothek* 1).
–: *Der Weg zur Erlösung. In den Worten der buddhistischen Urschriften*, Konstanz 1956 (= *Buddhistische Handbibliothek* 8).
Rhys-Davids, C. A. F./Woodward, F. L.: *The Book of the Kindred Sayings*, 5 Bde., London 1917–1930 (= *Pali Text Soc. Translation Series* 7, 10, 13, 14, 16).
Rhys-Davids, T. W./Rhys-Davids, C. A. F.: *Dialogs of the Buddha*, 3 Bde., London 1899–1921 (= *Sacred Books of the Buddhists* 2, 3, 4).
Schmidt, K.: *Worte des Erwachten*, München-Planegg 1951.
–: *Buddhas Reden. Majjhimanikāya. Die Sammlung der mittleren Texte des buddhistischen Pāli-Kanons*, übersetzt von K. Schmidt, Reinbek bei Hamburg 1961.

Darstellungen

Chaudhury, S.: *Analytical Study of the Abhidharmakosa*, Calcutta [2]1983.
Bareau, A.: *Les sektes bouddhiques du Peti Véhicule*, Saigon 1955.

Govinda, A. B.: *The Psychological Attitude of Early Buddhist Philosophy, and its Systematic Representation According to Abhidhamma Tradition*, Allahabad 1937 (dt.: *Die psychologische Haltung der frühbuddhistischen Philosophie und ihre systematische Darstellung nach der Tradition des Abhidamma*, Zürich, Stuttgart 1962).

Guenther, H. V.: *Das Seelenproblem im älteren Buddhismus*, Konstanz 1949.

–: *Philosophy and Psychology in the Abhidharma*, Lucknow 1957.

Jayatilleke, K. N.: *Early Buddhist Theory of Knowledge*, London 1963.

–: *The Message of the Buddha*, ed. by N. Smart, London 1975.

Kashyap, B. J.: *The Abhidamma Philosophy. Or the Psycho-Ethical Philosophy of Early Buddhism*, I–II, Benares 1942–43.

Kumoi, Shozen: *Der Nirvāṇa-Begriff in den kanonischen Texten des Frühbuddhismus*, in: *Wiener Zeitschrift für die Kunde Südasiens* 12/13 (1968/69), S. 205–213.

Lamotte, É.: *Die bedingte Entstehung und die höchste Erleuchtung*, in: *Beiträge zur Indienforschung*, Festschrift für Ernst Waldschmidt, Berlin 1977, S. 279–298.

Mayeda, E.: *A History of the Formation of Original Buddhist Texts*, Tokyo 1964.

Mizuno, K.: *The Beginnings of Buddhism*, Tokyo 1983.

Nyanatiloka: *Guide Through the Abhidhamma-piṭaka*, Colombo 1938.

Pande, G. C.: *Studies in the Origins of Buddhism*, Alahabad 1957.

Pérez-Rémon, J.: *Self and Non-Self in Early Buddhism*, New York 1980 (= *Religion and Reason* 22).

Schmithausen, L.: *Ich und Erlösung im Buddhismus*, in: *Zeitschrift für Missionswissenschaft und Religionswissenschaft* 53 (1969), S. 157–170.

–: *Zur Struktur der erlösenden Erfahrung im indischen Buddhismus*, in: Oberhammer, G. (Hrsg.): *Transzendenzerfahrung. Vollzugshorizont des Heils*, Wien 1978, S. 97–119.

Verdu, A.: *Early Buddhist Philosophy. In Light of the Four Noble Truths*, Washington D.C. 1979.

Vetter, T.: *The Ideas and Meditative Practices of Early Buddhism*, Leiden 1988.

Walleser, M.: *Die buddhistische Philosophie in ihrer Entwicklung I, Die philosophische Grundlage des älteren Buddhismus*, Heidelberg 1904.

–: *Die Sekten des alten Buddhismus*, Heidelberg 1927 (= *Die buddhistische Philosophie in ihrer geschichtlichen Entwicklung* 4).

Watanabe, B.: *Studies on the Abhidharma Literature of Sarvastivåda Buddhism*, Tokyo 1954.

Mahāyāna-Buddhismus

Texte

Mahāyāna-Śraddhotpāda-Śāstra

Hakeda, Y. S.: *The Awakening of Faith*, transl. and comment. by Y. S. Hakeda, New York, London 1967.

Suzuki, D. T.: *Mahāyāna-Śraddhotpāda-Śāstra*, traduction et notes d'apres la version de D. T. Suzuki, Bruxelles 1972 (= *Publications de l'institut belge des hautes etudes bouddhique, Serie "Etudes et Textes"* N 1).

Das Sūtra des Vimalakīrti

Fischer, J./Yokota, T.: *Das Sūtra des Vimalakīrti. Das Sūtra der Erlösung*, Tokyo 1944.

Lamotte, Étienne: *L'enseignement de Vimalakīrti* (*Vimalakīrtinirdeśa*), trad. par É. Lamotte, Louvain 1962.

Thurman, R.: *The Holy Teaching of Vimalakīrti*, Pennsylvania, London 1976.

Prajñā-Texte

Conze, E.: *The Prajñāparamita Literature*, ,s-Gravenhage 1960.

–: *The Perfection of Wisdom in Eight Thousand Lines and Its Verse Summary* (= Astasahasrika Prajñāparamita), transl. by E. Conze, Bolinas 1973.

–: *The Large Sūtra on Perfect Wisdom*, Berkeley Calif., Los Angeles, London 1974.

–: *Buddhist Wisdom Books. The Diamond Sūtra and the Heart Sūtra*, London, Sydney, Wellington ^{3}1988.

Das Lotus-Sūtra

Borsig, M. von: *Lotos-Sūtra von der Lotosblume des wunderbaren Gesetzes*, nach dem chinesischen Text von Kumārajiva ins Deutsche übersetzt und eingeleitet von Margareta von Borsig, Gerlingen 1992.

Burnouf, E.: *Le Lotus de la Bonne Loi, traduit du Sanscrit, accompagné d'un commentaire et de vingt et une mémoires relatifs au Buddhisme*, Paris 1852.

Hurvitz, L.: *Scripture of the Lotus Blossom of the Fine Dharma*, translated from the Chinese of Kumārajiva, New York 1976.

Kato, B.: *The threefold Lotus SËtra, Innumerable Meanings, The Lotus flower of the wonderful law, and Meditation on the Bodhisattva Universal Virtue*, translated by Bunno Kato, New York, Tokyo, 1975.

Nāgārjuna

Cheng, Hsueh-li: *Nāgārjuna's Twelve Gate Treatise*, transl., introd., comm. by Hsueh-li Cheng, Dordrecht, Boston, London 1982.

Inada, K. K.: *Nāgārjuna, A Translation of his Mūlamadhyamakakārikā with an introductory Essay by Inada*, Tokyo 1970.

Kalupahana, D.J.: *The Philosophy of the Middle Way*, ed. by D.J. Kalupahana, New York 1986.

Tauscher, H.: *Mādhyamakavatarah und Mādhyamakavatarabhasyam* (Kap. VI, Vers 166–266), übersetzt und kommentiert von H. Tauscher, Wien 1981.

Walleser, M.: *Die Mittlere Lehre des Nāgārjuna, nach der chinesischen Version übertragen* von M. Walleser, Heidelberg 1912 (= *Die buddhistische Philosophie in ihrer geschichtlichen Entwicklung* 3).

Yogācāra

Anacker, S.: *Seven Works of Vasubandhu – the Buddhist psychological Doctor*, Delhi 1986.

Bagchi, S. S.: *Vijñāptimātrasiddhi*, in: *Nava-Nālandā Mahāvihāra Research Publication* 1 (1957), S. 367–389.

Chatterjee, A. K. (ed.): *Readings on Yogācāra Buddhism*, Varanasi 1971.

Jacobi, H. G.: *Triṃśikāvijñāpti des Vasubandhu*, Stuttgart 1932 (= *Beiträge zur indischen Sprachwissenschaft und Religionsgeschichte* 7).

Poussin, Louis de La Vallée: *Vasubandhu, Viṃśatikakārikāprakarṇa, Traité des vingt ślokas avec le commentaire de l,auteur*, in: *Le Muséon* 13 (1912), S. 53–90.

Xuanzang (Hsüan Tsang): *Ch'eng Wei-Shih Lun. The Doctrine of Mere-Consciousness by Hsüan Tsang*, translated from the Chinese Text by Wei Tat, Hongkong 1973.

Das Huayan-Sūtra

Doi, Torakazu: *Das Kegon-Sūtra. Das Buch vom Eintreten in den Kosmos der Wahrheit*, im Auftrag des Tempels Todaiji aus dem chinesischen Text übersetzt und mit einer Einführung versehen von Torakazu Doi, Tokyo 1978.

Logik und Erkenntnistheorie

Frauwallner, E.: *Dignāga's Ālambanaparīkṣā. Text, Übersetzung und Erläuterungen*, in: *Wiener Zeitschrift für die Kunde des Morgenlandes* 37 (1930), S. 174–194.

Much, Michael T.: *Dharmakīrti's Vādanyāya˙*, Wien 1991.

Steinkellner, E.: *Dharmakīrti's Hetubindhu*, Wien 1967 (= *Österreichische Akademie der Wissenschaften. Philosophisch-historische Klasse, Sitzungsberichte* 252).

– und Much, M. T.: Texte der erkenntnistheoretischen Schule des Buddhismus, Göttingen 1995 (= Übersicht über die buddhistische Sanskrit-Literatur 2).

Tucci, G.: *The Nyāyamukha of Dignāga. The Oldest Buddhist Text on Logic*, Heidelberg 1930.

–: (ed.): *The Ratnavali of Nāgārjuna*, in: *Journal Royal Asiatic Soc.* 1934, S. 307–325; 1936, S. 237–252, S. 423–435.
Yamaguchi, S. und Meyer, H.: *Examen de l'objet de la connaissance (Ālambanaparīkṣā). Textes tibetain et chinois et traduction de stances et du commentaire. Éclaircissements et notes d'aprés le commentaire tibétain de Vinitadeva*, in: *Journal asiatique*, Jan.–Mar. 1929, S. 1–65.

Darstellungen

Dayal, H.: *The Bodhisattva Doctrine in Buddhist Sanskrit Literature*, London 1932.
Dutt, N.: *Aspects of Mahāyāna Buddhism and Its Relation to Hīnāyāna*, London 1930, unter dem Titel: *Mahāyāna-Buddhism*, rev. Calcutta 1973.
Lancaster, L. (ed.): *Prajñāparamita and Related Systems. Studies in Honor of E. Conze*, Berkeley Calif. 1977.
Liebenthal, W.: *New Light on the Mahāyāna-Śraddhotpāda-Śāstra*, in: *T,ong Pao* 46 (1958), S. 155–216.
McGovern, W. M.: *An Introduction to Mahāyāna Buddhism, with Especial Reference to Chinese and Japanese Phases*, London, New York 1922.
Suzuki, D. T.: *Studies in the Laṅkāvatārasūtra*, London 1930.
–: *On Indian Mahāyāna Buddhism*, ed. by E. Conze, New York 1968.
Williams, P.: *Mahāyāna Buddhism – The doctrinal foundations*, London, New York 1989.
Yamakami, S.: *Systems of Buddhistic Thought*, Calcutta 1912.

Zu Nāgārjuna

Cheng, Hsueh-li: *Empty Logic. Mādhyamika Buddhism from Chinese Sources*, Delhi 1991.
Lida, S.: *Reason and Emptiness, A Study in Logic and Mysticism* (zu Bhavaviveka), Tokyo 1980.
Lindtner, C.: *Atisa's Introduction to the Two Truths and it's Sources*, in: *Journal of Indian Philosophy* 9 (1980), S. 161–214.
–: *Studies in the Writings and Philosophy of Nāgārjuna*, Delhi 1982.
May, J.: *On Mādhyamika Philosophy*, in: *Journal of Indian Philosophy* 6 (1978), S. 233–241.
Murti, T. R. V.: *The Central Philosophy of Buddhism. A Study of the Mādhyamika System*, London 1955.
Ng, Yu-kwan: *The Arguments of Nāgārjuna in the Light of Modern Logik*, in: *Journal of Indian Philosohy* 15 (1987).
Pandeya, R. C.: *Mādhyamika Philosophy*, New Delhi 1964.
Robinson, R. H.: *Early Mādhyamika in India and China*, Madison 1967.
Ruegg, D. S.: *The Literature of the Mādhyamaka School of Philosophy in India*, Wiesbaden 1981.

Santina, P. Della: *Mādhyamaka Schools in India. A Study of the Mādhyamaka Philosophy and of the Divisions of the System into the Prasangika and Svatantrika Schools*, Delhi 1986.
Sideritis, M.: *The Mādhyamaka Critique of Epistemology*, in: *Journal of Indian Philosophy* 8 (1980), S. 307–335.
Walleser, Max: *The Life of Nāgārjuna from Tibetan and Chinese sources*, Delhi 1923.

Zu Yogācāra

Chatterjee, A. K.: *The Yogācāra-Idealism*, Varanasi 1962.
May, J.: *La philosophie bouddhique idéaliste*, in: *Asiat. Studien – Études asiatiques* 25 (1971), S. 265–323.
Mayer, Alexander L.: *Xuangzangs Leben und Werk.* Teil I: *Xianzang. Übersetzer und Heiliger*; Teil II: *Cien-Biographie VII*, Wiesbaden 1991 (= *Veröffentlichungen der Societas Uralo-Altaica* 34).
Steinkellner, E.: *Wirklichkeit und Begriff bei Dharmakirti*, in: *Wiener Zeitschrift f. d. Kunde Südasiens u. Archiv f. ind. Philos.* 15 (1971), S. 179–211.
Tripathi, C. L.: *The Problem of Knowledge in Yogācāra Buddhism*, Varanasi 1972.
Wolff, E.: *Zur Lehre vom Bewußtsein (vijñānavāda) bei den späteren Buddhisten. Unter besonderer Berücksichtigung des Laṅkāvatārasūtra*, Heidelberg 1930.

Zur Logik und Erkenntnistheorie

Stcherbatsky, Th.: *Teorija poznanija i logika po uceniju pozdnejsich buddhistov II*, Petersburg 1909 (dt.: *Erkenntnistheorie und Logik nach der Lehre der späteren Buddhisten*, München 1924).
–: *The central Conception of Buddhism and the meaning of the word 'dharma'*, Calcutta ²1956.
–: *Buddhist Logic*, repr. New Delhi 1984 (1. Aufl., St. Petersbourg 1930, 1932).
Frauwallner, E.: *Beiträge zur Apoha-Lehre, I. Dharmakīrti*, in: *Wiener Zeitschrift für die Kunde des Morgenlandes*, 39 (1932), S. 247–287 und 40 (1933), S. 51–94.
Hattori, M.: *Dignāga on the Perception*, Cambridge 1968 (= *Harvard Oriental Series* 47).
Hayes, Richard. P.: *Dignāga on the Interpretation of Signs*, Dordrecht, Boston, London 1988.
Kitagawa, H.: *A Study of Indian Classical Logic. Dignāga's System*, Tokyo 1965.
Maitra, S. K.: *Fundamental Questions of Indian Metaphysics and Logic*, Calcutta 1956, (2)1974.

Matilal, B. K.: *The Navya-nyāya Doctrine of Negation. The Semantics and Ontology of Negative Statements in Navya-nyāya Philosophy*, Cambridge Mass.1968.

–: *Reference and Existence in Nyāya and Buddhist Logic*, in: *Jahrbuch Ind. Philos*. 1 (1970/1972), S. 83-110.

–: *Epistemology, Logic, and Grammar in Indian Philosophical Analysis*, Paris 1971.

Much, Michael T.: *Indian Buddhist Semantics in the 7th Century A.D. Dharmakīrti's Theory of <Exclusion> (Apoha)*, in: *Semiotische Berichte mit Linguistik Interdisziplinär* 17, 3/4 (1993), S. 323–330.

Potter, Karl M.: *Dignaga and the Development of Indian Logic*, in: Richard Chi (ed.): *Buddhist Formal Logic*, London 1969, S. 43ff.

Vetter, T.: *Erkenntnisprobleme bei Dharmakīrti*, Wien 1964.

Forschung des chinesischen Buddhismus

Chang, Garma C. C.: *The Buddhist Teaching of Totality. The Philosophy of Hwa Yen Buddhism*, University Park (Pennsylvania) 1971.

Hurvitz, L.: *Chi-i (538-597). An Introduction to the Life and the Ideas of a Chinese Monk*, Bruxelles 1962 (= *Mélanges chinois et bouddhiques* 12).

Ikeda, D.: *Der chinesische Buddhismus*, Frankfurt a. M., Berlin 1990.

Schmidt-Glintzer, H.: *Das Hung-ming chi und die Aufnahme des Buddhismus in China*, Wiesbaden 1976 (= *Münchener Ostasiatische Studien* 12).

Swanson, Paul L.: *Foundations of T,ien-t,ai Philosophy. The Flowering of the Two Truths Theory in Chinese Buddhism*, Berkeley 1989.

Wright, A.: *Buddhism in Chinese History*, Stanford 1965.

Buddhismus im Vergleich

Buddhadasa: *Christianity and Buddhism*, Bangkok 1967.

Küng, H./Bechert, H.: *Christentum und Weltreligionen III, Buddhismus*, Gütersloh ^{2}1990.

Loth, H.-J./Mildenberger, M./Tworuschka, U. (Hrsg.): *Christentum im Spiegel der Weltreligionen*, Texte und Kommentare, Stuttgart 1978.

Waldenfels, H.: *Absolutes Nichts. Zur Grundlegung des Dialoges zwischen Buddhismus und Christentum*, Freiburg, Basel, Wien 1976.